子どものための哲学授業

マシュー・リップマン
アン・マーガレット・シャープ
フレデリック・オスカニアン

〈監訳〉
河野哲也／清水将吾

「学びの場」のつくりかた

Philosophy in the Classroom

河出書房新社

はじめに

哲学は、このところ小学校教育の一つとして認められるようになっている。これはかなり急速に起きた変化で、一九七〇年代より前には、学校で哲学を教えることなどはなかった。そもそも哲学が何世紀ものあいだ大学や大学院でしか教えられてこなかったことを考えると、なぜいま、小学校の経営陣は、ただでさえ忙しい授業日程に、さらに哲学を組み込もうとしているのだろうか。

哲学が紀元前六世紀のギリシャで生まれたとき、それが地中海沿岸に突然現れたわけを思い出そう。合理的な思考をする生き物が作る社会は文明と呼ばれるが、その発展は千年どころか百万年単位で測るべきである。人間は合理的になるにつれて文明化される。一つの動物にとって、合理的に思考し始め、それを発達させていくのは、ゆっくりとした長いプロセスである。思考というものは、ギリシャの時代よりもはるか前から行われていた。その長いあいだ、思考はゆっくりと発達し、行動の前に考えることで避けられる問題点を見つけ出し、他にもありえた結果を知的に比較する努力をなしていた。紀元前六世紀には、思考そのものを反省するようになってくる。つまり、人々が思考について思考するようになった。この重大な出来事が思考の発達という長いプロセスの到達点であり、実は哲学が誕生したのはそのような場であった。

だが、古代ギリシャ人が気づいたのとほぼ同じことを、今日の多くの教師や学校経営者が気づき始めている。思考のプロセスが成熟し、その頂点で哲学が生まれた。それと同じように、哲学は、思考のプロセスを成熟させるために発明された道具のなかでも、群を抜いて優れたものだ。そこで、二千五百年前のギリシャで哲学がどのように始まったのかについて少し考えてみたい。そのことで、一九七〇年代の学校で始まった哲学が、これからの小学校教育でどんな役割を担っていくのか、多少とも明らかにできるだろう。

西洋文明の歴史のほとんどにおいて、文学と哲学はお互いに疎遠だった。ところが、哲学的思考が生まれた頃の数百年間のギリシャでは、事情はまったく異なっていた。実はアリストテレス以前には、哲学はほとんど文学の形で表現されていた。ヘラクレイトスはアフォリズムを書き、パルメニデスは詩を書き、それに次いでプラトンは戯曲の形で対話篇を書いた。

しかも、ギリシャで生じた文学上の出来事のなかには、それ自体は哲学的でないかもしれないが、ギリシャ文化の特徴である哲学的意識と哲学的反省に深く関係する出来事もあった。ここで、ホメロスの作品や、紀元前五世紀の戯曲家たちのことが頭に浮かぶだろう。なぜなら、彼らの作品が、間違いなく、後世の体系的な哲学的思考のための礎となったからである。

ホメロスは哲学者ではない。それなら、どうして哲学という意識のあり方に大きく貢献したなどと言われるのだろうか。

『イーリアス』が、ホメロスの時代の三世紀ほど前に起きた戦争の終わりについて物語った作品だということを思い出そう。私たちは、それをギリシャ人とトロイア人のあいだの戦争だと考えているが、それはあまり正確ではない。戦争の前は、ギリシャと呼ばれる半島に個々の都市国家があるだけだった。この戦争によって、これらの都市国家の住民は、自分たちをギリシャ人だと考えるようになった。ちょうど、アメリカ革命によって、十三の州の入植者たちが、自分たちをアメリカ人だと考えるようになったのと同じである。

私たちにとってアメリカ革命はわずか二百年前のことであって、私たちはそれに対してまだ強い思い入れを持っている。私たちアメリカ人が「独立のための戦争」だと思っているものを、イギリス人が「植民地の反乱」と呼んでいるのを知ると、私たちは信じられないといった具合に首を横に振る。別の言い方をすれば、私たちはいまだにあの戦争に関して感情的に肩入れしており、イギリス人もまた明らかにそうである。にもかかわらず、私たちは洗練された文明人を自認している。私たちの比較対象が、紀元前十二世紀のギリシャ人という、ほとんど野蛮な状態にあった部族民だとすればなおさらである。その数世紀後の、ホメロスの時代のギリシャ人たちも、おそらく文明化の程度はさほど変わらなかっただろう。彼らもまた、自国の歴史のなかで、大きな統一を果たした経験として、トロイアとの戦争を振り返ったに違いない。粗野で荒々しい古代ギリシャ人は、今日の私たちに負けず劣らずに、祖先を軽んずるような描写に反感を持ったであろう。私たちはこう考えがちである。

それで、私たちは『イーリアス』を初めて読むとき、ギリシャ人とトロイア人をホメロスが平等に扱うのを見て驚くのである。英雄的なトロイア人もいれば、臆病なギリシャ人もいる。勇敢なギリシャ人もいれば、裏切るトロイア人もいる。ギリシャとトロイアの双方とも、少なくとも勝った分は負けている。不機嫌な人物、愚かな人物、狡猾な人物、残忍な人物などがいる中で、ただ一人だけが高貴な人物として輝いている。だがその人物はギリシャ人ではなく、その最期は幸福とは程遠い。ホメロスの時代のギリシャ人たちは、国民的英雄たちの肖像を遠慮会釈なく描くホメロスを迫害したに違いない。そう思う人もいるだろう。ところが、ギリシャの民衆は『イーリアス』を歓喜とともに受け入れたようである。彼らは一体どんな民族だったのだろうか。

ホメロスは哲学者ではなかった。だが彼は、戦争を公平に、客観的に、冷静に扱った。彼は、ギリシャのものでもトロイアのものでも、賞賛すべきだと思うものを賞賛した。彼は人間を、出身国にかかわらず自分が見たままに描写した。その描写は、どれだけ痛みを伴っても真実を知りたいと願う民族にこそ訴えかけるものであった。後世に書かれた『オイディプス王』の主人公が、どんな代償を払ってでも真実を知ることを求めたように。

ギリシャ人はホメロスに、真理を公平かつ客観的に追究する態度を見て取ったようである。ホメロスのその態度は、ギリシャ人の意識の形成に寄与したに違いない。また、思考というものをもっと自立させたいと思わせたに違いない。そのおかげで、紀元前六世紀になって哲学が幕を開け始めたとき、哲学は迫害されることがあまりなかったのである。紀元前六世紀の、ソクラテス以前の「自然哲学者たち」は、着想は科学的かもしれないが、表現はアフォリズムを含んでいて、ときに詩のようでもあった。そのため、哲学がついに幕を開けたとき、哲学はその根源性と自立性においてすでに哲学的であり、自然を説明しようとする点では科学的であり、表現方法は芸術的だったのである。

そのうえ、哲学は明快で、一般の人々にも理解できるものだった。哲学は専門的でも秘教的でもなかった。古代の哲学は、専門家や技術的エリートや少数の隠遁者のものでもなかった。紀元前六世紀のアフォリズムは、豊かで多層的な意味を持っていたので、誰もがどこかの層で意味を理解することができた。

紀元前五世紀になって初めて、哲学はとりわけ対話を通じた探求として知られるようになる。明らかに、この展開の主な原因はソクラテスにある。ソクラテスは、徹底して吟味をする人生を追究するということを、アテナイの仲間たちに模範として示しただけではない。ソクラテスなしでは、プラトンが対話の形で書いた第一級の戯曲は、おそらく存在しなかっただろう。ソクラテスの生き方の何が違っていて、何が重要だったのだろうか。

第一に、ソクラテスが私たちに何をせよといっているかはともかく、彼は具体的にどうすべきかを示している。思考とは一つの作業であり、それはほかの人に代わってあげられない作業である。ソクラテスは知的探求のモデルを与えてくれているが、自分の知的探求の成果を人に押しつけることはしない。

彼は理論と実践が協調関係にあることを知っていたが、その協調関係が生まれてくる手順を示すという以外のことを私たちに求めていない。ソクラテスは、「概念どうしの関係は必要なだけすべて明らかにせよ！　概念どうしの区別も必要なだけすべて明らかにせよ！」と口に出して主張することはしない。こうした命令が無価値なことを知っているからである。彼はその代わりに、自分の主張することを、それが何であれ、具体例で説明してみせる。友愛・勇気・愛・美といった概念を解明すべきだとしたら、具体的で段階的な手順によって、その概念を隠れた場所から取り出してくる。ソクラテスの何が周囲に影響を与えたのかと言えば、何よりも、彼からにじみ出ている静かな確信である。それは、自分が話している相手に、自分と同じくらい秀でた思考能力があるという確信である。

　第二に、自らを知るべきだ、自らの人生を知るべきだ、とソクラテスは言う。つまり、人生で何が大事なのかを知るべきだということである。なぜなら、それを知らないよりは知っていたほうが、人生のすばらしさを味わえる可能性が高くなるに決まっているからだ。このように、知的な探求というものは、私たちにとっての最大の関心事から始まる。人生で価値あるものとは何だろうか。人生で大事なものがあるとしたら、それが大事だと言える理由はきちんとあるだろうか。自分の人生をうまく扱えるようになりたいという関心こそが、最優先とされなければならない。人生のなかで、人生について考え抜く方法が磨かれていく。それを実感することが何よりも、私たちを知的な探究に向かわせるのである。

　第三に、ソクラテスは人々を会話に引き込んでいく。このことは、少なくとも一見したところ、ずいぶんありふれたことのように見える。しかし、自らを省みて生きるべきだというのが彼の生涯にわたる主張だったことを考えると、会話を重視することの意味や重要性がわかってくる。対話の場面では、気を抜くことが許されない。いい加減な理由を言ったり、うっかり何かを言ったり、たわいない冗談を言ったりすることはできない。対話では、他人の言うことをよく聞かなければならない（聞くことは考えることだからである）。また、言葉を慎重に選ばなければならない（話すことは考えることだからである)。その上で、自分と他人が言ったことを心のなかで繰り返してみて、自分がほかに何か言えなかったか、他人がほかに何か言えなかったか、考え直さなければならない。このように、対話をすることで、様々な可能性を探り、代替案を見つけ出し、新しいものの見方を知り、探求の共同体を作るのである。探求の共同体のメンバーは、次々に出された考えを振り返り、また、それらが出された際の論法を見直していく。そのときメンバーは、もともとのやりとりを自分の言葉で言い直すことになるが、メンバーによって強調する点が異なってくる。ものを見る角度が人によって異なるからだ。ソクラテスは知的な理解を追究したが、対話によってそれを追究したのは偶然にすぎない、と思う人もいるかもしれない。だがこれははっきりとした誤解である。彼が言いたいことは、個人が自分自身で思考すべきだとしたら、合理的な態度のもとで互いに会話をすること以上によい始め方などないということである。

第四に、ソクラテスにとって、思考は厳密でなければならない。正しいと思われていることがあれば、論理と経験を使ってそれを吟味しなければならない。そのことを彼は示してみせている。それが誰の意見でも、誰の考えでも構わない。その意見や考えは、内部で矛盾を起こしていてはならない。それを主張する人は、根拠を明らかにしなければならない。このように、知的な探求は、それ自体で独立の領域を形成している。だから、科学的な探求に吸収してしまってもいけないし、政治や宗教のイデオロギーに変装させられてしまってもいけない。ソクラテスは、将軍と話しているからといって、軍事戦略について語っている気になったりはしない。また、政治家と話しているからといって、治世術について語っている気になったりはしない。ソクラテスは、軍事戦略や治世術などが依拠している前提を問題にしており、そうした前提は哲学的に扱わなければならないということを知っているのである。思考は厳密でなければならない。そして哲学的思考は、ほかの知的探求からは独立して進めなければならないという点で、ユニークな学問である。哲学特有の反省や対話が、最終的にほかの知的探求にとって有益だったとしても、そう言えるのである。

プラトンの著作が伝えるソクラテスには、以上四つの点が当てはまるように見える。そのような生き方に立ち返るのが彼の特徴である。ただし、彼がそこから外れることが一切ないというわけではない。ソクラテスを手本にしようとする人は、彼が自分のことを「産婆」と表現したことを、きわめて真剣に考えなければならない。彼に近づこうとするなら、彼の真似をすべきではない（彼だっておそらく誰の真似をしたわけでもないのだから）。その代わりに、自分で思考すべきなのである。要約してみよう。ソクラテスから学ぼうとする教育者は、次の四つの教訓を心に留めておくとよい。

一　重要な概念は、具体例で説明すること。そして、具体例を出す際は、きちんと段階を踏んで行うこと。
二　知的探求は、生徒の関心を出発点とすること。
三　人を刺激して思考へと向かわせるには、対話をさせるのが一番よいこと。
四　優れた思考は、論理的で、経験に基づいている（また、プラトンが言うように、想像力に富んでいる）。したがって、思考力向上のための教育プログラムは、形式的な推論と創造的な推論の両方を強調すべきであること。

紀元前六世紀、ソクラテス以前には、各々の哲学者が、あたかも世界には自分しか存在しないかのように、自説の表明を行っていた。哲学には対話による緊張関係が足りなかったのである。アイスキュロス、ソポクレス、エウリピデスの戯曲から、哲学者は自分の考えをドラマティックに、火花の散るようなぶつかり合いの形でまとめることを学んだのだった。そして、このことを誰よりもよく学んだのが、プラトンだった。

だが、プラトンはソクラテスからも学んでいた。プラトンが学んだことの一つは、もし生きた哲学が対話にあるなら、哲学者の生き方とは教えて学ぶことにあるということだった。すなわち、哲学とは、学ぶことが同時に教えることでもあるということだった。

プラトン以降、誰にも近づきやすく、だが本物で誠実な仕方で哲学を伝えようとする努力は、ほとんどなされてこなかった。しかし、私たちはギリシャで起こったことを真剣に受け止め、その教訓を現代の問題を考えるのに役立てなければいけない。なぜなら、私たちもまた、哲学に乏しい社会に生きているからである。つまり、知識ばかり多くて知恵の少ない社会である。哲学に出会う人はあまりに少ない。そして出会ったとしても遅すぎる場合が多い。

とはいえ、哲学を人に無理強いすることはできない。何かのきっかけで、自ら進んで哲学を求めるようになる必要がある。ギリシャ人のような文学的な手段がよいかもしれない。なぜなら、哲学を始めることができたギリシャ人の秘訣は、五世紀のアテネの赤ん坊たちに自然が与えた特別な才能にあったわけではなく、それよりもおそらく、ホメロスが残した恵まれた遺産にあったからである。ホメロスはその公平さによって、ギリシャ人たちに正義というものの片鱗を見せた。またホメロスは、物事を公平に扱うことでギリシャ人に客観性というものの片鱗を見せ、誠実さによって真理というものの片鱗を見せた。子孫に知恵を授けたいと願うならば、自分たちの価値観を体現する多種多様な芸術活動を行い、価値観を追求する態度を受け継いでいくのがよい。『イーリアス』の体現する価値観が、後世のギリシャ人によって尊重されるようになったのがその見本である。そうした活動のなかで必然的に最も重要になってくるのは、子どもたちに自ら考えることを促すための様々な新しいカリキュラムである。子どもたちが何かを作ったり言ったりする際に、もっと想像力や思考力を使わせるものにするという点で、過去のどんなカリキュラムよりも優れたものにしなくてはならない。

「子どものための哲学授業」目次

Ⅱ 子どものための哲学のねらいと方法

III 実際の学校生活で思考スキルを生かすために

子どものための哲学授業

「学びの場」のつくりかた

I

よく考える子どもを育てるために

第1章　教育をデザインし直す必要性

　宇宙のどこかに、完璧な理性を持つ宇宙人だけが住んでいる星があったとしよう。そこから宇宙人がやってきて、地球の教育システムを見たとしたら、きっと変だと思うだろう。といっても、それは私たち地球人が、教育システムがうまく機能していないと気づいていないからではない。教育がうまくいっていないと気づいたときに、対処しようとする方法がおかしいのだ。私たちは、教育システムを何度も繰り返し修正しようとするばかりで、根本的にデザインし直そうとはしない。そして、修正がうまくいかなかったと分かると、それを再修正しようとして、埋め合わせの対処をどんどん重ねていく。システムに不具合があるから教育をうまく提供できていないのに、その不具合の根本にある原因は――つまり教育システムの基本デザインが持つ欠陥は――検証されないまま残っている。そもそも機能するはずのない教育システムの埋め合わせをしようと労力を使い、その間違った労力を埋め合わせようと、また何かを始める。そんなことを繰り返すうちに、莫大な金がどんどん注ぎ込まれていき、そして結局、すべてが無駄になってしまう。

　教育のプロセスを新たにデザインし直すのであれば、新しい教育にはできるかぎりきちんと機能してほしい。では、新しい教育がうまくいくかどうかを、どんな基準に照らして判断すればよいだろうか。次のような教育システムを作ることを総合的な目標にすればよい。すなわち、本質的な価値（ただ役に立つ価値や非本質的な価値ではなく）を最大限に備えた教育システム、意味と合理性を最大限に備えた教育システム、方法論的な統一性と一貫性を最大限に備えた教育システムだ。第1章では、なぜこの基準がふさわしいのかを詳しく述べていく。また、この基準を満たすための方法についても、いくつか見ていきたい。

教育の機能不全

教育システムの欠陥がどのようなものであっても、明らかに言えることが一つある。それは、その欠陥から一番ひどい影響を受けるのは、現状すでに教育において不利な立場にある人々だということだ。どのように教育システムに影響されるかは、生徒によって異なっており、生徒たちは教育が機能不全になると、非常に悪い影響を被ることになる。教育プロセスがうまく機能していないとき、そこからどの程度悪影響を受けるかは、生徒によってかなり幅があるように思われる。これは、インフルエンザが流行したときの感染しやすさや、自殺の傾向の社会分布に、偏りがあるのと同じことだ。ある文化集団は、不適切な公教育が行われていても大して影響を受けず、それでもその構成員が成功をおさめるということもあるかもしれない。この場合、その人が成功したのは教育のおかげではない。別の文化集団は、誤った教育によって簡単に害されてしまうかもしれない。この場合、教育はその失敗について、何らかの責任を負っているということになるだろう。どんな場合であれ、教育をデザインし直す際に考慮しなければならないのは、なぜ現状の教育において補償教育［compensatory education］が必要だと考えられるのかということだ。こうした教育システムの機能不全とそこから生じる帰結について、疫学の比喩を用いて分析することはある程度有効だろう。少なくとも、人間の認知能力には人種の違いや社会文化的な違いによって差がある、というような、まったく根拠のない主張に基づいて考えるよりはましなはずだ。

現在行われている補償教育関連の実践では、暗黙のうちに次のような理論が前提されている。それは、不適切な教育システムによって引き起こされている最も不快で極端な問題は、それを相殺するような教育を行うことで補完でき、これにより、教育は失われた地盤を取り戻して、落ちこぼれた生徒の集団を、教育プロセスの問題の悪影響を受けつつも持ちこたえている他の生徒集団のレベルまで引き上げることができる、という理論だ。しかし残念ながら、補償教育に用いられるメソッドはたいてい、既存の教育システムとほとんど変わらないものになってしまう。いま行われている教育がなぜうまくいかないのか、その原因をきちんと理解していないために、補償教育もただ症状を緩和させるにすぎないものになってしまいがちなのだ。

教育システムが批判されていない、というわけではない。しかし、批判はあまたあるにもかかわらず、それらはたいてい建設的ではない。教育を批判する人々は、喜んで咎め立てをするくせに、問題を正す道を示そうとはしないのだ。他方で、現行の教育システムを擁護する人々は、教育が失敗する本当の原因は、文化的・社会的・経済的諸条件が劣悪であることなのだと指摘する。そして、社会においてそうした経済的条件が改善している兆候がほとんど見られないことから、経済的に不利な状況におかれた人々の教育については、大した改善は見込めないと暗に示唆するのである。

修正による対処の失敗

このように、現行の教育システムに対する肯定派・否定派はいずれも行き詰まり、修正によって教育を改善することはもはや絶望的になっている。どちらの立場も宣伝過剰で、期待されすぎだ。たとえば、教室は壁で仕切られているのがよいか、開放的なのがよいか。新しい教育テクノロジーを導入すべきか否か。親は学校教育に関わるべきか否か。教師はもっと良い待遇を受けるべきか、それとも、もっと厳しく評価されるべきか。教室に助手として二人目の教師が入るべきか、等々。こういった改善点を端から実現したとしても、なんだか、絆創膏をべたべた貼っただけという感じがしてしまう。表面的な擦り傷なら、絆創膏を貼っておけばよい。しかし、重い傷が体内に潜んでいるときには、絆創膏を貼って済ませてしまうのはあまりに危険だ。

だから、私たちはここで、少し別の観点から考え直してみることにしよう。補償教育がうまくいくとしたら、それはどんなときだろうか。唯一うまくいくとすれば、それは、補償教育が単に問題の埋め合わせのために行われるのではなく、子どもたち全員を必ず優秀にするという目的のためにデザインされたときだけではないだろうか。「補償医療」などという分野が存在しないように、「補償教育」だってあるべきではない。病院では、深刻な病気に罹った患者のための集中治療装置が、症状の軽い患者のための治療装置のモデルとなっている。教育でも同様に、社会的に不利で脆弱な立場にある人々への配慮の仕方やまなざしこそが、最もよい教育のモデルとされるべきなのだ。補償教育にとって効果的な方策があるなら、それはほかのあらゆる教育にとっても、効果的なものであるはずだ。

はっきりしているのは、社会的な条件や経済的な条件を教育の欠陥の言い訳になどしなくてすむように、教育それ自体を再構成しなければならないということだ。文化的な条件の多様性は、教育システムが崩壊するときの言い訳になるのではなく、教育システムがうまく機能しているという証拠を示すような機会になると捉えられなければならない。従来の教育を受けた人々は、こんなことを言うことがある。「教育は、僕の目の前に広がっていたはずの多様な可能性に、気づかせてくれなかった」「私はたしかに大人になったけれど、べつに教育がなくても同じだった。能力を伸ばすためには、自分が持っている様々な力を調和させて、互いに打ち消すのではなく強め合うようにしなければならない。でも、教育はそういうふうにはしてくれなかった」「教育を受け始めたときには、私は、好奇心と想像力と創造性とを持ち合わせていた。でも教育のせいで、すべて失ってしまった」。教育を再構成して、もう誰も決してこんなことを言わないようにしなければならない。

教育をデザインし直すことに、期待しすぎてはいけないが、期待しなさすぎてもいけない。教育が変われば社会も劇的に変わる、などと考えるのは間違いだが、少なくとも、新しい教育がきちんと働くということ、つまり、客観的に測定できるような変化が表れるという程度のことは求めるべきだ。従来の教育システムについては、目に見える欠陥を問題として指摘するのに、それに代わる新しい教育については、公に確かめられるかたちでその正しさを示すよう求めないというのは、首尾一貫していない。

期待に応える

では、学校に通う子どもやその親は、どんな期待をしているのだろうか。子どもはよく、授業は自分と関係がないし、面白くもないし、意味もない、と不満を言う。子どもはいろんなことを言うが、どれも結局は、こういった不満を表現しているのだ。他方で親は、簡単に言えば、学校は「子どもに勉強をさせる」ためにあると考えている。ただ、当然のことだが、子どもと親は、実は結局同じことを求めている。というのも、教育プロセスがすでに、子どもにとって自分と深く関連があり、面白く、意味があるものになっているとすれば、もう子どもに勉強させようとする必要はないはずだからだ。

では、いったい何を学ぶのか。学ぶべきことは西洋文明の伝統の本質にある、とよく言われてきた。これはつまり、教育は子どもを社会の文化的伝統に参与させることに限られるべきだということだ。しかし、たとえ教育がそれ以上のものであるべきだと示すのが難しいとしても、こうした主張はまったく自明とは言えない。子どもというのは、社会に文化的な仕方で参入することがいかに重要なことなのかを評価する立場にない。というのは、子どもは、現在の自分にとってどんな意味があるかということしか評価できないからだ。昔からいままで人々は、西洋文明あるいは他の文明に、多大な敬意を払ってきた。しかしそうした文明の諸相について、子どもたちはまったくどうでもいいという態度を示しかねない。「どうして昔の人を尊敬するの。だって、いま同じことをやったら、こんな野蛮なことなんてないじゃない」などと大人に尋ねてくる子どもはまだましで、そこまで興味を持ったり批判的になったりする子どもはほとんどいない。子どもは、大人の言葉を信じ、大人が尊敬していると言えば本当に尊敬しているのだと思い込むのであって、大人が間違っているかもしれない、などと考えるほどの自信は持ち合わせていないのだ。子どもが「意味がわからない」と抗議するときには——子どもの抗議というのはたいてい、何か積極的に主張したり行動したりするというよりも、何かができない、という仕方で表現されるものだが——大人は「だんだんわかるようになるよ」と言ってなだめる。そうすると子どもは、そうなるといいな、と思いながら、またほんのしばらくのあいだは、言うことを聞いてくれる。

子どもたちの期待は、間違っているのだろうか。教育のプロセス全体が——つまり、それぞれの段階が全体として、そしてある段階から次の段階への発展過程においても——意味あるものであってほしいと期待してはいけないのだろうか。子どもが自分の経験がいかに重要かを発見するために、学校が何もしてやれないのだとしたら、そうした発見の助けになるのが学校の機能でないとしたら、教育システムは、子どもを何も考えない幸福感で満足させてしまおうと企むような悪人に乗っ取られてしまうだろう。

他方で、意味こそ、子どもが教育に求めているものであり、子どもが教育から得るべきものだとしたら、どうすれば子どもをやる気にできるかわかるだろう。意味という形で報酬が与えられることを子どもは求めているのだ。まったく報酬を出さない企業には誰も勤め続けられないのと同じように、子どもにも報酬が必要だ。ただしここで私たちは、教育の特性から学校を定義すべきなのであって、学校の特性から教育を定義すべきではない、ということを認めなければならない。教育とは、学校だけが提供できる特殊な経験のことではない。人生において、意味を発見する助けになるようなすべてのものが、教育的なものだと考えるべきだ。そして学校は、こうした発見を促すことによって初めて、教育的なものと呼べるのである。

発見

ここまで発見という言葉を強調してきたのは、偶然ではない。情報は送り届けることができ、教義は教え込むことができ、また感覚は共有することができるかもしれないが、しかし、意味というのは、自分で発見しなければならないものだ。誰もほかの人に意味を「与える」ことはできない。たとえば、本の意味というのは読者が読み進めるにつれて発見するものなのであって、そこで発見される意味は、著者が込めた意味と同じであるとは限らない（教科書の著者はしばしば、その教科の自分にとっての意味が、読者である生徒に自動的に送り届けられると思い込んでいる。しかし実際には、伝達システムとしての教科書は、そこに込められたものをほとんど届けてくれないものだ）。

ここでちょっと想像してみてほしい。あなたがあるディスカッションに参加したとする。そこであなたは刺激を受け、大いに盛り上がって、何度か発言もすることで議論に加わった。そして、そのディスカッションが終わった後で、誰かにその出来事について尋ねられたとしよう。このときあなたは、自分の言葉で、その出来事をまとめるだろう。あなたのまとめは、このディスカッションについての包括的で客観的な記述という意味においては、一面的なものにならざるをえない。しかし、それでもあなたは、ディスカッションの全体を考慮に入れたと言うだろう。あなたのまとめは、あなた自身に対して、自分がどのようにこの出来事の要点を評価しており、どのような見解を持っているのかを示すようなものになる。結局、それは私たちの誰もが経験するような非常に人間的な経験なのだ。つまり、いろいろ話し合った後に、どこか特に気になったところを思い出して考えるという経験である。ただ、その気になったところこそが、その出来事を意味づけているのであって、その意味によってその出来事は、自分の身についていく。とはいえこうした意味は、単に「主観的」なものであるとは言えない。というのも、この意味は単に自分自身の内側から（自分の「心」の内から）出てきたのではなく、対話の全体を通じて生じてきたものだからだ。

こうした意味を得る方法というのは、子どもであっても同じだ。子どもが渇望している意味は、教会のミサで一つのパンをみなに分け与えるような仕方では、授けることができない。子どもは自分自身で対話や探求に関わることによって、意味を探し出さなければならない。しかも、一度意味を見つけたらそれで終わりなのではない。いったん見つけた意味は、鉢植えやペットや、ほかの大切な生き物のように、世話をしたり育てたりしなければならない。しかし、自分の経験の意味を見いだせない子どもは、世界を何か遠くて、ばらばらで、不可解なもののように思っている。そして、早く経験をし尽くして世界全体を理解しなければと焦って、ドラッグに手を出してしまったり、結局意味を見いだせなくて、精神的にまいってしまったりすることになる。子どもたちがそんな絶望的な道に迷い込む前に、彼らが自分の生活に欠けている意味を発見できるよう助けてやれば、私たちは彼らを正しく導くことができるかもしれないのだ。

フラストレーション

ここに、動物にフラストレーションを起こさせる実験をしている科学者たちがいるとする。彼らに、子どもにフラストレーションを起こさせるような教育プロセスを作るよう依頼したら、こんなふうに言うだろう。「すべての科目をばらばらに、間接的にさえまったくつながりを持たない形で、教えるべきです。何かを理解するには全体性や完全性が必要なので、子どもはばらばらのものを統合するという離れ業を、すべて自分自身でやってのけなければならないことになります。ここに、子どもがフラストレーションを受けることは請け合いでしょう」。さて、しかし、彼らが言うようなこの架空の教育システムと、実際の教育システムには、何か違いがあるだろうか。いまの教育は、部分から全体へ、個別から普遍へ、特殊なものから包括的なものへと、移っていくプロセスをとっている。その逆ではいけないという説得的な理由はあるのだろうか。

誰もがそうであるように、子どもも、豊かで意味ある経験からなる人生を望んでいる。ただ単に所有したり共有したり、好意を持ったり愛したりするのではなく、意味のある仕方でそうしたいのだ。学ぶのも、単に学ぶのでなく、意味ある仕方で学びたいのだ。大人は、子どもがテレビに釘づけになっているのを見ると、子どもはスリルと興奮を好むものだ、と考える。テレビに限らず、子どもに人気があるほかの娯楽もすべて、少なくとも、ドラマティックな全体のつながりを持つものとして与えられており、不可解にばらばらにされた破片として提示されてはいないのだが、そういうことは誰も指摘しようとはしない。こうした娯楽の子どもにとっての意味は、たいてい表面的で浅いものかもしれない。でも、意味がまったくないよりはずっとましなのだ。これは、大人が子どもの経験を捉え損なって誤解している、いい一例だ。大人は子どものことを、実験的というよりは移り気で衝動的で、大胆というよりは軽率で、慎重というよりは決断力がなく優柔不断で、矛盾や曖昧さに敏感というよりは非論理的で、自分自身に誠実だというよりは非理性的なのだという見方で捉えてしまう。

意味のある経験

子どものためを思うなら、学校の内外での意味ある経験をもたらさないような教育計画は、教育の名に値しない。こう認めると、教育のデザインを評価するための重要な基準の一つに辿り着いたと確信が持てる。意味というのは、部分・全体関係ないし目的・手段関係を認知することから生じると、すでに指摘されている。教育において、物事を部分ごとに分けて提示し、その各部分に意味を与えるような全体像は、だんだん分かってくると約束するだけで隠しておくようなやり方は、ジグソーパズルをモデルとして教育システムを構築するようなものだ。それがすばらしいと思えるのは、たまたまジグソーパズルを好む人だけだろう。あるいは、教育デザインの目標ははっきりしているが、そこに至るための手段を明確にせずにいるのは、何かまったく的外れなものを作り出してしまっているということになる。しかしまた、目的と手段は両方とも明確になっているのだが、その手段から意図せぬ帰結が生ずる可能性に気づかずにいるのは、これもまた無責任と言わざるをえない。なぜなら、そんな計画を実施すれば、意図した意味とまったく正反対の意味を生み出してしまうかもしれないからだ。

部分・全体関係は——たとえば、試合全体に対する一つのプレー、文に対する語、映画全体に対する一つのエピソード、などといった関係は——意味を帯びた関係である。このような類いの意味を帯びた関係を正しく見て取りさえすれば、そうした関係そのものが「内在的な」意味と呼ばれる（意味ということをこのように理解したならば、文脈を持たないものには意味もない、ということになる）。これに対して、「非本質的な」意味は、それが目的に対して、外的ないし道具的に関係しているときに生ずる。たとえば、火事の現場で見つかったガソリン缶が持つ意味は、このような非本質的な意味だ。また、労働と賃金は互いに関係している、というときの意味も、このように非本質的である（というのも、労働は賃金を得るためになされるのではあるけれども、労働と賃金の関係は、文と語の関係とは異なり、一方が他方の意味を構成する部分となっているわけではないからだ）。

このことを踏まえると、教え込み型の教科書というのは、非本質的な意味しか持たないと考えなければならないだろう。教科書の使い方を考えるときには、次の二点に留意しなければならない。第一に、その教科書は意図された到達目標を本当に達成するのか。第二に、それは意図していない逆効果の帰結を生み出さないか。また、どのような状況でその教科書が用いられるのかを特定しなければならない。

モチベーションの高い生徒には、教え込み型の教科書を用いたアプローチは適しているかもしれず、また、結果として生じる不利益は比較的小さいだろう。しかし、あまり強い学習動機を持たない生徒は、そんな教科書を無気力に眺めるか、あるいは教科書に徹底的な嫌悪感を示すはずだ。単に役に立つということには、ほとんど本質的意味はない。たとえば、歯科医院の椅子に座った患者は、ドリルが治療に役立つという意味を理解しているが、その非本質的意味の魔法が解けた場合には、ドリルによる治療をやめるということもありうるだろう。しかし、少しばかりのモチベーションしか持たない子どもに、知識を不味い薬のように――いつの日か役に立つかもしれないものとして――提示しておきながら、その「知識それ自体を愛する」ように期待することは、とても容認できることではない。たしかに子どもたちは、この退屈な教科書が次第に彼ら自身を啓蒙するだろうということを、否定することはできない。それは、徐々に病気を治してくれるであろう、スプーンのなかの吐き気を催させるような物質を拒否できないのと同じことだ。しかし、私たち人間は、生まれつき未来について配慮できるわけではない。未来についての配慮は、大人が過去の経験と証拠から構成したものだ。子どもが見通せる未来は、ほんのわずかなのだ。子どもは、現在において意味があるかどうかしかわからない。だから子どもは、それ自体が本質的な意味を帯びた教育手法、つまり、物語やゲーム、ディスカッション、信頼できる個人的な人間関係などを、好ましい教育の方法だと感じるのだ。もし、教え込み型の教科書が次第になくなっていくのだとすれば、それはまったくそうなるべきなのであって、むしろもっと早くなくなればよかったのにと思うくらいだ。ただし、そうした教え込み型の教科書の代わりとなるのは、子どもたちがそれ自体を楽しめるような教科書でなければならない。

冒険させる必要性

教科書は、発見に満ちた冒険の書であるべきだ。もっと言えば、教科書は、実際に現実において発見するときの範例であるべきなのだ。だが、なぜ子どものすべての学校経験が冒険でありえないのだろうか。学校での経験というものは、驚きの機会に満ちていて、わくわくするような様々な可能性があり、しかも、不思議だと感じる謎がある一方で、子どもを魅了するような解明と啓蒙とがある、そんな経験でなければならない。学校生活の日々が、子どもが大人の親切心によって囚われてしまうような、決まった手順の繰り返しでなければならない必然性はあるのだろうか。日常において繰り返される決まった日課と、冒険とは、もちろん対極にある。日課は漫然と続いていくが、冒険には始まりと中間と終わりがある。日課は本質的に無意味なもので、私たちはそれを非本質的な価値のために行うにすぎないが、冒険はそれ自体で充足しているものだ。実際、人々は自分の昔の冒険にとてもこだわりを持っているものので、その冒険の思い出は、夢と同じように、その人の人生全体についての秘密の意味を含んでいるかのように感じられる。また、日課というのは固定された手順に従うものだが、他方で冒険は、リスクや愉快な不確かさから決して逃れられない。ただ、そうした冒険こそ、子どもが、人生というのはこうでなければ、と夢想しているあり方なのだ。もし、子どもが持つ教育のイメージが、日課の繰り返しよりも冒険に近いものになれば、ずる休み、非行、学校での落ち着きのなさといった問題がかなり軽減することは明らかだろう。

子どもは自分の人生について、これから自分が経験することはすべて、意味ある仕方で秩序づけられているだろうと思っている。このことは、子どもが人々は自分を傷つけようとしたり実際に傷つけたりはしないと信じきっていることと同じように、とても素敵なことだ。しかし、そのうちに子どもは、対人関係に不信を抱く根拠を見つけ、同様に、経験が曖昧であることにも気づくことになる。そんなとき、子どもが経験の曖昧さや複雑さにも耐えられるよう、大人が準備してやれないことはないはずだ。それをせずに、子どもにすべては単純なのだと教えてしまうのは、あとで子どもに強い不信感を抱かせることにしかならない。

では、こうしたことについて親がどのように反応しているかということを考えてみると、親は子どもが意味ある学校経験をしているかどうか熱心に気にかけている、と言い張ることは難しいだろう。私たちの文化では、ある子どもが成功したときには、その子の親が、親自身の自尊心を高めるようにさせ、逆に子どもが失敗したときには、その親が自尊心を弱めるよう脅かす。親はよく、子どもに「あなたは学校で何も教わってこなかったの！」と叱るが、この言葉は、自分の子どもが信頼に足らぬ人間に育ってしまうかもしれない、家族にとって不名誉な人間に育ってしまうかもしれない、という親自身の不安の兆候なのだ。

しかし、親は、いまの教育の仕組みのなかで、いったい何が子どもを信頼に足る人間に育ててくれていると考えているのだろうか。むろん、子どもの感情を発達させる教育手法ではない――それはほとんど関係があるとは思われていない。むしろ親は、学校が子どもの認知的プロセスを発達させてくれるという希望にこだわっている可能性が高い。このことは、自分たちが学校に求めているのは、子どもを教育するというよりも、「子どもの頭に分別を叩き込む」ことだと認めるならば、親も自覚できるだろう。親は、学校で長い年月を過ごすことが、彼らのわがままな子どもたちを、責任ある大人に変えるのだと思い込んでいる。しかし、いささか訳が分からないのは、親は三つのR、すなわち読み書き算盤［Reading, Writing, Arithmetic］については、学校が子どもにしっかり学ばせるよう強く要求するのに、もう一つのR、すなわち推論［Reasoning］の訓練をさせるようには求めないということだ。なぜ、推論からの導出や、信念の理由への言及や、根拠の探究や、概念の形成への注意が欠けているのか。それはおそらく、一般に、推論は（論理の形式において）それ自体子どもには教えることができないか、教えるべきではない、と考えられているからだろう。あるいは、子どもの合理性は、数学のような学問によってすでに十分育まれているという前提（数学的推論から、論理的推論や言語的推論への転換は、証明するよりも実際にやってみるほうが簡単だ、というような前提）があるからかもしれない。

意味対合理性

ここまで示してきたのは、子どもと親のどちらの観点からも、教育は、思慮深く理性的なもので満ちていなければならないということだ。子どもが教育に求めているのは意味であり、親が求めているのは合理性だと言える。しかし、現行の教育システムは、その両方を失望させるものでしかない。なぜなら、子どもは自分自身で有効な推論ができるように訓練されてはいないし、また、学校での経験は、子どもが豊かで魅力的な意味のつながりを得られるように、文脈を持って構成されてもいないからだ。

思慮深さを目指して作られた教育は、必ずや、子どもの行動にきちんと測定できるような変化が生じるという意味で、学問的にもより優れた教育であり、かつ、学校の外での経験にも役立つものとして、いっそう価値あるものになるはずだ。そして、こうした教育プロセスからは、本質的な喜びに加えて、さらなる利益が得られる。それは、子どもの資質が伸びることによって、子ども自身の自己理解が深まるということ、そして、その自己理解によって、自分がどのような目的を持ちどんな方向に向かっていくのかを決める感覚が鋭くなるということだ。子どもが自分で誇りに思える能力や力を伸ばせるよう援助することなく、ただ単に自分に誇りを持つように（「ポジティブなセルフイメージ」を持つように）奨励することは、かなり的外れだ。また、子どもに対して、君たちは人間としての尊厳と価値を持った存在だと保証してやるというのも、同じく的外れだろう。なぜなら、彼らがいままさに必要としているのは、自分のしている経験が自分だけのものだということ、そして、自分の視点がユニークであることを、表現できるようになることだからだ。このことは、経済的に不利な状況にある子どもたちには、なおさら強く当てはまる。というのも、彼らは自分の知性以外には、頼れる資源をほとんど持っていないからだ。もし、その知性が見くびられてしまったら、ほかの何に頼ることができるだろうか。

第2章　思考と学校カリキュラム

意味を渇望する子どもたち

子どもだけではなく、私たちはみな、物事に意味がないというのはどのようなことかを知っている。それは、ただ意味がわからなくて混乱するというよりもずっと、心を乱される経験だ。

ただ意味がわからず混乱したときには、はっきりわかるようになる答えがどこかにあるのではないか、と考える。しかし、意味がない、というのは、もっとぞっとするような恐ろしいことだ。机の前に座った子どもは、ときに、ごたまぜで要領を得ず、その子自身の生活とまったく関係がないような、大量の事実に関する情報に呑み込まれてしまう。そんな目にあったとき、その子は、自分の経験には意味がないと強く感じることになる。意味がないということは、何を信じたらいいかわからないということより、もっと根本的な問題だ。こういった意味のなさを経験した子どもは、必死になって、自分を導いてくれるヒントを探す。大人であれば、こうした状況に陥ったときには、星占いのような安易で即効性のある特効薬にすがろうとするだろう。しかし子どもは、何に頼ればよいのかわからない。だが、それでも学校には必ず行くよう強制されてしまうから、多くの子どもたちは、悪夢のなかに閉じ込められたような気分になるのだ。

しばしば、本当に問題なのは教育プロセスではなく、今日の多くの子どもたちが退屈して無気力になっているという事実なのであって、しかも彼らの無気力の直接的な原因は家庭環境にある、と考えられることがある。しかし、もし家庭環境が、子どもにとってせめて最初のうちだけでも刺激あるものでなければ子どもたちは退屈して無気力な状態で幼稚園にやってくるはずだ。だが、実際にはそうではない。どんな環境にあっても、子どもは潑剌として、好奇心と学ぶ意欲とを持って、幼稚園にやってくる。ところが、小学三年生になるまでには、多くの子どもの好奇心の強さは弱まり始め、小学校を卒業する頃には、自分が学校のなかにむりやり閉じ込められているのではないかと疑い始める。自分が学校に通わされている理由は、何かよいものを受け取るためではなく、単に子守りのため、そして自分を労働市場から遠ざけておくだけのためなのではないかと考え始めるのだ。学校がこうしたものであっても、そこにまったく喜びがないというわけではない。子どもは学校で、友人と会い、コミュニケーションをとり、同年代の子どもたちとの社交生活を楽しんでいる。しかし、もし学校経験が可能な限り豊かで意味あるものになれば、子どもがいまほど学校生活に憎しみを抱くことはないだろう。

教育と意味との結びつきは必然的だと考えなければならない。意味が生じてくるところには必ず、教育がある。意味は、学校だけでなく、家庭、教会、遊び場など、子どもの生活のどんな局面においても生じうるものだ。しかし他方で、学校と教育との関係は、決して必然的なものではない。学校は、教育をもたらすこともあれば、もたらさないこともある。ただ、もし学校が、教育はみずからの使命であり目的であると考えるのならば、その学校は、子どもが自分の人生と関係づけられた意味を発見できるよう援助することに専念するのでなければならない。

意味は分配することができないものだ。子どもに意味を、与えたり配ったりすることはできない。意味は、獲得されなければならない。それは「獲得されるもの」なのであって、「与えられるもの」ではない。子どもが自然な好奇心と意味への欲求によって、適切な手がかりをつかみ、物事が自分自身に対して持つ意味を見いだせるようになるような、そうした条件と機会とを、私たちはどうしたら確立できるのか。それこそを、私たちは知るべきである。多くの教師は、そんなことはもうすでにやっていると言うだろうし、実際、間違いなくそうしていると思う。しかし、教育のプロセスというものは、教師自身が訓練を受けた教職大学院[1]から実際の教室に至るまで、そのようには働いていない。子どもが自分自身にとっての意味を獲得するためには、さらに何かがなされなければならないのだ。子どもは、ただ大人が持っている知識を学ぶだけでは、自分自身にとっての意味を獲得することはない。子どもは考えることを、特に、自分のために考えることを、教えられなければならない。思考とは何よりも、私たちに意味を獲得させてくれるスキルなのだ。

スキルを使って考える

ゆったりとリラックスしているときには、私たちは多くの場合、イメージを伴った思考の連なりに、直接注意を向けている。そんなとき、子どもが袖を引っ張ったなら、「邪魔しないで、考えてるんだから」と言って手を振りのけるだろう――まるで、そのあと立ち上がって、車を運転したり、買い物をしたり、手紙を書いたり、新聞を読んだり、食事の用意をしたりしているときには、考えていないかのように。でも、本当はもちろん、何かを作ったり行ったりするプロセスのなかで、私たちはつねに考えている。能動的な人間の生活では、いつも思考プロセスが働いている。ではなぜ、リラックスしているときだけ、つまり、ゆったりとした一連の思考の動きに身を委ねているときにだけ、思考と呼ばれる特殊な活動に従事しているのだという幻想があるのだろうか。

こんな例から類推してみよう。あなたは映画を見ているとする。俳優たちの動きは、まるで本物そっくりだ。しかし、映写機に何か問題が起きて、映像が次第に遅くなっていく。すると、画面の流れが遅くなりすぎて、動いているという印象はなくなってしまい、ついに一コマ一コマが静止画として、目の前を過ぎていくのを見るようになる。

思考についてもこのようなことが起きていると言える。つまり、身体が活動的になっていたり、いきいきとした議論に加わっていたりするときには、思考プロセスは非常に速く動いているので、そのプロセスは、ばらばらの個々の考えが組み合わさったものであるとか、身体の活動とは別のものである、というふうには感じられない。友人と別れるときに手を振ったり、シャワーを出そうとしたりするときには、そこでの思考は行為とあまりにも調和しており、またあまりにも素早いので、何かぼやっとしたもののようにしか思考を感じることができない。

したがって、私たちがリラックスして、身体的には活動的でないときに起こる思考は、決して典型的な思考とは言えない。むしろ、きわめて非典型的な思考だ。こうしたときに現れているのは、重く鈍いペースで動く思考、あまりに遅いために実際に個々の考えを可視化できるような思考だ。しかし、このようにゆっくり動くということは、通常の思考の性質ではまったくない。

このことは、いきいきとした会話をするときのことを考えてみると分かる。たとえば、次のようなことのためにどれだけ多くの心の働きが必要とされているか、注意して考えてみてほしい。コメントを聴く、暗黙の前提を明らかにする、話し手がほのめかそうとしていること（またはしていないこと）を推論によって導く、話し手がどのようなことを意図している可能性があるか考える、コメントへの返答として自分の意図を形成する、様々な応答方法を自分の意図を満たす形で伝えるために予行演習する、どんな言い方をするか決める（感嘆文か、疑問文か、皮肉による示唆か、主題の変更か）、自分が話す文の最初の語を決める、その次に何を言うか決める、などなど……。たとえ非常にシンプルな質問と答えのやりとりであっても、ものすごい密度で心は活動している。こうしたやりとりに関わる思考の量は多く、また思考プロセスの流れは速いからだ。ところが会話の間、私たちは発言にばかり注意を向けているので、自分が考えているということにまったく気づいていない。あるいは気づいていたとしても、せいぜい自分の意識のフィールドのぼやけた辺縁という程度にしか感じていないのだ。

会話のときに生じている思考が高い密度で構成されているとすれば、書く行為における思考は、もっと高い密度を持っていることだろう。書くときには、一人の聞き手ではなく、自分の言葉を読む可能性がある大勢の読み手を想定し、その読み手の一人ひとりがどんな応答をする可能性があるか、予想しているはずだ。そしてさらに、会話ではほとんど問題にならない文体という要素も加わってきて、それにより、どの語を用いるかに関してとても多くのことをさらに考えなくてはならない。

呼吸や消化のように、思考は自然な過程であり、誰もがすることだ。このことから、残念ながら思考を向上させるために大したことはできない、と結論づけがちだ。呼吸や消化の仕方は向上させることができないと感じるのと同じように、思考についても、自分ができるほぼ最上のレベルですでに行っていると推定してしまう。

しかし、これは事実とは異なっている。思考は自然なものだが、しかしまた、習熟することのできるスキルでもあると考えられる。より有効な考え方とあまり有効でない考え方の違いはあるのだ。これは自信を持って言える。なぜなら、私たちは熟達した思考と下手な思考を分けるための基準を持っているからだ。その基準とは、論理学の諸原理である。論理学の規則によって、私たちは妥当な推論とそうでない推論の違いを指摘することができる。

このように言うと、子どもがより上手に考えられるようにするために、子どもに論理学を学ばせるよう勧めていると思われるかもしれない。しかしそうではない。子どもは論理を、言語を習得するにつれて学んでいく。論理の規則は、文法の規則のように、子どもが話すことを学ぶにつれて獲得されるものなのだ。幼い子どもに「そんなことをしたら叱られるよ」と教えるときには、その子が「もし叱られたくないのであれば、自分はそれをすべきではない」と理解するはずだということが想定されている。この想定はたいてい正しい。つまり、言い換えれば、とても幼い子どもであっても、後件が否定される場合は前件も否定されなければならない、とわかっているということだ。これはきわめて洗練された推論の一つであるにもかかわらず、子どもは人生のほんの初めの段階でも、この推論を遂行できるのだ。

妥当でない推論をした人については、上手に考えられたとは見なせないかもしれない。しかし、それも一応、思考ではある。適切な結論を導くのに失敗すること、定義や分類をまずいやり方ですること、批判的でない仕方で事実を評価することなども、どれも思考の例ではあるのだが、しかし下手な思考の例だ。教育の課題は、少なくとも教育が始まった段階で、すでに考えることはしている子どもたちを、上手に考えられる子どもに変化させるということだ。思考スキルを育むような信頼性のあるプログラムを実行すれば、直近の認知的課題、たとえば解くべき問題やなすべき判断を、子どもは有効に扱えるようになる。さらにそれだけではなく、このプログラムを通じて子どもの認知的な潜在能力が統合されることにより、将来、より巧みな思考ができるように準備させることもできる。思考スキルの教育プログラムの目標は、子どもを哲学者や政策決定者にすることではなく、彼らがより思慮深く、反省的で、配慮に長けた、合理的な人間になるよう援助することだ。より優れた判断ができるように育てられた子どもは、いつ行動すべきかだけではなく、いつ行動すべきでないかについても、優れた感覚を持つようになる。直面した問題に取り組むときに思慮分別を持って行うことができるというだけでなく、どのようなときに問題に取り組むのを延期すべきか、また、どんなときに問題を避けて通るべきかについても、決められるようになる。したがって、思考スキルのプログラムの目標の一つは、判断力の向上でなければならない。なぜなら、判断こそが思考と行為とをつなぐものであるからだ。思慮深い子どもは優れた判断をする傾向にあり、優れた判断をする子どもは、不適切で思慮に欠けた行動をしない傾向にある。

思考のスキルをカリキュラムのあらゆる側面と統合すれば、子どもの様々な能力が研ぎすまされるだろう。つまり、関連づける、区別する、定義する、分類する、事実的な情報を客観的・批判的に評価する、事実と価値の間の関係を思慮深く扱う、自分の信念と真実とを論理的に可能な事柄の理解から区別する、などといったことができるようになるだろう。これらのスキルは、子どもがよりよく聴き、よりよく研究し、よりよく学び、よりよく表現することを助けるものだ。ゆえにこうしたスキルは、すべての学問領域に及んでいるのである。

思考スキルのプログラムは、子どもがより論理的に考えることと、もっと意味ある仕方で考えることとの、両方を伸ばすものでなければならない。この二つの目標は互いに密接に関連し合っている。言明が意味することの本質は、その言明からどのような推論が論理的に導き出されるかということにある。したがって、推論を正しく導く能力こそが、子どもが学校内外で関わる活動の意味を確立するために、最も重要だ。読んだこと、知覚したこと、経験したことから、論理的または言語的に導かれる推論が豊かであればあるほど、そうした経験は子どもにとって、より満足のいく有益なものとなるだろう。

思考スキルと基礎的スキル

思考のプロセスは、膨大で複雑に絡み合った、様々な働きの集まりだ。数学的な思考や歴史的な思考、実践的な思考に詩的な思考、読むとき・書くとき・踊るとき・遊ぶとき・話すときに行う思考など、様々な種類の思考がある。このなかで、読解と計算は、しばしば「基礎的スキル」と呼ばれる。というのは、これらの二つのスキルが、他の認知のスキルを自由にし、強化することができると考えられているからだ。しかし、読解と計算は、認知的処理の単なる二つの表れにすぎない。つまり、この二つの領域におけるパフォーマンスは、その根底にある思考スキルのパフォーマンスとほぼ同じだ。教育的観点からは、思考スキルの向上が不可欠で根本的に重要である。思考スキルの熟達した子どもは、単に成長した子どもであるというだけではなく、みずからを成長させる能力を向上させた子どもなのだ。

◆意味を見いだすための読解

広く認められていることだが、読解に問題を抱えている子どもは、思考にも問題を持っている傾向にある。そうした子どもについて、読解力を向上させれば、思考力も向上させることができると信じられている。しかしここでは、読むことと考えることとは、相互依存の関係にあると主張したい。つまり、読解と思考は、それぞれが互いに支え合う関係にあるということだ。だから、子どもの思考力を伸ばすことができれば、子どもの読解力を伸ばすことにも十分つながるだろう。

子どもの読解について配慮するのはとても重要なことで、表面的でとるに足らないことについて思い煩っているとして軽視してはいけない。読解と思考が相互依存的なのだとすれば、子どもが期待される程度よりもはるかに読解が下手だったり、あるいはよく読めるのに読書に興味を示さなかったりする場合には、何か考えてみるべき理由があるはずだ。

では、子どもを読む気にさせるものとは何か。読む動機となるのは何だろうか。子どもは読書から何を得るのだろうか。これらの問いに対する答えのうち一番妥当なのは、人は意味を得るために読むのだ、というものだ。本を読んでいて、この本は読んでも意味がないと徐々に確信が深まっていくときには、私たちは読むのをやめるだろう。子どもも同じだ。自分が読んでいるものに意味を見いだせない子どもは、読むのをやめてしまう。

だが、どういった類いの意味を、子どもは求めているのだろうか。子どもがほしがっている意味とは、自分の人生と関係があり、人生を明るく照らしてくれるような意味だ。子どもが抱く問題のいくつかは、彼らの成長過程に特有のものであり、ほかの問題は、あらゆる人間に共通のものである。子どもはどちらの種類の問題についても、不思議に思っている。子どもは、自分自身のアイデンティティについても不思議に思う。なぜ毎日学校に行くよう期待されているかについても、また、いかにして世界が生じ、いかにして世界が終わるのかについても、不思議に思っている。ときには子どもは、自分の欲求や感情にどう対処したらよいだろうかと思いをめぐらす。

子どもはしばしば、自分自身の問題について話し渋ることがある——彼らは、私たちが尊重すべき、自己決定やプライバシーといった感覚を持っているのだ。しかしそれでも、そうした子どもたちの多くは、自分の持つ問題が主題となるような話し合いには参加したがっている。たとえば、心理学の用語で「兄弟間の競争」と呼ばれる問題について考えてみよう。一つの家族のなかで、互いにうまくいっていない子どもたちは、その衝突について直接話し合うことはできないだろう。しかし彼らは、互いにうまくいっていないお姫さまの姉妹の物語や、親の愛情を取り合っている王子さまの兄弟についてのおとぎ話は、好んで読むだろう。どういうわけか、「むかしむかし、あるところに……」と始まるお話の一部として捉えられると、問題の棘は抜けてしまうのだ。おとぎ話の架空の設定のなかで、兄弟間の競争の問題は、より距離をとって捉えることができるようになる。それはホメロスが、トロイアとの戦争について語ることによって、ギリシャ人が自分たちのことをより客観的に捉えられるよう助けたのと同じようなことだ。

だから、子どもに読むことへの持続的な興味を持たせようとするなら、それは子どもの主要な関心事に、つまり彼らの人生において最も問題となっているような事柄に、意味ある仕方で結びついていなければならない。単語を黙読したり声に出して読んだりするにとどまらず、語やフレーズや文の意味を、それが置かれた文脈のなかでいかにつかむかを学ぶことこそが、重要なのだ。

初歩の段階にある読み手は、つながりを見いだすことを学ばなければならない。そうしたつながりは、しばしば非常に指摘するのが難しいものだ。文が何を「言っているか」だけが重要なのではない。その文は言外にどんなことを言おうとしているのか、またどんな意味を暗黙のうちに含んでいるのかを、考えなければならない。たとえば、ある母親があなたの生徒について、こう言ったとしよう。「ああ、うちの子はたしかに、綴りはよく間違えますね」。彼女は何を言いたいのだろうか。この母親は、綴りなんて大して重要なものではなく、自分の息子は、他のある科目で非常によくやっている、とほのめかしてはいないだろうか。あるいは、「みんなそのパーティーに行くんだよ！」という言葉を考えてみよう。文字通りにとれば、それは単に「全員が行く、だから私も行く」ということを意味するにすぎない。しかしそれは他にも「勘定に入る人」みんな、とか、「ほかの誰かではなく」みんな、ということも示唆しうる。あるいは、涙を浮かべてその言葉を言っているとしたら、「ほかの子たちはみんな行くのに、どうして私だけダメなの？」ということを意味するだろう。

書かれたパッセージのなかで子どもが意味を見いだすためには、その子は意味について敏感でなければならないし、どのように意味を推論するか、どのように意味を導くかを、知っていなければならない。推論［inference］とは、書かれたことの文字通りの意味から、それが何を示唆し含意しているかを、合理的に導くことである。もし誰かが「あぁ、あなたはノルウェーの方なんですね。でしたら雪がお好きでしょう！」と言ったら、すべてのノルウェー人は雪を好むという前提をその人が持っていると推論できなければいけない。あるいは、「女性だけがそのクラブから閉め出されている」という文を読んだとしたら、すべての男性は受け入れられている、と妥当に推論できるだろう。また、もしあなたが今日は十四日の火曜日だと知っているなら、明日が十五日の水曜日であると推論するのは難しくないはずだ。

人生のあらゆる瞬間に、私たちは推論を導いている。道を渡っていてクラクションを聞いたなら、あなたは車が来ていると推論する。内側が牛乳で白くなった空のグラスを見たら、誰かがこのグラスで牛乳を飲んだのだと推論する。推論のおかげで、私たちは無数の意味を、考えたことからだけではなく、見たこと、聞いたこと、味わったこと、触ったこと、かいだことからも、引き出すことができる。

当然、子どもが推論を導くことができればできるほど、より多くの意味を、読んだことから引き出すことができるだろう。推論の技術は、翻って、子どもの読書をより満たされたものにしてくれる。そして、読書から満足を得られれば得られるほど、子どもはもっともっと読みたいと思うだろう――楽しみのためであれ、慰めのためであれ、理解のためであれ。

◆根源的スキルとしての推論

どうしてそうなのかは誰も知らないのだが、思考は言語にとても密接に結びついており、それゆえ、話すことの学び・考えることの学び・推論することの学びはすべて互いに結びついている、と広く考えられている。だから、子どもが推論をいかに学ぶのか、そのメカニズムを説明するための重要な部分が、子どもが話すことを学ぶ過程を観察することによってわかるという見込みは十分にある。

子どもが単語を文法的な文へと構成できるようになるというのは、まったくすごいことだ。こんな芸当が世界中で毎日、子どもによって、あらゆる考えうる限りの言語においてなされているということは、私が知っている限りで最もすばらしい事実の一つだ。子どもが単語を学ぶことがすばらしいというだけではなく、話すときに、それを文法的に正しい構造に組み合わせるということがすばらしい――しかも実際、それをやっているのはほんの小さな幼児なのだ。しかし、思考を論理的に組み上げることは、言葉を文法的に関係づけることとはまた別の、すばらしい妙技なのだ。

明らかに、子どもは生まれつき、考えや話を、文法的および論理的に構成する構えを持っている。しかしそれでも、言語の上手な用い方と下手な用い方（たとえば文法の間違い）の違いは教わらなければならないし、それと同様に、妥当な推論と不注意で誤った推論の違いも教わらなければならない。

私たちは、構成の優れた散文とそうでない散文の違いや、数学で適切に実行された計算とそうでない計算の違いについては、子どもに理解させるために非常に時間をかけている。ところが、よい推論と悪い推論の区別を子どもがつけられるようにするためには、ほとんど時間を割いていない。その理由は、どのように推論するかを子どもが学ぶ必要がないからでもなければ、子どもがそれを学ぶための能力を持っていないからでもない。よい推論と悪い推論の違いを子どもに教えないのは、私たち大人の多くが一般に、論理についてよく知らないからであり、また、論理を理解するのは大変な骨折りだと認めるのが恥ずかしいからだ。

ここまで、子どもがうまく読むことができない理由の一つは、子どもに推論を教えていないためだと述べてきた。そして、推論を働かせなければ、子どもは自分が読んでいるものを理解することはできない。

もちろん、読解は現在、教育において注目を浴びている。教育の批評家は、学校が読解をうまく教えていないと批判し、多くの学校が、読解にさらに注意を払った教育をすることでそれに応えている。ただ、そのことによって、他の教育目標の実現については、しばしば犠牲を払うことになっている。

読むこと自体が目的になるというのはおかしなことだ。読書は単なる手段だと考えられていた頃もあった。その頃には、親は子どもに、知性的な大人に育ってほしいと願っていた。子どもの知性を育てるためには、読書は最善の手段ではないだろうか。しかし次第に、重みは読書そのものへと移り、読書によって育まれるはずだった思考プロセスは無視されていくこととなった。私たちは「二倍努力した結果、目標を忘れてしまった」のだ。

ここまで、推論が子どもの読解力を向上させるために重要だと強調し、また逆に、読書は子どもの思考力を伸ばすための手段と考えるべきであるとも主張しているのは、おかしいと思われるかもしれない。その疑問に対しては、推論と読解はともに教えることのできるスキルであり、両者は互いに強め合っているのだ、と答えられる。考えることを教えられるかどうかについては議論の余地もあるが、しかし間違いなく、考えることを促すことはできる。そして、思考の技術を発達させるためには、推論の手続きを教えることが役立つはずだ。

だが、どうすれば推論を教えることができるのだろうか。学校はしばしば、そんなことはもうすでにやっているし、十分うまくできていると言う。そしてその主張を正当化するために、数学や言語技術のプログラムを引き合いに出す。たしかに、数学や読書によって思考は向上しうるが、しかしそれだけでは不十分だ。ジョニーが四則演算ができ、またマンガを（あるいはスチュアート・リトルさえも）大急ぎで読むことができるという事実は、彼が明快に推論できるということを意味しないし、有効な思考をする習慣を形成しているとか、独立した判断に至っているとかいうことも意味していない。もっとほかに、何かそれ以上のものが必要なのだ。

私たちの独自のプログラムでは、子どもが上手に考えられるよう支援するだけではなく、不注意な思考に対する感度も高める。たとえば、次のような例文を子どもに示す。

私の父は新聞で、喫煙はがんを引き起こすと読んだ。だから父は、俺は新聞を読むのをやめるぞ、と言った。

エリナに会うとき、僕はいつも彼女に、ジョーのことをどう思うかと聞く。すると彼女は、とても居心地悪そうにする。ああ、彼女は僕に片思いしているんだ！

私は、世界で生まれてくる子どもの五人に一人は中国人だと教わった。私には三人の兄弟がいる。だから、私の家族に次に生まれてくる赤ちゃんは、きっとかわいい東洋人の顔をしているだろう。

あるいは私たちは子どもに、こんな不条理な質問をする。

直線はいつ曲がるのか。

なぜイルカはあのように愚かな魚なのか。

夏の暑さと街の暑さとでは、どちらの方が暑いか。

子どもたちは簡単に、こうした例文の誤りを指摘できるようになる。しかし子どもは、何が間違っているのかを、有効な思考と混乱した思考とを区別できるよう訓練された人の指導の下で、議論する必要がある。

明らかなのは、知性の特質に関わる様々なことを、科目の統合を妨げることなく示せるような、魅力的な方法を考える必要があるということだ。私たちの目標は、子どもたちを二つのまったく別々のこと——論理的な思考の構造と、人生の切迫した様々な問題——に直面させることであってはならない。必要なのは、思考が科目の内容に対して、どれほど喜びに満ち、実りのある仕方で役立ちうるかということを、子どもに気づかせることだ。子どもにとって重要な問題について推論することが、いかに豊かで価値ある経験になりうるかということに、自分自身で気づけるよう支援する。これこそ、私たちがしなければならないことだ。このような推論は、たとえそれが、基本的なことをより深い洞察に基づいて組み替えたにすぎなかったとしても、子どもを感動させるようなものになるはずだ。

思考スキルとほかの科目

実験に基づいた研究によれば、トレーニングを受けた教師が継続的かつ厳格に、子どもに哲学を教えると、子どもの基礎的スキルに有意な好影響が見られる（補遺Bの、実験的研究の要約を参照してほしい）。では、哲学教育をほかの科目に組み込んだ場合には、実質的な教育効果は生まれるだろうか。

中学校の教育課程で特に重要だとされる分野は、言語技術と社会科である[2]。どちらの教科にとっても、子どものための哲学の教育は役立つだろう。それは、哲学教育を通じて、科目の学習の準備になるような基本的な問題について問い考えることができるというだけではない。国語や社会の学習で生徒が熟達しなければならないような、批判的に考える習慣や探究の方法を身につけるためにも、哲学教育が役立つはずだ。

言語技術の場合を考えてみよう。前節では、読解を教える際にどのような困難があるかを指摘した。これと同様の問題が、従来の書くことの教育が有効かどうかという点についても、あると考えられている。さらに問題なのは、文学の伝統と基本の読み書きのスキルの使用が関連しているという感覚を、生徒が持てなくなってきているということだ。教師は、生徒が学習に対して低いモチベーションしか持っていないと不満を言い、他方で生徒は、教師が読み書きの技巧ばかりを強調して、そのスキルを生活と結びつけられていないと不平を言う。

生徒の動機が不十分だという教師の不満を解消するための一つの方法は、伝統的な教訓めいた教科書の代わりに、小説を使うことだ。この小説の筋は、生徒が難なく共感できるようなものが望ましい。この小説を通じて、生徒が自分で詩や散文を書くときにぶつかる障害を経験でき、また、その障害を崩すために、教室でのディスカッションや、教師から与えられる厳選された練習問題がどう役立つのかが分かるような、そうした教材を用意しなければならない。

一般に子どもは、理解できないことをするのを嫌がる。詩や散文を書かされるのを、とても恐れている子どもたちもいる。彼らは、なぜそんなことをしなければならないのかが分からないのだ。こうした子どもたちは、書くことに関連する根本的な問題も、書くことと自分の人生とのつながりも、見て取ることができていない。哲学の授業は、通常の国語のプログラムに先立って、あるいはそれと一緒に行われることによって、ちょうどこうした事柄について検討していくことになる。哲学の授業のなかで、子どもは、よい書き物の基準や、詩と散文の違い、経験と意味の関係、感覚と表現の関係、事実とフィクションとの違い、説明と記述の違いなどについて、議論する機会を与えられる。さらに、冒険・想像・注意・知覚・定義・コミュニケーション・可能性・意味・解放・驚き・完全性といった概念について、詳細に探究していくことができる。

このような諸概念についてのディスカッションは、子どもに何をもたらすのだろうか。実はそれ自体としては、とくに何ももたらさない。こうしたディスカッションは、子どもが自分の人生の状況をしっかり把握できるように、そして、その自分の状況と、身につけるよう求められている言語のスキルを結びつけることができるようにと、真剣に考えられた授業のなかで行われて初めて役立つのだ。もし、文学を書き著述をするのは、大人と、非常に優秀で意識の高い子どもだけだ、というふうに示されてしまったなら、クラスの大半の子どもたちは、自分はそんなことにはなじみがなく、遠ざけられているというように感じてしまう。そうではなく、生徒が自分でもこんな文学作品を書きたいと思うようになったり、文学の作者と書く動機を共有できるようになったりするのでなければならない。

また、文学と思考の間にはまったく齟齬はないということを、生徒が理解しなければならない。たいてい子どもは、詩を、ほかの誰かの感覚や知覚をただ並べただけのもののように捉えてしまう。思考が詩のなかに入り込んで読者と共有されうるのだということ、つまり、思考は読者が再現できるものであり、また自分自身のためにやってみることさえできるものだということには、多くの子どもは気づいていない。しかし、子ども自身が書くものを検討してみれば、彼らはもうすでに、自分の思考を表現し、この世界で生きる自分の人生についての確信を文学の形で表現できるような、準備ができていると分かるだろう。子どものための哲学の教育は、表現のための条件を与えることで、子どもが生まれながらにして持つこの傾向を伸ばす助けとなるだろう。

社会科の場合には、子どもたちは自分の人生の状況を、そこから社会科の勉強が発展してくる母型として考える必要がある。大人はこうした捉え直しを促すのだと考えれば、社会科についても国語科とほとんど同じことが言える。ただ、社会科の授業は、生徒の生活のうち、社会学的・政治学的な側面に関わるものだとされている。だから教室でのディスカッションが扱う概念は、民主制・社会・正義・無政府状態・教育・財産・法律・犯罪・社会の理想・分業・制度・伝統・責任・権威・自由といったものになる。しばしば子どもは、社会科は、データの授業であると感じている。社会科とは、様々な事実が、相互の関係を曖昧にしたまま混乱を招くように並べられた、果てしない目録であるかのように思っている。そうした状況に対して哲学は、子どもに知的な方向感覚を与え、授業の教材に自信を持って向き合うことができるようにする。子どもは、社会において考慮される理想や価値や基準について理解できるよう助けを得られれば、社会の制度や実践がどの程度うまく機能しているかを判断できるようになる。こうした判断力は、論理的批判という道具なくして社会制度について勉強するよう強いても、身につけさせることはできないものだ。論理的批判という道具によって、子どもは判断ができるようになり、大量の教材を扱う際に必要な、総体的な見方やバランス感覚を身につけることができる。

さらに、このようなアプローチは、全体としての社会の制度と、教室における生徒の状況との、ギャップを埋める助けになる。生徒はたいてい、自分が学んでいること、自分が人生においてなすこと、そして、全体としての社会がなすことの間には、まったく関係がないと思ってしまっている。しかしこれらの要素は、子どもが自分自身を社会的・政治的存在として理解し始めるためには、意味ある仕方で統合されなければならない。

対話と思考の関係

私たちはしばしば、思考は私的で内的なものだと考え、そのことから、思考は謎めいた不可解なものであるとも考えるようになる。こうした状況では、人は、よい思考と悪い思考とを区別する基準が分からなくなる。というのも、実際、思考とは何であるかが分かっていないからだ。

さらに、思考とは何かまったく「心的」で「私的」なものだと解釈されるときには、思考をどうすれば向上させられるかということについても、かなりの誤解が生まれやすい。たとえば、思考と対話との関係を考えてみよう。多くの人々は、熟慮することが対話を生み出すと考えている。しかし実際には、対話することが熟慮を生み出す。多くの場合、対話をするときには、人は熟考し、集中し、代案を考え、傾聴し、定義や意味に繊細な注意を払い、以前は考慮していなかった選択肢に気づき、そして一般に、会話が起こらなければ決してすることがなかったような、大量の心的活動を行うよう強いられる。

これが本当かどうか、自分自身の経験に照らして考えてみてほしい。学校生活のなかで、最も思い出深く、知的に刺激された出来事というのは、何だっただろうか。自習、授業、発表、テストだろうか。あるいは、教室でみんなが参加し、人間としての自分たちにとって重要なことについて話し合った、ディスカッションではなかっか。そのようなディスカッションのあとで、参加者は、自分が言ったことや言ったかもしれなかったことについて、反省する。また、他の参加者が言っていたことを思い出し、どうしてそんなことを言ったのか理解しようと努める。さらに参加者は、自分自身の思考のプロセスのなかで、クラスでの対話の構造と、それがどのように発展したのかを、再現することになる。こうしたことが、思考は対話の内面化である、と言われることの意味なのだ。

私たちが対話を内面化するときには、他の参加者によって表現された、いま聞いたばかりの思考を再現するだけではなく、その思考に対して、自分の心のなかで応答する。さらに、聞こえてくる対話のなかから、参加者たちがどのように推論を導き、前提を特定し、互いに理由を求め合い、批判的な知的相互作用に関わっているのか、その方法を取り出す。対話においては、不注意な推論は攻撃され批判される。問題にされずに見逃されることは許されない。ほかの人が言ったことに対する批判的な態度が、ディスカッションの参加者の間で形成される。しかしこのような批判的態度は、その後、それぞれの参加者が自分だけで行う思考にも向けられることになる。一旦、ほかの人の思考プロセスや表現様態を批判的に吟味するテクニックを学ぶと、人は、ほかの人が自分の発言について何と言うかについても、注意深く考慮するようになる。

学級のコミュニティの形成は思考を促すために決定的に重要だ、という主張には、認知心理学や社会心理学の根拠もある。たとえば、ジョージ・ハーバード・ミード（『精神・自我・社会』を参照）やレフ・ヴィゴツキー（『社会における心』を参照）を読めば、思考は対話の内面化であるというテーゼが、哲学と心理学の両方によって支持されていることがわかるだろう。たとえばヴィゴツキーは、子どもが一人だけで問題を解決する能力と、教師やクラスメイトと一緒にコラボレーションによって問題解決する能力には、差があるという事実をはっきりと認めている。ミードのように、ヴィゴツキーは、子どもが個人として行動するときに示すパフォーマンスよりも高いレベルで行動するように子どもを刺激するためには、学級というコミュニティ形成が不可欠であると考えているのだ。

これは、対話のすべてが、探求の共同体［community of inquiry］になっているということではない。子どもというのは、くすくす笑ったり、ぺちゃくちゃしゃべったり、注意を払わなかったり、みんな同時に話し始めたりするものだ。全員が順番につながりを持って話しているように見えても、それぞれの参加者が何を言っていて、何を互いの発言によって打ち立てようとしているのか、まったく聞いていないということもある。どうしたら対話が開かれたものになるかに気づかず、一部の子どもだけが自分が何を言うべきかを考えているような程度のときには、その子どもたちは、まだ完全に探求の共同体の一員になっているとは言えない。さらに、対話についていこうという努力や、関連と意味のある発言をしようとする努力をやめてしまったら、その子どもは参加者であるとは言えない。ミードが指摘したのは、単に模倣的に振る舞うことと、集団でのプロセスを内面化することには、違いがあるということだ。もし子どもを、ほかの子どもたちがゲームで遊んでいる保育園に入園させたら、新入りの子どもは、ほかの子どもがやっていることを、本当にはそのプロセスを理解することなく真似するだろう。その子は、ゲームのルールや、それぞれの参加者の役割や、グループ全体に対するそのゲームの意味を、理解し内面化して初めて、プロセスの意味を真に理解することができる。

ここで、なぜ子どもはそうしたルールや規定がある共同体に参加したがるのか、という疑問を持つかもしれない。ミードが主張しているのは、子どもは学校に、発言の機会を待っている社会的な衝動を、すでに身につけて入ってくるということだ。子どもは未開人から社会的な人間に変えられる必要はない。子どもはすでに社会的だ。しかし彼らは、そのような社会的な傾向性が建設的な仕方で表現される環境を必要としているのだ。だから、ふだんクラスで無口な子どもというのは、話す欲求を持たない子どもなのではない。そのような子どもはたいてい、自分の言ったことがほかの人に、重要でないことだと退けられるのを恐れている。互いに敬意を持った本物の共同体が教室のなかに生まれなければならない。そこでは、そんな怖がりの子どもも、話す機会を見つけて、敬意を持って耳を傾けられることになるだろう。そして彼らは自分の殻を破って、自分から共同体の会話に参加することになるだろう。ほとんどの場合、言葉を話さない子どもは、実はクラスのみんなの前に立って何か重要なことを話せたらどんなにすばらしいだろうかと、夢見ているのだ。

教室での対話には、学問的な活動に関わるように子どもを動機づけるという役割もある。しかしこの役割は、しばしば過小評価されている。たとえば、教師はクラスにテーマを与え、翌日にレポートを書いて提出するよう求める。しかし子どもたちはたいてい、自分の知性のポンプから考えを汲み上げるために、呼び水をささなければならない。つまり、与えられた特定のテーマに取り組むための様々な道筋を言葉にしてみる、という移行過程を通らなければならないのだ。子どもたちは、自分の考えをお互いに試してみて、フィードバックを聞き、自分の言うことが不条理で不適切なのではないかという感覚を、集団のなかでテストしてみることで克服しなければならない。そうしたことを通して、彼らは互いの経験から学び、レポートの課題が暗示することが浸透するにつれて、知的な興奮を覚え始める。ここまできてようやく、課題は子どもたちにとって魅力的なものに見えてくるのだ。大人は、自分がほかの人と議論することなく書いたり、読んで理解したりできるからといって、そのような精錬された教育課程の最終成果が、このプロセスそのものの適切なモデルであると前提すべきではない。対話は、ぎこちなく粗い仕方で経験を加工するときの一段階であって、なまの経験が精錬された表現へと変えられるときには必ず起きなければならないものだ。少なくとも、子どもにとっては、対話はそうしたプロセスに不可欠なフェーズだ。

教師は、読むことと話すこと、書くことと話すこととの強い関係を、心に留めておくのがよい。さらに、話すことと聞くこととの間にも、密接な関係がある。つまり、ある人が、表現された意味を注意深く聞くことなく、対話の要素のうちあまり本質的でない部分を聞くとしたら、その人はおそらく話し手のことを誤解するだろうということだ。ほかの人が提示している要点を聞くことや、会話のなかで見いだされる意味を見分けることを学んだ人は、読むことについても、意味を欠いたものとしてではなく意味深いものとして理解する傾向にある。

大事なことについてよく考える

哲学には、論理学という分野がある。哲学はこの分野で、どのような思考プロセスが優れているのかを判断する基準を示そうとする。これを学ぶことで、生徒たちは、単に考えることから、よく考えることができるようになる。一方、紀元前六世紀にまでさかのぼる哲学は、伝統的にずっと、人生において大事だとされてきた概念や、人間の生活にとって大切で、人間の知識に関連が深いと思われてきた概念についてずっと論じてきた。こういった概念の例として、正義、真実、善、美、世界、個人のアイデンティティ、人間性、時間、友情、自由、共同体などが挙げられる。これらのなかには、いまだにきちんと定義されていないものもあるし、大きな論争の的になっているものも多い。しかし、これらの概念は、物事の理解を秩序だったものにし、明晰なものにしようという、何世紀にもわたる膨大な哲学者たちの努力の賜物である。こうした自分を統制するような概念がなければ、自分が体験したことを理解するのは、いまよりはるかに難しかったろう。文明人は野蛮人ではない。美しさと醜さの違い、善と悪の違い、正しさと誤りの違い、正義と不正義の違いに関心を持っているからである。仮に人間が、美という概念に意味を見いださない生き物だったとする。すると、人間が美しい街や芸術作品を作ろうと奮闘を続けてきたとしても（事実そうしてきたのであるが）、どうしてそんなことをしてきたのか、分からなくなってしまう。もし人間が正義を信じていなかったとしたら、人間はよりよい社会組織のあり方を考え出そうと奮闘してこなかっただろう。私たちは、生きているなかで自分の行いを自分で理解しようとしている。そうした理解を、上で挙げたような概念がどう統御しているのかということを、哲学では考える。子どもたちが、人生の社会的側面・美的側面・倫理的側面を理解しようとするならば、それらの概念は習得されなくてはならない。

子どもというのは哲学の観念に興味がなく、他愛もない豆知識をおしゃべりしたり、事実の暗記だけをしたがるものだという誤解がある。子どもたちは物事の成り立ちを理解せず、特定の情報だけを学ぼうとするものだと言い張る人もいる。

不幸なことに、子どもたちは抽象的すぎる主題に興味を示さないものであり、専門的すぎて、子どもたちに取り扱えないだろうという根拠のない思い込みのせいで、哲学は伝統的に大人たちだけのものとされてきた。しかし実のところ、哲学の問題は大人たちの興味に限定されるわけでないし、子どもたちが取り扱えないほど専門的なものだとする必要もない。実際、哲学というのは驚くべきことに、あらゆる年齢の人々が、自分に合った形で問題を検討し、議論できるのだ。子どもたちは大人と同じぐらい、友情や公正さといった観念に興味を持つし、こういった問題に最終的な結論がまだ出ていないということに気づける。大人と子どもが一緒になって哲学の可能性を探求できるということは、小学校の哲学の授業において最も楽しみで勇気づけられる事実だ。

哲学思考のスキルを鍛える授業は、子どもたちに徹底的に批判的になれと言い、想像力豊かに思索しろと言う。子どもたちは現実世界の成り立ちについて議論しながら、世界がどのようにありえるのかということを探求しようとする。世界は現実にそうである以外にはなりえないという印象を子どもたちに与えてはならない。事実関係に関してすら、それがもしなかったら世界はどうなっていただろうということを考えさせなければ、独創的な思索の力を伸ばす機会を子どもたちから奪ってしまう。

今日、教育現場における最大の問題として、子どもの教育体験が一貫していない点がある。子どもは相互に無関係な、個々の科目の説明に延々と出くわしていくことになる。朝の授業で、数学のあとに国語の授業があっても、子どもはそれらが関連していると思わないし、国語と、そのあとにある社会の授業も、社会と理科も関連していると思わないだろう。

この学校生活の細分化は、学校の内外で現代の暮らしを規定するあらゆる体験の断片化を反映している。しかしこれは世界に情報が氾濫しているせいでもある。というのも教育が子どもへの情報伝達に関わる以上、専門家によって単純化・体系化されなければならないのだから。結果として、それぞれの教科は、その教科が専門に取り扱う分野の最小限の輪郭を示すことで満足してしまい、知識全体における関連性を示すことを見失いがちである。

おそらくこのような細分化は、近い将来に教育の現場を席巻するからこそ、学校の時間割を構成する教科どうしの連続性をどうにかして確立しなければならない。普通、連続性を確立する作業は、教師の仕事である。ただ、残念ながら大抵の教師は、各教科の連続性を見るように訓練されていない。だから子どもたちのためにこのような連続性を確立するよう教師に期待するのは理不尽である。教師は、文法、数学、論理学の形式としての類似に着目するよう訓練されていないかもしれない。理科と社会をつなげる方法論の連続性に着目するよう訓練されていないかもしれない。社会生活の文学的な描写と社会学的な描写の関連性に着目するよう訓練されていないかもしれない。さらに、専門家たちがこれほど長いあいだ、このような連続性を組織し、表現することができなかったのに、子どもたちのために異なった分野の連続性を作り見せるよう教師に求めるのは、現実的ではない。

つまり、各科目において、べつの分野の知識との連続性は認識されなければならない。知識どうしの関係を子どもたちが体感できるように、それぞれの専門教科が、絵に描いた理想ではなく事実として、ほかの科目への架け橋となるべきではないか。

しかしすぐに、この連続性を確立する責務の少なくとも一部を、教師から子どもたちに手渡さなければならない。これは子どもたちの自然な興味、全体性への自然な欲求、満足するまで問い続ける自然な傾向（それが既存の教科の枠内にとどまるものであろうがなかろうが）を組み立てることによって達成される。子どもたちには、統一的に、完璧に理解したいという動機と興味がある。だから教師と子どもには、求められる関連性をどのように作るかを教えてくれる教科による指導が必要である。

しかし問題がある。教師と子ども双方に対するこの連続性へのニーズを、哲学はどのようにして満たしうるのか。答えは明らかだろう。子どもたちがおもに知的好奇心によって教育のプロセスに貢献し、哲学がまさに疑問を生み出す科目ならば、哲学と子どもは生まれながらの友達である。異なる教科どうしがどのように関係するかや、人間の体験はどのように体得されるのかという根本的な疑問の発生に伝統的に関わる教科よりも、知識の形式構造に子どもたちをうまく結びつけるのは何であろうか。

べつの言い方をすれば、哲学の知的な機微や柔軟さのおかげで、子どもたちと教師たちとが、既存の教育課程の相互の関連のわかりにくさや断片化に立ち向かうことができるのである。哲学が伝統的に取り扱う倫理や、知識とは何であるか、現実とは何であるかという疑問への関心は、既存の教科の範囲を超えている。しかし哲学は同時に、既存の教科が取り扱う主題にも基本的に関わっているのだ。

哲学がほかと異なっているのは、哲学がもたらす疑問が人間の知識の本質を、哲学的でないほかの主題と直接重なり合うようにして、取り扱っているという点である。つまり、知識を物理学、生命科学、数学、歴史といったような学問的主題に分類するという普通のやり方に従えば、子どもたちは以下のような問いかけをせざるを得ないだろう（もし普段から問いかけるように仕向けられていたなら）。つまり、植民地主義とは何だろう。重力とは何だろう。長除法（13以上で割ること）とは何だろう、と。

他方で、哲学者は形而上学的、認識論的、美学的、倫理的問いを取り上げるが、これらは様々な主題の領域を横断しているのが特色である。倫理的なものについて尋ねるのは、科学、芸術、専門知識、ほかのあらゆる人間活動にひとしく当てはまる問いを尋ねるということである。同じく、あらゆる主題の領域は美学的次元、認識論的次元、形而上学的次元を持つ。子どもたちはまず単純な算術の演算から学ぶべきだと数学者は主張するかもしれないが、子どもたちは「数って何？」という――きわめて形而上学的な――問いかけをして、教師をひるませるかもしれない。歴史教師はローマ帝国史に集中したいかもしれないが、子どもたちは無邪気そうな顔で、「歴史って何？」ということをまず知りたがり、説明もせず進んでいくことに、当然疑問を持つだろう。同じく、「説明って何？」「従順って何？」「善って何？」のような問いもあるだろう。生徒たちに「事実を身につけよ」と主張する教師は、「でも、事実って何？」と聞く生徒たちと進んで議論するべきである。べつの言い方をすれば、学んでいる主題の根本的な前提に疑問を示すとき、子どもたちはつねに形而上学的疑問を投げかけているのである。どうすれば何かを確信できるのか知りたがっているときは、認識論上の疑問を投げかけているのである。たとえば、なぜ、そして何を根拠に、彼らの両親や教師が、ジェームズ・ボンドよりもトム・ソーヤを勧めるのか知りたがっているとき、子どもは、美学的な疑問を投げかけているのである。

もちろん「数って何？」とか「事実って何？」といったような問いかけにどう答えればいいか、決まった答え方はない。私たちは歴史が何であるかとか、説明が何であるかとか、精神が何であるかとか、人間の個性が何であるかといったことに明白な答えをまったく持っていない。実のところ哲学は、単純な答えを許さず、絶えず言葉を選び替えながら組み立てていかなければいけない問いを把握しようとつねに努力してきた。しかし子どもたちが絶え間なく投げかけるこれらの哲学的問いかけに出来合いの解答がないからといって、子どもたちがこれらの問いを尋ねたとき、それを却下していいわけでない。このような問いかけには、子どもたちが完璧であることを、あくなき探求をし、人工的な分類や理解を妨げるものに無関心であるという健全さを示している。哲学的な対話は好奇心を育み、直観の力を明らかにしてくれる。しかしこのような対話に子どもたちを体系的に導くことをせず、総合的理解への探求心を育まないのであれば、子どもたちが好むと分かっているより豊かでシンプルで総合的な哲学的視点でなく、いま学校で教えられているような非常に専門的で味気ない知識を彼らに押しつけることになる。

よって「子どものための哲学」は、子どもたちの問いはきわめて広く壮大なものになりがちであるという視点をも取り込む。「どのようにして世界は始まったの？」とか「すべてのものは何からできているの？」とか「人々が死んだらどうなるの？」といった問いは、形而上学においてとても重要な問題提起である。子どもたちがこのような問いを投げかけることができるのは、彼らが全体的な説明に飢えていることを示しており、このような問いかけをされたときに、子どもたちの問いかけに匹敵するぐらい普遍的な概念を組み立てる手助けをしようとしないのは、控えめに言ったとしても、大人の身勝手な態度である。それゆえ、哲学はその人生経験の様々なあり方を効果的に表現できる概念を持とうと模索する人々にとって、計り知れないほど有益である。子どもたちが求める全体性の感覚を認識し尊重する教師は、子どもたちの知的柔軟性と対応力を発展させる手伝いに力を惜しまないだろう。子どもたちは、彼らの問いかけを真剣に聞いてくれる教師を尊敬するものである。たとえそれが、質問にべつの質問で答えるのに過ぎなかったとしても。だから、子どもが「世界は物質から作られているの?」と聞いたら、教師は子どもに「物質って何だと思う?」と聞いてみればいい。子どもが「世界はどうやって始まったの?」と聞いたら、教師は「それが始まりを持つということが、どうして分かるの?」と聞けばいい。こうやって、教師は子どもと同じ質問者や探究者の役割を担うのである。

子どもから「死って何?」と聞かれるのは、生命は何かと自問するのと同じことである。子どもから「精神って何?」と聞かれるのは、物質は何かと自問するのと同じことである。べつの言い方をすれば、物事のある部分について尋ねる問いはすべて、もっと広い全体的な答えを求めているのであって、我々はこの問いのおかげで、より豊かで多様なパースペクティブを通して物事を見つめることができる。

要するに、教育に蔓延していると思われる、断片化や過剰な専門化というのは実に嘆かわしいものなのだ。いまやこの問題への解答は、これらきわめて専門的に細分化された研究者たちからは出てこないというのが明らかになった。なぜなら彼ら自身がすでに、解答をひねり出すにはあまりにも専門化されすぎているからである。他方で、一般化や連続性を見いだすという重荷を、専門家ほどには一般的な問いかけをしたり、多様な主題の連続性を見つけたりするよう訓練されていない教師たちに背負わせるのも現実的と言えない。教室での哲学は、教育システムに蔓延した過剰な専門化を押しとどめる力と考えなければならない。それに哲学を教室に導入する重圧については、子どもたち自身が嬉々として支えてくれるだろう。というのも哲学が表している意味は、子どもたちが最も大事にしているものの一部なのだから。明らかに、教室における哲学の未来は教師たちの訓練にかかっているが、それは教師たちが学校で日々現在教えている科目の主題のなかにある哲学的な次元を理解するということだけでなく、生徒たちによる哲学的探求をいかに体系的に育み、鋭敏なものにするか（これは単に生徒たちに好きにさせるということではない）を学ぶということでもある。

子どもたちには包括的理解と、パースペクティブの感覚が必要である。しかし教育のプロセス自体が子どもたちの想像力を刺激し、知的プロセスを十分に発揮させ、同時に教育課程の異なった教科を一つに統合することができるような道筋を示したなら、子どもたちはこのような理解と感覚を発展させることができる。これらは一般的な教育プログラムにおいて本質的に欠かすことのできない二つのものであり、子どものための哲学は両方を満たすことができる。子どもたちが手に入れたいと思うような知的で想像力にあふれる道具を与えると同時に、彼らが学校生活で学ぶ様々な教科を橋渡しして、ある教科から別の教科へ飛び移るための方法となりうるのである。

註1　教職大学院［schools of education］は、アメリカの教員養成を主に担う機関である。教員になるためには、学士の学位を持ち、かつ、教職大学院で行われているような教員養成プログラムを受けなければならない。なお、日本の教職大学院とは異なり、学部段階での教職教育を受けていることは、進学の前提とはされない。

註2　日本の「国語」に相当する科目。ただし、国語にあるような伝統的な言語文化の理解といった特性は弱く、言語の具体的な運用技術を身につけることに、より重点が置かれている。

第3章　哲学——教育において失われた次元

哲学は驚きのなかで始まる

私たちは大人として、日々の経験で生じる様々な悩み事を受け入れ、それらをほとんど当然のこととして受け入れるよう学んでいる。私たちの多くは、もはやなぜ物事がそうなのか不思議に思わない。私たちは人生にはわけが分からず謎めいた部分があるものだと受け入れるようになっている。なぜなら人生はいつだってそうだったのだから。

多くの大人たちはもう驚かない。なぜなら彼らは、驚いている暇などないと感じているか、変えようのない物事に思い悩むのは時間の無駄だと結論づけているのだから。多くの大人たちは、何らかの形で彼らの人生を一変させるような驚きや内省を経験したことがない。その結果、そのような大人たちはもはや自分の経験の意味を考えたり、それらに手を伸ばしたりすることを止めており、結局は子どもたちがお手本とする、ただ物事を受け入れるだけの見本になるのである。

だから、驚きの禁止は、世代から世代へと受け継がれていく。そう遠くない未来、いま学校にいる子どもたち自身が親になる。もし私たちが彼らの自然な驚きの感覚や、理由を求める素直な気持ちや、なぜ物事がそうなっているのかを理解したいという飢餓感をどうにかして持たせ続けることができたなら、少なくとも次の世代は、彼ら自身の子どもへの、何も考えずに物事を受け入れる見本にはならないのではないかという、希望が持てるかもしれない。

子どもの人生は、不可解で謎めいた出来事の連続である。朝起きたばかりの小さな女の子のことを考えてみよう。彼女は、母親が彼女に対してどうも怒っているようだと気づくが、怒られるようなことはしていないと思う。彼女は途方に暮れる。学校に行く途中彼女は、意味不明な物事をさらに見ることになる。消防署の旗がポールの中間まで揚げられている。ゴミ箱が通りに転がっている。彼女が知っている何人かの子どもたちが学校ではなくゴミ箱の方に歩いている。通りの一角が水浸しになっている、商店街では、店員さんがお店にかけたいくつもの鍵を外している、といったように。おそらく彼女のそばに、これらの出来事それぞれから生まれる質問に喜んで答えてくれる大人がいたら、この子どもは次第に、世界を成り立たせている大きなパズルのピースを組み合わせ始める。教育が若者にこのような理解を提供しようとしている限りにおいて、その最大の源は、子どもの絶えざる好奇心である。

どうやっても説明できないと考えるとき、その物事は私たちにとって不思議なものとなる。それは手品師のカード・マジックかもしれないし、芋虫が蝶に変わることかもしれないし、シューベルトの三重奏かもしれない。それは宇宙のクエイサーかもしれないし、顕微鏡の下のウイルスの活動かもしれない。しかしそれが何であれ、もし説明できないと感じたなら、私たちはそれを摩訶不思議だと呼びたがり、疑問に思うものである。

世界が不思議だと思うのは、答えのある問題に直面したときでなく、まったくの謎に直面したときであろう。あなたが遺伝のことをとてもよく知っていたとする。鏡の前に立って自分の顔を見ているが、遺伝のことは頭にない。しかし、まさにいまここに謎があることに気づく。この顔はどこから来たのか。どうやってこの外見になったのか。あなたの顔のどこまでがあなたの責任か。あなたにも、こうした疑問を持った経験があるに違いない。

同じことがつねに子どもたちに起こっている。なぜなら子どもたちは自分のことだけでなく、世界のことも不思議に思っているのだから。世界はどこから来たのか。どうやってこの世界になったのか。この世界に対してどこまでがあなたの責任か。もし私たちの責任でなければ、誰の責任か。

子どもたちは自分たちの指の爪を見て、どこから来たのか不思議に思う。どうして、指の爪のようなものが人体から生えてきたのだろう。子どもたちは体に関するあらゆることに興味を持つ。

同じく、カタツムリに——もしくはぬかるみに——もしくは月の表面にある黒い点に、彼らは興味を持つ。少しずつ子どもたちの心をかさぶたや鱗が覆い始め、これらの物事を当然のものとして受け入れるようになっていく。最初はすべてのものに驚いていたのに、その驚きは段々と失われ、終いには何事にも驚かなくなる。

驚きと意味づけ

混乱した状況を説明するためには、私たちの周りにある説明可能な状況を見つけなくてはならない。または、その不可解な物事が属する文脈や枠組みを見つけなければならない。というのも、もしそれがより大きな全体の意味のある一部分であるなら、私たちはそれを理解できるのだから。

たとえば、あなたは何人かの友達と映画を見に行く計画を立てていたのだが、遅刻してしまったとしよう——ラストシーンにようやく間に合うぐらいの時間だったので、あなたは映画の内容がまったく分からない。だからあなたは明かりがつくと友達の方を向いて「あれはどういう意味だったの」と聞く。彼らは、あなたが到着する前に起こったあらゆることを説明してくれる——すると突如として、ラストシーンが腑に落ちる。あなたはそれをより大きな全体の一部として理解したので、その意味づけが明確になった。

しかしあなたがまったく遅刻しなかったとしよう。あなたは時間通りに来て、映画をあたまから友達と一緒に見たとしよう。しかしあなたは、その映画が最初から最後まで意味不明だと感じたので、友達の方を向いて「あれはどういう意味だったの」と聞く。残念ながら、彼らがあなたに言ってあげられることはほとんどない。あなたは映画全体を見たので、それを位置づけるさらに大きな枠組みは存在しないのだ。この場合、あなたにできるのはただそれをそれ自体として理解することだけである。それは意味を与えてくれるような、もっと大きな文脈を欠いているのだから。

子どもたちは、それぞれの経験をありのままはめ込むことのできる、完成した理解の枠組みを持っていないので、このような経験はどれも、彼らにとって謎めいた、不可解な様相を帯びることになる。そう考えると、子どもたちが世界に疑問を持つことは自然なことで、何ら驚くべきことではないのである。

さて、子どもたちが自分たちの周りに見つけ出した謎や不思議と付き合うには、三通りのやり方がある。最初は、科学的説明を通じて。二つ目は、象徴的なレベルで役に立つ解釈を提示してくれるおとぎ話を通じて。三つ目は、事態を哲学的に定式化することによって――つまり問いかけの形式において、である。

◆科学的説明

科学的アプローチは通常、子どもたちを満足させる。しかし部分的な説明しか示されなかったならば、その子どもの知りたいという欲求はほとんど満足させられることがない。「なぜ水たまりの表面には虹があるの」とあなたは聞かれる。「なぜなら、水の表面に油の膜が張っているからだよ」とあなたは答える。その子どもはそれ以上何も言わないだろう。しかし困惑は持続するだろう。油と虹に何の関係があるのだろう。なぜあるものがほかのものの原因になるのだろう。あなたは彼のためにその問題に心から取り組んでいない。あなたは単にそれを先延ばしにしただけである。

とはいえ、あなたが何か間違ったことをしたわけではない。必要以上のことまで教え込むことによって、子どもの好奇心を殺してしまうこともある。あなたは子どもたちが現在取り組んでいる問題について、できるだけ多くの必要な知識を見つける手伝いをしてあげたいと思うだろう。しかし彼らが知りたがっていること以上を教え込むことによって、彼らの好奇心そのものを殺してしまわないようにしなければならない。

子どもたちは科学的説明——つまり、因果関係を用いた説明に興味を示さないと言う人がいる。彼らの主張によると、子どもたちは単にその原因を知りたいのではなく、あらゆるものの背後に潜む意図を知りたいのだという。そして確かにしばしばそれはその通りである。あなたは二歳の女の子に、空がとてもきれいだと意見を言えば、彼女は「そうね——誰がこれを描いたの」と応えるかもしれない。彼女は、あらゆる物はきれいになるように作られるものだと思っており、——類比的に考えて——空も同じ意図で作られているのだと結論づける。きれいなものは、それを描いた人によってきれいにされている。空はきれいだ。それは誰かによって描かれたものに違いない。彼女はそう推理するのである。

しかし、説明を求める子どもたちが必ず原因よりも意図の方を知りたがると結論づけるのも間違いである。たとえば、同じく小さな少女があなたに、なぜメロンの表面には網目があるのと聞いたとしよう。そしてあなたはからかってやろうと思い、こう言ったとする。「それは、どこを切ればいいかの目印のためだよ」。しかし彼女はそれを単なる冗談だとは受け取らないだろう。彼女はそれを本気と受け取るかもしれない。シュラミス・ファイアーストーン[i]が論じているように、小さな子どもたちも推理することができる。しかし彼らは致命的に情報と経験を欠いているのである。その子どもがあなたの言うことを信じているからといって、彼女がメロンの網目の意図に関する答えを望んでいたということではない。単に彼女がまだ原因による説明と意図による説明を区別できていないということに過ぎない。しかし彼女はそれでも、自らの問いかけに対する因果的、または科学的な回答を求めることはできるのだ。

あなた自身が子どもになったつもりで考えてみよう。あなたが困惑する何かが起きているとする。あなたの建物のなかで火が燃えている。あなたは説明を欲しがる。あなたは、こんなことが起きた責任が誰かにあると考えるかもしれない──たとえば、放火犯とか、誰かが建物のなかで寝ながら煙草を吸ったとか。もしくは、あなたは単に物理的な原因だけを求めるかもしれない──たとえば配線がショートしたとか。しかし、この火事が意図的なものなのか、それともただの不注意だったのか分かったとしても、どのようにしてそれが起こったのかを知ることがなければ、あなたはそれほど安心できないだろう。

子どもも同じである。彼らは、物事がどのようにして起こったかを知りたがっている。だから彼らはなぜと聞く。彼らが科学的説明──または科学的ではない説明──を知りたがっていると考えてはいけない。彼らにはその違いが分からないのだ。彼らは単に、彼らの心を落ち着かせる説明を求めているだけなのだ。

あなたが子どもたちに、いまは冗談を言っているのだと伝えられないならば、彼らをからかう必要はない。もし子どもがあなたに、なぜ鼻が付いているのと聞いて、あなたは「眼鏡がずり落ちないためさ」と応えたなら、その子どもは笑い転げるだろう。しかし問いかけにはいまだ答えられないままである。

もしくは、その子どもが「なぜ月は、ぼくたちが道路を車で走っているのをついてくるの」と聞いたとき、あなたは「それは月が私たちを好きだからだよ」とか、そのようなユーモアあふれる回答がふさわしいと考えるかもしれない。しかしあなたは単に、答えられない問いかけに取り組むのを避けただけである。あなたはその子どもの好奇心をまったく満足させられていない。

◆象徴的解釈

また、子どもたちはしばしば世界に興味を持ち、彼らの好奇心は事実関係の説明や、その物事の原因や意図を示してくれる説明によって、部分的に満足させられる。しかし子どもたちは、ときにはもっと貪欲である。彼らは文字通りの解釈のほかに、象徴的解釈も知りたがる。そのため、彼らはファンタジーや演劇、おとぎ話や民話――さらには数えきれないほどの芸術作品に目を向けるのである。

子どもたちのおとぎ話は、大人の世界から切り離された独自の文化である。何世代ものあいだ、子どもたちはこの文化を伝えてきて、その荒っぽく不作法な冗談を堪能してから、次の世代に手渡す。そして思春期になる頃には、それらを完全に忘れてしまうのである。

あなたは子どもの頃に知っていた滑稽五行詩や、陽気で行儀の悪いジョークやなぞなぞや、ばかばかしいナンセンスな歌を忘れてしまっただろうか。たぶんあなたは、次のジョークを忘れていることだろう。

紳士淑女のみなさん
私の忠告を聞きなさい
ズボンを下ろして
氷の上を滑りなさい[ii]

とはいえ、もし生徒たちに聞けば、彼らはこんなジョークがあったことを思い出すだろう。もちろん、なぜあなたがこんなどうでもいいことを聞いたのか不思議に思うだろうが。

子どもたちのおとぎ話はときに下品で、大人たちにとっては異様に映ることすらあるが、一つだけ確かなことがある。児童文学は、大人によって子どもたちのために書かれたものではないということである。児童文学とは、子どもたち自身から出てくるのだ。それは子どもが生まれつき持っているユーモアのセンスである——もちろんその大部分はブラックで悪趣味で残酷な狂気に彩られているのだけれども。オピー夫妻[iii]は子どもたちの民話の豊かさを詳しく報告している。また子どもたちの遊びやゲームは彼らが経験と折り合いをつけるための努力として理解するべきだとエリクソン[iv]が十分に示している。

他方で、児童文学は一般的に、子どもたちによって書かれるのではなく、子どもたちのために書かれるものである。そして児童文学について話すのならば、なんと言ってもおとぎ話を避けては通れないだろう。

おとぎ話のテーマは、子どもも大人も関係なく、人間の想像力にとってあまりに根源的であり、おそらく文明の起源と同じくらい古いものである。美しい少女の愛情が野獣をハンサムな王子に戻したり、ハンサムな王子のキスが眠れるお姫様の目を覚ましたりする。私たちは、本当は美しいのに自分たちがヒキガエルであると思い込んでいるのか、それとも本当はヒキガエルなのに、自分たちが美しいと思い込んでいるのか。テーマは無限であり、それぞれが解釈の可能性を無限に広げている。

しかしながら、注意しておかなければならないのは、おとぎ話の作者は大人で、あらゆる大人は潜在的に、このような話の語り部になりうるということだ。「お話をして」と子どもにせがまれたとき、このようなおねだりを愛想よく断ることができる者がいるだろうか。

しかし、子どもたちにおとぎ話をしてあげるということが、どういう結果をもたらすのかは知っておくべきである。おとぎ話は魅惑的で愉快である。それは聞き手をわくわくさせ、「むかしむかしあるところに」という魔法の言葉で彼らをとりこにする。とはいえ、子どものためにお話を作り上げる親は、お話をすることによって、自らの想像力を子どもの想像力に押しつけてしまう危険を冒している。私たちはこのようなお話（とそれにともなう挿絵）で自己表現という創作行為に喜びを見いだす。しかし彼らにそのように想像させることによって、子どもたちからどれほど彼らの創造力を奪い去ってしまっているのだろうか。

もし大人たちが子どもたちのために書かなければならないとしたら、その子どもたちの読み書き能力や表現力を解放してあげるのに必要な程度でやめておくべきである。たとえば私は、自分たちが出版する子ども向けの本に挿絵を付けることに反対してきた。なぜなら、そうすることによって子どもたちが自身でするべきことを代わりにやってしまっていると感じているからである。読書や解釈の助けになるようなものを提供するというのは、子どもの代わりに全部やってしまうことではない。

もちろん、私たちの子ども向けの本もまた大人が作者だということに変わりはない。大人が子どもたちの能力を刺激してあげるのは間違っていないという言い訳はできるだろう――ただ、やはりこのような刺激はほどほどにしておくべきであって、大人の想像力を無理やり押しつけるべきではない。私たちの子ども向けの本は、子どもたちの想像力に刷り込みをするのではなく、あくまで子どもたちの自発的な表現力の開花のきっかけに過ぎないのだと感じている。

第二に、私たちの意図は不滅の児童文学を打ち立てることではなく、子どもたちに考えさせることである。もしこの意図が達成されたなら、まさにマッチに一度火が付くと激しく燃え上がるように、子どもたちの想像力を開花させるための道具は崩れ落ちても構わない。もし私たちのアプローチが正しければ、プロの作家によって書かれたおとぎ話やプロの学者によって書かれた教科書は、最終的には教師や子どもたち自身によって書かれた子ども向けの本に道を譲ることになるだろう。もちろんプロが書いた本のなかにも、子どもたちがそれぞれの発達段階で獲得する想像力や洞察力や理解力は書かれているのだが。

重要なのは、想像力が非・専門化されることである。つまり、大人たちがずっと子どもたちのために考え、創造し続けるよりも、子どもたちが自ら考え、創造するよう励ますことである。大人が全部子どもたちの代わりにお話を作ってしまい、それによって自らの創造性を発揮しようという考えは、どこか不健全であるし、寄生的ですらある。

しかし子どもたちを自分で考えさせるための画期的な方法を発見するまで私たちにできることと言えば、彼らの創造力を損なわずに伸ばしてやるような本を書くことぐらいである。

◆哲学的調査

最後に、子どもたちは科学的説明のような字義通りの解釈でも、おとぎ話のような象徴的解釈でもない、哲学的としか言いようのない意味を知りたがる。

子どもたちがあなたに尋ねることのできる問いかけのなかには、哲学的回答を要求する、哲学的としか呼べないような、きわめて多くのタイプの問いかけが存在する。もちろんそのような問いかけに答えるのは簡単でないだろう。算数の知識をまったく持たない人には、子どもたちからの算数の質問に答えるのが難しいのと同じように。

子どもたちが最も頻繁に思い浮かべるそのような哲学的問いかけは、形而上学的か、論理学的か、倫理的なものだろう。そのいくつかを簡潔に見てみよう。

形而上学的問いかけ

形而上学的問いかけは壮大な問いかけなので、ちょっとやそっとでは理解できない。形而上学は最も包括的な哲学である。それは最も普遍的なもの、つまり存在を取り扱っている。

小さな子どもたちが、このような大きな問題を思いつくことができることに、驚くかもしれない。そう、それは驚くべきことなのだ。しかし同じように驚くべきことに、あなたもおそらく昔は同じようなことを考えていたのに、いまはどのようにそうしていたか、ほとんど忘れてしまっているのだ。

たとえば、自分の子どもに、「いまの時間が何時かわかる?」と尋ねたとしよう。これは単純な質問なので、単純な答えが返ってくると期待するだろう。しかし代わりに、あなたは自分が取り調べを受けていることに気づく。「時間って何」と、子どもは尋ねる。改めて時間が何であるか考えると、これは一筋縄ではいかない問題である。「時間って何」という問いにどうやって答えればいいのだろうか。子どもたちに聖アウグスティヌスやアインシュタインを読ませるのだろうか。聖アウグスティヌスやアインシュタインを自分で読むのだろうか。どちらの選択肢も厳しそうである。だからあなたはこのように言う。「時間とは何かって聞いたんじゃなくて、いまの時間を聞いたの」。さあ、これで――小さな生き物をやり込めることができたはずだ。とりあえず今回は、逃げおおせた。しかしあなたは、子どもがどれほど恐るべきものになりうるか認めざるを得ないだろう。

または、あなたの家からいつも買い物をしている雑貨屋までの距離がどれくらいかと子どもに聞いたとしよう。きわめて具体性のある質問をしたのだから、あなたはきわめて具体的な答えを期待する――たとえば「半マイル」とか、「六ブロック」とか。しかし驚くべきことに、彼らはあなたにこう尋ねる。「距離って何」。注意してほしい。ある場所から場所への距離でなく、距離一般のことを尋ねているのである。さていまや、あなたは哲学的問いかけ――正確には、形而上学的問いかけを投げかけられた。

このように日常レベルの会話をより普遍的な段階へと引き上げるのが、典型的な形而上学である。ほかにも、このような形而上学的問いかけを、子どもたちがあなたに聞いてきた(または、密かにあなたのために準備している)かもしれない。

空間って何。
数って何。
物質って何。

心って何。
可能性って何。
現実って何。
物って何。
私が私であるのはなんで。
関係って何。
全部のものに始まりがあるの。
死って何。
命って何。
意味って何。
価値って何。

このような問いかけに答えるのがとりわけ困難なのは、それらがあまりにも広い概念に関わっていて、私たちはそれらをどこかの下位カテゴリーに落とせないからである——平たく言えば、私たちはそれらを扱いきれないのである。

普通、用語を定義するとき、私たちはその用語が属するもっと広い文脈を見つけることによって定義する。たとえば、子どもたちから「人間」を定義するよう求められたとしよう。よろしい、あなたは、人間は動物であると答えるかもしれない。しかしもし彼らがあなたの後をついてきて、人間はどんな種類の動物かを知りたがったとしたら、あなたは、「人間は考える動物だよ」と答えるかもしれない（または、人間は笑ったり泣いたりする動物だと答えるかもしれないし、ほかにも無限の回答の可能性がある)。

しかし明らかに、生徒たちに「空間って何」と聞かれたら、空間が当てはめられるような、もっと大きな文脈を見いだすのにかなり苦労するに違いない。「時間」や「数」といった言葉も同様である。だからこういった問いかけは、かなり理解しにくいものである。

あなたはこう言うかもしれない。「とはいえ、生徒たちが私に答えられないことを聞いたからといって、それが彼らを哲学者にするわけじゃないですよね。実際、彼らは自分が形而上学的問いかけをしているって知らないんだから！」

確かに彼らは、自分が形而上学的なことを聞いていることを知らないかもしれない。しかしそれは大した問題ではない。大事なのは子どもたちが純粋な無垢を損なわずに、全体性と包括性へ関心を持ったまま、完全な回答に到達する道を見いだすことである。彼らにとっては、全部かゼロかなのである。子どもたちが知りたいのは、これやあれがどう始まったかではなく、あらゆるものがどう始まったかである。彼らは暖かさや冷たさを知りたいのでなく、「気候とは何か」を知りたいのである。より優れたものやより悪いものを知りたいのではなく、「完全とは何か」を知りたいのである。

たとえば、以下の完全性に関する会話は、最近六年生の授業で報告されたものである。

教　師　トニーが言ったように、もしあらゆるものが算数みたいに、単純明快だったらどう？
生徒1　すべてが完全だね！
生徒2　でも、もし完全だったら、何もしなくてよくなってしまうよ。
生徒3　何もしなくていいんだったら、退屈だね。
生徒4　そうだよ、それに、もしすべてのことが完全だったら、完全なバカや完全なゴチャゴチャもあることになってしまうよ……。

彼らはこんなにもスムーズに、完全であることはどのようなものかという、まさに問題の核心に到達してしまった。

論理学的問いかけ

論理学的問いかけは、一般的には推論と関わっている。子どものための哲学プログラムの第五段階の小説『ハリー・ストットルマイヤーの発見』では、子どもたちは通常、質問するときに論理的な問いかけをする。「それで」とか「それからどうなるの」とか「ぼくたちがすでに知っていることから、どんなことが考えられるだろう」といった問いかけである。

たとえば、あなたは「日曜閉店」というサインを見たとき、論理を使って、この場所は月曜から土曜まで開いているのだと考える。

「スパニエルが吠えている」という文は、「犬が吠えている」と「スパニエルは犬である」という文から導き出されると考えるとき、あなたは論理を使って推理しているのだ。

論理と思考の関係は、ある意味で文法と言語の関係のようなものだ。文法は、もしうまく話したいのなら従うべきルールを設定している。論理学が設置しているのは、もしうまく推論したいのなら適用すべき基準である。

論理が関わるそうした基準の一つは、無矛盾性である。もし生徒たちがあなたに、宿題をやってきたと言ったのに、それからしばらくしてまだやっていないと言ったなら、確かに彼らの話は矛盾しているように思われるだろう。論理学は、私たちの思考、会話、活動の無矛盾性の重要性を強調する。

倫理的問いかけ

「良いことって何か」と子どもたちは知りたがる。「正しいって何か」「公平って何か」。彼らはそのようなことを聞かないかもしれない。もしかしたら彼らは子どもどうしでも普段はこういった問いかけをしないかもしれない。しかし子どもたちはそのような問いかけを自問している。そしてもしあなたが生徒たちとの哲学的議論に入り込んだなら、生徒たちが私たちの多くと同じように、倫理に関心があることにすぐ気づくだろう。子どもたちはどんなものが重要で――つまり追究する価値があるか――、どんなものが重要でないかを知りたがる。

一般的に、何を行うのが正しいか知りたいと思ったとき、子どもたちはあなたに質問して手間を取らせることはしない。彼らは単にあなたがすることを観察し、真似する。たとえば、あなたが子どもたちに対して正直であることの大切さを繰り返し強調していたとして、子どもたちのほうは、あなたが実際に他人の持ちものを大切に扱っているところを見ていたとしよう。彼らはあなたから何を学ぶだろうか。子どもが学ぶのは二つでなく、三つのことである。彼らはあなたのように正直に主張すること、他人の持ちものを尊重すること、そして言行一致することの大切さを学ぶだろう。

しかしいま、あなたが彼らをクラス旅行に連れて行って、ホテルをチェックアウトするため荷物をまとめているとき、あなたがホテルのタオルや灰皿を旅行かばんに詰め込んでいるのを見つけられたとしよう。さて彼らは何を学ぶだろうか。そう、彼らは今回も三つのことを学ぶ。彼らは相変わらず、あなたのように正直であることの大切さを主張し続けるだろう。しかしあなたができなかったように、それを実践することはできないだろう。さらに、言うこととやることが矛盾するのは当然だと信じるようになるだろう。

だからもし子どもたちが倫理的誠実さ（一貫性）を学ぶべきならば、矛盾しないことを理解するのは重要である。しかし無矛盾性は、子どもたちの行動規範となるべき者によって実践されるべきなのである。単に規範となるべき人たちから言い含められたり、教え込まれたりするだけでは効果がないだろう。

しかしながら、無矛盾性の本質を最もよく説明できるのは論理学である。思考がほかの思考と矛盾していないというのはどういうことであろうか。思考が行動と矛盾していないとはどんなことであろうか。そして行動がほかの行動と無矛盾であるとはどんなことであろうか。論理学の訓練は一貫性への審美眼を育てることができて、これこそが、子どもたちのなかの倫理的誠実さ（一貫性）の基礎になる。また論理学の訓練は、子どもたちのうちに優れた推論への嗅覚を育てることもできる。このような推論ができれば子どもたちは、誠実であることを放棄する必要がある場合でも、そのためにはそれなりの理由が必要だと認識できる。

訳註ｉ（1945–2012）カナダ生まれのフェミニスト。初期ラディカル・フェミニズム運動の中心人物であった。代表作 *The Dialectic of Sex: The Case for Feminist Revolution*（1970）はその後のフェミニズムに多大な影響を与えた。

訳註 ii “Ladies and gentlemen, Take my advice, Pull down your pants, And slide on the ice”。アメリカのＴＶシリーズ M*A*S*H で Allan Arbus 演じる精神科医 Sidney Freedman 少佐が第三シーズン五話（通算五十三話）「O.R.」で言ったセリフ（一九七四年十月八日放送）。同じセリフは最終話でも繰り返される。

訳註 iii Iona Archibald Opie（1923–）と Peter Mason Opie（1918–1982）の夫妻で活躍した民俗学者。代表作に *The Oxford Dictionary of Nursery Rhymes*（1951）や *The Lore and Language of Schoolchildren*（1959）などがある。

訳註 iv Erik Erickson（1902–1994）、ドイツ生まれのアメリカ人発達心理学者で精神科医。「心理社会的発達理論［stages of psychosocial development］」で知られる。「アイデンティティ・クライシス［identity crisis］」という言葉の発明者でもある。

第4章　子どものための哲学に関するいくつかの教育的前提

小学校の教科としての哲学が持つ教育上の可能性に目を向けてみると、この興味深い革新的な教科の前提に注目すべきことに気づく。この前提を探求すれば、教育と哲学のあいだの漠然とした関係性に、新しい光を投じられるに違いない。

これまで、若い人たちのための哲学に関する議論では、少なくとも参加する生徒たちは中等教育を受ける年齢になっているべきだと言われてきた。哲学的内省を小学校の子どもたちにさせてみるなんて、まったく思いもよらないことだった。さらには、このような話をしているとたいてい、哲学がもともと複雑なので、これまで若い人たちに哲学を与えるのが困難だったのだという結論にまで行きがちだった。子どもたちにとって哲学をおそろしく退屈で不愉快なものにしている、哲学の抽象性については言うまでもないことである、と。結果として、哲学を若い人たちに紹介する際は、哲学をより単純で口当たりのいい形にするというやり方に限られていた。もちろん、現状ではその方向に向かうしかないし、中等教育の最終段階で一部の聡明な生徒たちに対してのみ哲学の豊かさを提供するということに専念すべきだと思われてきた。

以上のような前提は、言うまでもなく従来の教育理論の要をなしていた。その理論にとって、学習プロセスは年長者から若い人たちへ人類の知識を伝達する手段に過ぎず、親鳥が大きく口を開けた雛たちに食べ物を落としてあげるのと大差なかった。それと別の主張は、教育プロセスが生徒たちに思考を促すようなものであるべきだというものであり、これは多かれ少なかれ、子どものための哲学の提唱者たちには当然なものとして受け入れられている。したがって、正しい歴史教育は歴史的思考を、正しい数学教育は数学的思考を生み出すものなのだから、正しい哲学教育も、生徒の年齢にかかわらず、哲学的思考を生み出さなければならない。このアプローチの特徴は、哲学的思考が、一方でアイディア、論理的議論、そして概念体系の理解力に、また他方で哲学的概念を分解し、新しい方法で組み合わせようと操作する際の目に見える能力に関わっているのだという考えにある。

子どものための哲学は哲学的思考を推進することができると主張する者たちは一般的に、あらゆる子どもは、実際に哲学的な思考を行うための興味もその能力も有しているのだと確信を持っている。伝統的に子どもたちと哲学的問題を話し合うことに抵抗があるのは、私たちが古典的な教育理論に依存しているからである。カントにざっと目を通したり、さらにはアリストテレスの生き生きした文章を熟読しようとする子どもたちがほとんどいないこと、そして最大幸福原理の凄さや緊急性を直接伝えようという私たちの努力が実を結んだためしがないことに鑑みて、大人たちは、哲学という規律ある内省と、子どもに特有の自由奔放な驚きのあいだには、超えることのできない裂け目があるという結論を導く推論をしてしまった。この推論の正当性がいまや批判の的であることは明らかである。

この新しいアプローチの基礎にあるのは、子どもたちが哲学の基本問題に取り組んでくれるようなやり方があるのだという考えである。仮象と実在、永遠と変化、統一性と多様性のあいだのパラドックスはほんの小さな子どもも魅了する。もちろん子どもたちがヘラクレイトスやパルメニデスを直接読むようになるまで、あと十年や二十年はかかるだろう。ソクラテス以前の哲学者たちのように、子どもたちは簡潔な表現を好む傾向にある。しかし子どもたちが参加したがる活発な教室の対話では、このような表現の簡略化は、議論に好ましい活気を与えることになる。正式な哲学の教育を蛇蝎のごとく嫌っている子どもたちでも、子どものためのお話という乗り物に乗り込んだとき、哲学が教えるのと同じ概念が彼らに染み入っているのに気づくかもしれない。哲学の作文を書くなんてまっぴらだと思っている若い人たちも、それほど抵抗なく詩の形で哲学的概念を表現するよう仕向けられるだろう。

もし子どものための哲学が、主題に関する思考と主題のうちの思考のあいだに明確な区別があることを当然の前提とするなら、もう一つの前提は、思考することと自己自身で思考することのあいだに区別があることである。思考と自己自身による思考に境界線を引くのは難しいのであるけれども。自己自身での思考は思考の一例なのだから、自己自身での思考も、思考に劣らず、論理学的基準に則ると評価されるべきである。しかし広義の意味での思考が、前提から帰結することを導き出すことであるならば、自己自身での思考は、自己自身の前提から帰結するものを推理することを含意する。自分のために考えるということは、そもそも子ども本人の関心とものの見方をもっと重視してあげることでもあり、それは、子どものやる気を引き出すように哲学を与えるには不可欠なのである。そうすれば、私たちは次のことができるようになる。すなわち、自分の信じ込んでいることをいろいろ検討し、その正しさを示せる根拠を見つけ出せること。自分の仮説から何が導き出せるかを説明できること。自分のものの見方を自分のなかで打ち鍛えること。自分の価値観、つまり、自分の経験を自分なりの解釈ではっきり示せること。自己自身での思考はそれぞれの内容に応用された思考形式なのだから、子どもの哲学において、より一般的な推理スキルの獲得以上のことを子どもたちに強調するべきではない。実際、子どもたちにこのように強調する必要はまったくない。

子どものための哲学は、様々な生活様式や経験を語る多様な生徒たちがいる教室で花開くだろう。そこでは、重要な物事に関する信念が多様であることは明らかであり、思考様式の多様性がとがめられるどころか、本質的に価値あるものと見なされる。哲学の教室ではすばらしい議論をするが、ゆっくり考えて健全な推論を展開する子どもは、考えを素早くハキハキと話す子どもと同じくらい尊重される。一歩一歩分析的に結論に到達する子どもは、直観的にパッと結論を思いつく子どもと同じくらい尊重される。とはいえ、たとえば自分の考えの正当化のような特定の目的にとっては、特定の思考様式がとりわけ好ましいこともある。よって、多様な生活背景や価値観や人生経験を伴った教室における様々な思考様式は、探求の共同体の形成に大きく貢献できる。さらに、共有された探求は、自己自身での思考に必要不可欠な要素と見なされるようになる。問題に対する多方面からのアプローチを皆が受け入れるなら、不当な競争は減ってゆき、様々な参加者の発言が歓迎されるようになる。

子どもたちによる哲学の実践にとって、最大の障壁の一つは、哲学における複雑怪奇な伝統的用語法である。大学の学部生や大学院生として哲学の研究に携わるというのは、二五〇〇年ものあいだ使われ続けた専門用語の使いこなし方を学ぶということである。その語彙の権威と権力は圧倒的である。間違いなく、どんな子どもであろうと、哲学書を開くのをためらうのは当然である。まさにこのせいで、子どものための哲学は、この語彙を避けるべきなのだ。子どもたちのあいだの哲学的思考はできるだけ、子どもたちが安心するような日常言語の用語や概念で行われるべきなのである。

教科としての哲学の完全性を保つ

新たなアプローチの提唱者が、何をするべきかや、どの仕事を優先すべきかに関してどうしてよいか途方に暮れるのはよくあることである。子どもの哲学として知られる教育改革には、このような当惑がどこにでも存在する。たとえば、子どもの年齢が低くても、やはりそれは哲学という教科として教えたい人たちと、哲学の価値は、現行のカリキュラムのなかで反省的な思考を育てるためにあるべきだとする人たちのあいだでは、意見の対立がある。現行のカリキュラムを尊重する者たちは、哲学が歴史、政治科学、数学、言語学といったものへのアプローチにおいて子どもたちをより思慮深くし、批判的にしてくれるという点で、道具としての哲学の価値を認めている。もう一方の者たちは哲学の持つ内在的価値に注目し、刷新された教育課程のうちに哲学を独立した教科として導入すべきだと主張している。

これら二つの称賛に値するアプローチのどちらか一方を選ぶ必要はない。というのも、それらは互いに競合しているわけではないのだから。哲学を子どもたちに独立した教科として教える者たちは、それが確実にほかの教科に影響を与えることに気づいている。体系的に探究し、自己反省するよう教育されている子どもたちは普通、このような学習態度をほかの教科にも持ち込むものである。子どものための哲学の前提について探求するなら、これらの双方の主張を無視すべきではない。しかしより深刻で、早急に弁護してもらう必要があるのは、哲学を教科として小学校に導入しようとするアプローチである。

あらゆる教科は、まさにその教科の内部で、その教科がその教科自体として理解されて、受け入れられるという側面を持っている。建築学の内在的な価値——すなわち、空間のうちにある物質を様々にアレンジすることによって見いだされる喜び——が、建築学という独立した教科のなかで教えられなかったら、建築学の道具的価値や実用的価値は危機にさらされるだろうし、私たちの生活にほとんど影響を与えなくなるだろう。これは哲学教育にも当てはまる。子どもたちの哲学的実践は、様々な形を取りうる。ときに偶発的で自然発生的な、またときには学習され体系的な、概念の戯れが存在する。しかし子どもたちの哲学がどのような形をとろうとも、子どもたちに概念を大事にさせず、彼らにありのまま行動させないのは、教育的怠慢である。

哲学の道具としての側面を強調する者は、子どものための哲学が様々な教科にすばらしい学術的達成をもたらせると主張している。この主張が正しいかどうかは、適切な教育的実験と観察で確かめられる。人文学はこのような研究の対象にするべきでないと多くの人に思われている。だから、人文学の教育は、成績向上に役立つという実験的データによって自己正当化するべきでないと論じられてきたが、ある場合には、それはとても適切なことであった。たとえば文学は、文学を学ぶことによって社会科学や数学が豊かになると言って自己正当化するべきでない。哲学も同じである。哲学を学ぶのにほかの理由を持ち出す必要はない。哲学はそれ自体が豊かな人文学的テーマなのである。

しかしおそらくこの議論は、どの新コースを取り入れてどれを切り捨てるかを実際に決定しなければならない学校管理者の多くを説得できないだろう。もし哲学が今日の状況下で教育課程に認められるとしたら、それが成功するのは、哲学が子どもの成績全体に顕著な違いをもたらすことができると学校の運営側に証明できた場合だけだろう。哲学の学習は、読解力に、論理的思考に、創造性にどのような効果を持つのだろうか。もし何か効果があるとすれば、自らに対する態度、学校へ行くことに対する態度、クラスメイトに対する態度にどのような変化をもたらすだろうか。こういった結果を示せなければ、そしてそれらが実際上重要なものでなければ、教育管理者が哲学を教室に取り入れようという気持ちになってくれるなどという幻想を抱くべきでない。

教室が探求の共同体へ変化する

子どもたちが哲学的に思考するよう促されたとき、教室は探求の共同体へと変化する。このような共同体は、探求方法、証拠と推論に開かれている責任ある探求の技術と深く結びついている。こういった共同体の探求方法が子どもたちの内に入り込むと、それは子どもたち個人の内省する習慣になると考えられる。

開かれた環境をただ思い描くのも大事であるが、探求の共同体を構築することができたら、そちらのほうがはるかに大きな成果となる。探求の共同体ができるには、いくつかの必要条件がある。推論ができるようになっていること、（子どもどうしが、そして教師と子どもが）相互に尊重すること、教え込みをしないことである。こういった条件はそもそも哲学のうちに内在しており、まさに哲学そのものをなのだから、教室が子どもたちに哲学的内省をしっかりと促す場として働くときには、それが探求の共同体へと変化するのは当然のことである。

子どものための哲学が、教師と生徒の区別をなくしてしまうということはない。たとえば教室での対話のような通常の哲学的探求の過程において、教師は、このような探求のための技術や手法に関する決定権を持っているだろう。ふさわしい探求方法が継続できるかどうかは教師にかかっている。しかし哲学的議論のやりとりにおいて、教師は生徒たちの内にある多様な視点に対して開かれていなければならない。教師は生徒たちの多様な視点を顕在化させ、彼らに根拠や、そこに含まれている意味を探し出させなければならない。教師は、子ども自身の考えがどこへ向かうか明らかになる前に、彼らの思考を遮らないようにしなければならない。教師自身のアイディアを子どもたちが受け入れるように議論に介入してしまうのも、同じく非難されるべきことである。

子どもたちを自らで考えるよう促したり、教師の視点を多様に開かせたりすることは、無思慮な相対主義よりもはるかに酷い、内省的相対主義に陥っているとショックを受ける教育者もいるだろう。合意と承認を締め出し、知的多様性を蔓延させる「多元主義」というレッテル貼りをされるかもしれない。だがこのレッテル貼りは、意見の相違は権利であって義務でないという、哲学実践の大前提を無視している。実際に、哲学では何が何でも反対しなければならないということはなく、合意の追求は、知的多様性の追求と同じくらい尊重されている。さらに、知的多様性を促す教師の準備は、首尾一貫して共通な探求手法の実践を強調することによってバランスが保たれている。

教師は、生徒たちが哲学の議論のなかで自分を守る手段を持つよう気を配る責任がある。だから論理学を教えるべき理由の一つとして、子どもたちが自分で厳密に考えられるようになるという理由のほかに、彼らが議論の相手にも同じように厳密な考え方をさせることができるようになるというものがある。同じことが、子どもたちに、哲学的概念という武器の使い方を教えることについても言えるだろう。それによって、自分より雄弁な相手や、自分より論理的能力の優れた相手との議論において、子どもが無防備な歩兵にならないようにするのである。たとえば教室で、「議論されている形而上学の問題は投票によって『決定』される」という提案がなされて、生徒たちが誰もそれに反対しなかったとしよう。このような場合教師は、多数決という解決法を政治的問題だけでなく、哲学的問題にも適用するべきかどうか質問するのがいいだろう。要するに、生徒の対話がうまくいかない場合、教師は哲学に関連するアイディアを導入して、探求の完全性を保つよう介入するべきだろう。

教師と教育課程を準備する

このような教育的パフォーマンスには、明らかにかなりの技巧が必要であり、小学校の教師たちにこのようなことをさせられるのかと疑問に思うのは当然である。実際、ほんのわずかな例外を除き、彼らには無理である。ほとんどの教師は、ちゃんとした訓練を受けずに、論理学の厳密さや、倫理学の微妙な問題や、形而上学の複雑さを取り扱うことができない。しかしこれは、教師の教育レベルではこういった問題をちゃんと取り扱うことができないとか、教師の知的レベルでは、彼らを小学校の教室における優秀な哲学教師にすることができないという意味ではない。それはむしろ、既存の教師訓練プログラムが、教師にこの責任を担う能力を持たせることを完全に失敗しているという意味である。たとえば、教師たちはすでに教育哲学のコースを受けていることもある。ごく稀に、彼らはさらに論理学や哲学のコースを取っている。しかし子どもたちに哲学的に考える準備を教師たちにさせる段になると、このようなコース自体は無価値である。大学の哲学科レベルでは、教師は哲学の概念や用語法を、子どもたちが理解できる表現に言いかえることができない。教師たちが、自分の教室に必要とされる個々の訓練をされていないかぎり、彼らの準備は成功しないだろう。もし教師たち自身が対話を導いていくことが期待されているなら、教師たち自身が哲学対話に携わったり、議論を哲学的に進行させるためのマニュアルに触れていたりするべきである。もし教師たちが、生徒たちから問いかける態度を引き出すよう期待されているなら、教師自身が、このような態度のお手本となる教育者に訓練されるべきである。もし教師たちが、推理の仕方について子どもたちに期待されているなら、彼らは自分たちが生徒たちに期待するのと同じく、推理を実際に行ってみせるべきである。そして言うまでもなく、訓練中の教師が生徒たちに、このような手段を大事にさせるべきならば、探求の手段も尊重させるべきである。

同様に、哲学を教室に導入する場合に教師たちが学んでおくべき基礎的教育課程は、彼らが小学校で採用する教育課程の内容と同じものであるべきというのも明らかである。これは、教師たちが子どもたちよりも優れた形で訓練されるべきでないという意味でない。論理学と哲学の複雑精妙さは、子どもと教師が一緒になった方がしっかりと理解されるだろうが、ほとんどの場合、そうしたことが教室で生じる可能性は高くない。もし教師が、子どもに哲学的に思考させるための教材——それがどんな教材であれ——を利用して教えるやり方に不慣れなら、さらに、その教材を自分なりに解釈しなければならない苦労が教師の両肩にのしかかるのである。このような苦労は、どんな教師にも負わせられない。

道徳教育の要素を取り入れずに、子どものための哲学プログラムを組み立てるのはきわめて難しいだろう。というのも価値に関する問題は、哲学のほかの場面で我々が頻繁に直面するものであり、子どもたちにとってひどく重要なものだからである。他方、もし子どものための哲学に道徳の要素を含めるなら、それを倫理的探求以外のものとして定義するのは難しいだろう。生徒たちは、何を重要だと見なすかという主張をするだけでなく、なぜそれに賛成したり反対したりするのかを考慮して、それらを論じ、分析しなければならない。それによって子どもたちが、もともとの好みよりも確固たる根拠に基づいた反省的価値観に到達することができるようにするのである。このような探求によって、生徒たちはある価値をほかの価値より優先するための基準を検討し、さらにこの基準自体を選ぶ基準を探求してゆくだろう。倫理的な信念の正当性について、ある理由がほかの理由よりも好ましい根拠を探求させたり、議論における矛盾が指摘できるようにしたり、理論と実践の関係に気づくことができるようにするのは、大人向けの授業で教えられてきた伝統的な倫理学の学説を子どもたちに教え込むより、はるかに重要なことである。

これまで、倫理なしの哲学は、容易に教えられないと述べてきた。しかし逆に、子どもたちに哲学のほかの分野をまったく教えることなく倫理を教えられるかは、さらに疑問である。倫理の探求は、無矛盾性や同一性といった論理学、人間や共同体といった形而上学、部分と全体の関係といった美学、それに認識論全体と関わらざるを得ない。子どもたちはゲームをとても容易く遊ぶものだが、哲学的教室においてゲームは、ゲームのなかのルールの運用と、それらの倫理的行為への適用との相違点を見分ける助けとなる。子どもたちの倫理的想像力は、聖人や英雄のお話によって火を付けられるかもしれない。しかし子どもたちが倫理の実践に反省的で責任ある仕方で関わるのが目的であれば、子どもたちは聖人や英雄がどういうものか、ある程度哲学的に理解している必要があるだろう。要するに、哲学的解釈の助けも借りずに、子どもたちが倫理のキー概念を大人と同じように理解することはないのである。

これまで小学校における子どものための哲学がどういうときに失敗するかについて延々と述べてきたが、どういった状況であれば成功するのかという条件についてはまったく話してこなかった。このようなプログラムを学校に導入しようという野心を持つ者はまず、このプログラムが導入されている共同体の価値や期待をよく知っておくべきだろう。哲学は、探求を開いてゆく義務を前提としており、このような探求は、ある場所では歓迎されるかもしれないし、されないかもしれない。もちろん、こういったことを理由として、子どものための哲学は非常に限られた範囲でしか広まらないと主張することもできよう。しかしこれは大部分が、教育改革におけるタイミングの問題である。子どものための哲学の支持者たちが、学術的パフォーマンス改善の決定的な証拠を示せないのであれば、因習的な地域でプログラムを始めるのは最適と言えないかもしれない。他方で、一旦このプログラムの学術的利益が証明されて、哲学が親子関係を緊張させたり、親の価値を貶めたりするのではないかという、保護者の危惧を解消できたなら、子どものための哲学を小学校に導入するうえでの障壁はなくなったと考えていいだろう。学校管理者や親が頑なな自信家たちだった場合を考えてみよう。もし子どものための哲学が優れた教育でないなら、学校のなかには取り入れられないだろう。そのときには、学ぶ子たちに顕著な成長をもたらすことを、哲学教育プログラムによって証明していかなければならなくなるだろう。

Ⅱ

子どものための哲学のねらいと方法

第5章　「子どものための哲学」の教育課程

教育課程の概要

「哲学」は、これまで大学教育において教えられてきた。その哲学が、初等・中等レベルの教育にも組み込めるような形に、作り直されることになっていると想定してみよう。当然のことながら、これを実現するには、初等・中等レベルで教師が哲学を教えられるよう一丸となって取り組む必要が出てくるし、新しい教育課程も必要になる。教師たちにとっての取り組みに関してはのちの章と補遺Aで論じる。ここでは、新しい教育課程がどういうものになるのかについて考えてみよう。

「子どものための哲学」の教育課程は、いまのところまだ一つしかない。子どものための哲学推進研究所［The Institute for the Advancement of Philosophy for Children：IAPC］が発表したものがそれである。そのような事情もあり、本章では、このIAPCプログラムを引き合いに出しながら説明や提案をしていくことにする。IAPCプログラムは一九六九年に発表され、一九七四年以降着実に広がりを見せている。それはいまや、世界中の何千もの教室で使われるまでになっている。現在使われているIAPCプログラムについて検討すれば、そうしたプログラムが完全なものになったときの姿を想像しやすくなるだろう。

最初に、学校で哲学を教えるようになったとき、幼稚園から高校までをどのように「段階分け」するのか、その案について考えてみよう。

幼稚園から二年生　この教育課程は、教師向けの活動・練習マニュアルを一緒に用いながら一つもしくはいくつかの物語を読むということによって成り立っている。ここでは、言語（言葉）を習得することに力点がおかれている。なかでも特に注意を払っているのは、子どもたちの毎日の会話のなかにもともと含まれている推論という作法である。また、知覚を通して何かに気づくことに重きがおかれているのをはじめ、対話を通して様々なものの見方があることを共有することや、物事を分類することと区別すること、あるいはまた自分が感じたことに理由づけすることについても重きがおかれている。

三年生から四年生　この教育課程は、教師用の活動・練習マニュアルを一緒に用いながら哲学的な内容を持つ小説を読むということによって成り立っている。ここでは、幼稚園から二年生において力点がおかれたことについては継続するとともに、子どもたちを、この哲学的な内容を持つ小説を読むというレベルにおいて、形式のうえでもしっかりした推論ができるという次のステージへと導くことをねらいとしている。ここで、より大きな注意が払われるのは、曖昧さ、関係性を示す概念などの意味論的・統辞論的な構造についてであったり、また、因果性、時間、空間、数、人格、階級、集団といった抽象的な哲学的な概念に対してであったりする。

五年生から六年生　この教育課程は、小説『ハリー・ストットルマイヤーの発見』と、教師用マニュアル『哲学的探求』によって成り立っている。ここでは、形式に、また、非形式に論理を用いる力を習得

図1……就学前から高校までの子ども哲学プログラム

することに力点がおかれる。

小説では、子どもどうし、および子どもと大人の、両方の対話のモデルが示される。ストーリーは、授業に集中していないハリーが、彗星は惑星と同じように太陽の周囲を回っているということを聞いたという理由から、彗星は惑星であると語るのをきっかけに、教室で子どもたちが論理的に推論をするための基礎を理解し始めるという設定である。教室内と学校外で続いて起こる出来事は、子どもたちが、考え方、行動の仕方を自分で見つける方法を再現したものである。非権威主義的で非教条主義的な教え方のモデルがストーリーとなっている。そのモデルは、探求や推論の価値を尊重しつつ、様々な考えや想像の仕方を発展させることを促し、子どもたちがお互いからいかにして学ぶことができるかを提案している。さらにそこでは、小さな共同体において生き、参加するとはどのようなものであるかが描かれ、その共同体において、子どもたちは自分自身の興味を保ちつつもお互いを尊重し、時によって、協力して探求を行う力があることを示すのである。

『ハリー・ストットルマイヤーの発見』のための教師用マニュアル『哲学的探求』では、小説の各章における指導的な哲学的着眼点が何であるかを示すと同時に、教室においてそれを実施できるよう、各着眼点のための様々なエクササイズや活動を提供している。このように、小説内ですでにモデル化されているような探求の共同体を教室内で実際に形成することを促すためのディスカッション・プログラムや活動を通して、小説の哲学的内容が実践に移されるのである。

六年生　この教育課程は、科学的探求の基本となる前提条件について考察するための小説『トニー』によって成り立っている。子どもたちは、こうした科学的活動の基礎的な前提事項について話し合うことを通じてこそ、科学により可能となるねらいや科学がもたらすことのできる利益を理解できるようになる。客観性、予測、検証、計測、説明、記述、因果性といった概念について話し合う機会のあった生徒は、科学履修コースの内容に対する備えがよりできていることになるし、科学的探求に取り組むために、よりよく動機づけされていることになる。この教育課程においても、教師用マニュアル『哲学的探求』が参照される。

中学一年生から中学三年生　この教育課程では、倫理的探求、国語科、社会科の分野における、初歩的な哲学的専門化に力点がおかれる。中学一年から中学三年の生徒たちの倫理的探求の教育課程は、小説『リサ』および教師用マニュアル『哲学的探求』から成り立っている。『リサ』は『ハリー・ストットルマイヤーの発見』の続編であって、公正さ、自然さ、うそをつくこと・本当のことを言うこと、ルールや標準といったものの性質など、倫理的・社会的な問題に焦点が当てられている。他に採り上げられる問題としては、子どもの権利、仕事、性差別、動物の権利などがある。『リサ』はまた、論理と道徳との相関関係について関心を払った小説である。この教育課程は、生徒が自分たちの信念を正当化したり、通常の行動様式からの離反を正当化したりする上で、それらをうまく推論することを手助けする。

『スーキ』は、高校の新入生となった、同じ子どもたちのグループについての小説である。散文と詩の作文の課題に直面したハリー・ストットルマイヤーは、まったく書けない、と言って抗議する。この小説は、この「作家の突き当たる壁」といかに付き合い、それを乗り越えるかについて探索する。同時に、この小説はそうした根底的な問題を、経験と意味、書かれたものの評価基準、考えることと書くことの関係、定義というものの性質、技術と芸術との間の区別、として考察する。マニュアル『いかにして、また、なぜ書くのか』は、多くのエクササイズと活動を通して、詩を書くことに焦点を当てている。

中学二年生から高校一年生　『マーク』における架空のキャラクターたちは、現在、高校二年生である。その一人であるマークは、何かを壊したとして非難を受ける。真犯人を突き止めるために奮闘する過程で、マークのクラスは、法の機能、官僚制の性質、現代社会における犯罪の役割、個人の自由、正義の様々な概念といった、いくつもの一般的な社会問題についての探求へと駆り立てられる。ここでも、マニュアル『社会的探求』は、学級の活動やエクササイズを通して、これらの概念や、その他の多くの概念を実践に移すことをねらいとしている。

高校二年生から高校三年生　この教育課程は、哲学的な専門化という点においてそれぞれがさらに進んだ領域を表すような数々のアプローチによって成り立っている。五つの小説と、そのそれぞれのマニュアルが、倫理、認識論、形而上学、美学、論理学の各分野にしたがって作り直されている。これらは、子どもたちのそれまでの哲学とのふれあいのなかで発展させられてきた、考えるスキルや、そうしたスキルを応用するテクニックを継続させ、強化することを目指している。

「子どものための哲学」のねらいと目標

「子どものための哲学」のプログラムの最大の目的は、子どもたちが、自分たちのためにいかに考えるかを学ぶための手助けをすることである。しかし、私たちはどのようにしてそれを達成することができるのだろうか。子どもたちに、哲学的に考える科目を提供することで、具体的には何が達成されうるというのだろうか。

◆推論能力の向上

推論の基礎となるもの

推論は、限られたパラグラフで論ずるにはあまりに広いトピックであり、推論する能力を育成することは、推論ということとそれ自体を問題にすることと同じだけ多くの問題をはらんでいる。ある意味で、推論とは、医学が身体のために行っているようなことを、心のために行おうとするものだ。これらはともに、心や体がうけてしまう脆さや傷を癒そうとする、治癒を目的とする技術である。医学の歴史が何千年もの間続いてきたことを思い起こそう。いかに多くの時間が、特定の病気に対する特定の治療法の探求のために費やされたか、また、いまだに費やされていることだろうか。あるところでは、ある部族(あるいは「ヒーラー(呪い師)」)が有毒物質のための解毒剤を見つけ、またあるところでは、別な部族が病気を追い払うための飲み薬を考案する。こうした予防上あるいは治癒上の術策の蓄積は、数千年、数十万年の間、一つ一つ積み上げられてきたものであり、ただただ圧巻である。苦しまぎれに編み出された、その場しのぎの治療法が、医学的理解に貢献したり、場合によっては医学の主流ともなったりするなかで、体系的な学問分野としての医学が現れてきた。

しかし、古代の人は、身体の病気が存在するのと同じくらい、その原因を見誤る可能性が存在することもまた確かだということに気づいていたはずだ。そう考えたのでなければ、また、そのどちらも矯正可能だと考えたのでなければ、私たちはどうやって未開状態から抜け出すことができたのだろうか。とは言っても、その道は単純ではない。古代人は、あるとき、問題解決の正しいアプローチは、結果よりも原因を治療することだと気づいたかもしれない。またあるとき、彼は、汚物が感染を引き起こすこと、また清潔さが治癒のために必要であることに気づいたかもしれない。そしていまや、彼はこれらの二つの大きな気づきを結びつける機会を得るわけである。一方には傷があり、もう一方には、その傷を引き起こしたナイフがある。そこで彼は、傷よりもナイフのほうを、せっせとこすり、洗うのだ。

合理性へと至る道は、たやすいものではない。上に述べたような錯誤は、未開人においてと同じく、文明化されたとされる人々のあいだでも毎日起こることだ。何が重要なのかというと、矯正しようとする努力、修正するための奮闘、改善したいという衝動である。未開人は、よりよい推論と、より悪い推論との間の違いに、徐々に気づいてきたのに違いない。それは言ってみれば、無害のキノコと毒キノコの違いに気づいたようなものである。私たちはここで、たかだか数千年の歴史しか持たない形式的論理の発明のことを言っているのではない。ここで言っているのは、他人の言うことを聞く際に用心しなくてはならない、ある種のわながあることに気づくため、私たちは非常に時間をかけて、辛い思いをして成長してきたということである。それは、ある猟師が掘ったわなに、他の猟師が気をつけなくてはならないのと同じことだ。確かに、初期の人類の術策は、わなで猟をすることのみに限定されていたわけではなく、仲間の人間を出し抜くためにも用いられていたはずであるし、そうした狡猾な術策は、逆に反撃のための術策をも生んだはずである。この場合、私たちが問題としているのは、非形式論理として知られるあの独特なフォークロア的思考形式である。こうした論理は、おそらく先史時代の人間が、非生産的な思考形式を排除し、自分自身から、失敗に結びつくような思考形態を排除しようとする努力とともに始まったものに違いない。

推論能力が人類のみに限られたものだとは思えない。人類は、発見し、探検し、推論するという自らの能力を発見したという方が妥当だろう。人類が道具を発明したことは、おそらく、彼らが道具や、その他のあらゆるものを発明する「能力」を持つことを発見したことに比べれば、さして重要ではない。また、彼らが言語を発明したということも、おそらく、彼らがそれを用いて分析し、議論し、熟考し、あれこれと考えを巡らせたということ、つまり、これらを通じて、彼らが自分たちの発明した言語を拡張し、繰り返し強化したということに比べれば、それほど意義深いことではなかった。

したがって、私たちが推論と呼ぶものは、部分的には、ある主題についての権威を持たない人々からアドバイスを受けるのは危険であるとか、簡単に口車に乗せられてしまう人々のだまされやすさであるとか、一つの出来事が他の出来事に続いて起こったときに、先の出来事が後の出来事の必然的な原因であると考えることは誤りであるといった、太古の昔から伝えられてきた至れり尽くせりの警告なのだ。私たちが今日、文明と呼ぶものは、もし、対話というものを健康的に保つことを気にかけていたり、次のように言うことのできたりした未開人がいなかったとしたら生まれていなかったに違いない。すなわち、「君が腕のいい漁師だからといって、イノシシを狩ることについて君が何か知っているということにはなるまい」とか、「君が毎晩呪文を唱えているからといって、君が夜、星を出させているというわけではあるまい」とか、あるいは「お世辞を言ったって、ぼくを説得する役には立たないよ」と。

この種の物語はすべて、私たちが非形式論理として言及してきたものである。そこには、不健全で、避けるべきいくつかの推論の形式に対する、私たちが疑う気持ちが表れている。非形式論理は、正しい推論のための推奨事項というよりは、正しくない推論に対する禁止事項からなっている。そこでは、誤った推論は、理性という船がたやすく座礁してしまうような、暗礁や砂州《さす》と同じものと考えられる。だがこの船にはまだ、帆柱も舵もついていない。これらのものは、哲学の始まりとともに、初めて現れる。

私たちは、当然、人生の単調な側面よりは、華やかで色彩あふれる側面から、より強い印象を受けるし、勧善懲悪のドラマや、道徳的価値の対決は、無味乾燥な論理よりもはるかに私たちを突き動かす。私たちは「汝うそをつくなかれ」との言葉に耳を澄ますが、そのとき、そうした命令の背景にある、人間の言説には一貫性が必要とされている事実を忘れているのである。経験による手荒な教訓が、進化しつつある人間に、論理的一貫性のないことはトラブルを引き起こすということを理解するのに十分な知恵を授けてくれたに違いない。人は、自分の語ることを正しく理解していなくてはならない。それはすなわち、事実と整合性があり、その一部分には他の部分との整合性がなくてはならないということだ。モラリストは、うそをつくことを不道徳だと非難するかもしれないが、フォークロアは、それを賢明さに欠ける、と見る。実際の現場においては、賢明であるという点においては、うそをつくなという忠告は、自分自身に矛盾するなという忠告と似てはいるが、自己矛盾してしまうことのほうが明らかに不利であるという点で、両者は異なっている。もちろん、私たちは、論理的側面よりも道徳的側面のほうを、はるかに大きく重要であると考えることを目指してきた。自尊心、そして他人を尊重することといった構成要素のなかには、これまでまったく言及されなかったものもある。だが問題は、この後者の（他人を尊重することという）側面がたとえ十分に有効であるとしても、自己矛盾は避けられるべきものであり、論理的一貫性は必要とされるものであるということを、子どもたちに対して簡単に示すことはできない。互いに尊重し合うということを子どもたちに教えるには、彼らにそれを説明したり諭したりするよりも、その利点を自ら発見できるような活動への取り組みを促すのが最善の方法である。だが、論理的一貫性という点は、実践せずとも説明で理解させることも可能である。したがって、初等教育において、道徳性の論理的な裏づけに重点をおくことには、明らかな利点がある。

当然、右記のアプローチに対して異議も唱えられている。右記のアプローチは、人格、良心、義務などよりも、功利主義や、子どもの利己的関心に訴えているように見える。だが、義務や良心を諭すことは、道徳的性格を育むためのやり方として、どんどん有効性を失っているように思われる。もし道徳的性格を形成しなくてはならないならば、そのために子どもの関心をその手段・素材として用いる必要があるだろう。

論理的一貫性は、哲学的な方向性を持つ教育が力点をおく数ある特徴のうちの、一つの特徴であるにすぎない。子どもが、物事のつながりに気づくことも、物事の区別を行うことを手助けしてやることにも、どちらにも一般性と重要性がある。私たちは、子どもたちに、グループ化や分類の練習をさせるときには、つながりに気づく手助けをしてあげているのだし、彼らの日々の振る舞いが、いかにそうした分類を行う能力を前提としているかを示している。また、彼らが、あるグループやクラスに「何が」属していないのか、そして「なぜ」属していないのかを述べるように尋ねているときには、物事を区別する手助けをしているのである。

物事のつながりは、関係性としても考えることができる。また、「実例 - 類別」という分類関係にしたがえば、教師が特に注意を払うべき、教育における大分類が他に二つ存在する。一つは、原因・結果のつながりであり、いま一つは、部分・全体のつながりである。残念なことに、私たちが科学に力点を置いたことで、私たちの注意の大部分がこれらのうちの前者へと向けられる一方、後者のタイプが大きく見過ごされることになった。知能という観念は、実践的な物事に関する実践的なコントロールの場においてのみ適用されることがあまりにも多く、原因・結果のつながりを理解することは、そうしたコントロールの場においてのみ重要とされてしまう。だが、知能とは、ある状況の部分が何であるか、それらがお互いに、そしてそれらが属する全体に対して関わっているかを知覚することにも関わるものだ。それはまた、部分として機能する素材をもとに、全体をいかに「構築」するかを理解するのにも関わる。学校の美術のクラスはすべて、そうした知能が生み出される場であり、教育の目標の一つが知能の発展であるとすれば、部分・全体関係の理解に力点をおくことは、原因・結果関係の理解以上に強調されてしかるべきである。哲学が、両方の知能の形式を有効かつ重要なものと見なしているからこそ（一方にしか力点をおかない科学や、他方にしか力点をおかない美術とは異なり）、哲学は、教育の実践の方法論として優れて価値がある。

幼少期（子どもの時期）における推論

幼児がいくつになると推論を始めるかを考えることは、胎児がいくつになると人格を持つか、について考えることと少し似ている。どちらの問いも、こうした大変化が起こる年齢を特定できるとする前提に基づいているが、私たちは、出生前および、出生直後の子どもの生についてあまりにもよく知らないので、幼児における推論の起源を特定することはきわめて困難だ。

推論は、推理とともに始まると言ってよいが、推理に基づいた行動の初期段階と、本能的な振る舞いとを区別するのも、決して簡単な問題ではない。真偽のほどは疑わしいが、古代ローマの著述家であったセクストゥス・エンピリクスの作とされる、逸話がある。それによると、犬は推理することができ、ある匂いを追って（三本に分かれた）分かれ道に来たとき、初めの二つの分かれ道で匂いがなかったときは、「匂いを嗅ぐことなしに」第三の分かれ道へと進む、というのである。だが、抱いてくれた人の乳房を求めて手を伸ばす赤ん坊については、どうであろう。私たちはそれを本能ゆえのことと考えるが、なぜそれが実践的な三段論法の結果でないと言えるだろうか。つまり、「過去に、乳を与えてくれた乳房がある」「ここに乳房がある」「それゆえ、それは自分に乳を与えてくれる」と。手を伸ばすことは、この三段論法の結論に相当するのではないだろうか。子どもは、前提条件を言語的に表明するための言語能力を持たないことは事実だ。しかし、そうした前提条件に翻訳可能な習慣を子どもが習得するのであれば、その能力は不要である。言い換えれば、子どもは、言葉を使い始めるずっと前から、帰納的かつ演繹的に考えていると言える。言語が行っているのは、そうした行動を象徴化し、その形式化を可能にすることなのだ。

同様に、一般化の非言語的対応物である「習慣」が適用不能となることを幼児に知らせるためには、たった一つの反証で十分であろう。幼児というのは、親だと認識できるある特定の行動様式に対して、自分なりの決まった反応ができるようになっているようだ。この反応は、信頼反応と呼んでよい。ここで、トラウマとなる事態が起こるとしよう。親が、不注意で、子どもを熱すぎる風呂に入れたとする。結果、幼児はその親に対して実質的に信頼しなくなる。親にそれまであった信頼感は、通用しなくなってしまう。幼児は、信頼しているよという自分の反応がもはや求められていない、と推理する。

習慣となるルールが学ばれたのち、反証に照らしてそれが変更されるというような例は、いくらでも挙げることが当然可能である。類推するうえで基礎となっている事柄、あるいは、子どもが知覚パターンを完成させる過程を一つ一つ確認していくことも可能だ。というのも、これらはすべて、子どもが、直接に与えられたものからそうでないものへと動く、その動きを表しているからである。したがって、これらはすべて、推理の基礎を表しており、つまり、それらは推論の基礎を表しているということになる。

しかし、こう問うこともできるだろう。いつ、子どもは哲学的に推論を行うようになるのか、と。というのも、すべての哲学的活動は推論を必然的に伴うとはいえ、推論を行う存在がすべて、哲学的思考をするとは限らないからだ。子どもたちは、「なぜ」と問うようになるとき、哲学的に考え始めるのである。

「なぜ」という語は、実際、小さな子どもの好きな言葉の一つである。しかし、その用い方は、決して単純なものではない。一般に、「なぜ」という問いが果たす主な機能は二つあるとされている。一つは、因果関係の説明を引き出すことであり、いま一つは、目的を決定することである。

何かを因果的に説明することは、そのものあるいは出来事を生じさせた条件に言及するということだ。あなたは、歩道に氷が張っていることを、昨夜の雨をともなう嵐のあいだに、寒冷前線が到来したということで説明するだろう。あなたは、工場が燃えているのを、マッチの火から生じた、あるいは、建物が雷に打たれた、などの理由から説明するだろう。

目的を知ろうとする問いかけは、あるものが何のために作られたのか、あるいは、ある活動が何のためになされたのか、について問うことだ。橋を作る目的は、交通を担うためである。ペンを作る目的は、書く道具とするためである。ドアの周囲に張る目張りは、暖房燃料を節約するためである。

目的を決定するための問いのうち、ある人が、何かをしようと選んだ、その目的について問うものがある。どうしてある選択をしたかについての説明は正当化と呼ばれ、原因よりも理由を述べるとされる。放火魔がなぜ放火したのかを問うとすれば、私たちはおそらく、彼にその理由を問うことになろう。もしその答えが、彼が放火狂であり、制御できない強迫観念に取りつかれているというものであれば、私たちは、彼の行動への因果的説明を与えられることになる。しかし、もし答えが、保険金を得るために故意に放火したというものであれば、その答えは「理由」という形をとることになる。

子どもたちは、目的と原因の両方に関心を持っており、いつも、これらの「なぜ」という問いかけの仕方を混ぜ合わせたり、互いに区別しようとしたりする。たとえば、子どもはなぜ、あられをともなう嵐がきたのかを問い、教師から与えられる嵐の原因についての気象学的な説明を、受け入れるかのように見えるだろう。だが子どもは、説明よりも正当化のほうを探しているということがよくある。実際は、彼の胸には「嵐はどんな行動の罰として送られてくるのだろう」という問いがあったのかもしれない。

もちろん、場合によっては、その逆のことも起こりうる。子どもが、自分のドラム（太鼓）が消えたことの因果的説明を求めているとき、私たちがその代わりにその正当化を彼に説くような場合である。

私たちが子どもに、正当化と説明とを区別する手助けをしようとするのは、子どもに、「目的があって」なされたことと、「単なる偶然で」生じたことの違いを教えようとするときである。子どもたちは、わざとなされたことについてはその釈明が必要となるのに対し、偶然生じたことについてはそうではない、ということを教えられる。偶然は説明することができるが、本当に偶然の事故に巻き込まれた人は、その行動を正当化する必要はない。他方、子どもたちが習うのは、してはならないと警告されていたことをわざとすること、そうしたことを、ある目的のためにすることで、人は罰されるということである。

昔のストア派の哲学者たちにとって、この違いには大きな意味があった。それは、ある人の力の範囲内にあるものと、そうでないものとの違いを知るということにつながる。というのも、人は、自分の力の外で起きたことについては、完全に責任を免れる気がするからだ。子どもの「なぜ？」は、何を理由によって説明すべきかを識別すると同時に、それを、原因による説明の範疇とは区別しようとするための、似たような努力であると見ることができる。

子どもは、非常に早くから「なぜ」と問い始めるため、非常に早くから、説明を追求する作業に取り組むことが可能だと考えられる。確かに、幼い子どもは「なぜ？」と問う点で非常に粘り強いため、大人の特徴である好奇心の欠如と比較すると、人の哲学的な行動は年齢が進むほど減衰するものだと考えたくなる。このことは、子どもの知識や、概念的な道具を用いる能力の増大することに比べると、きわめて対照的だ。

実験者たちが用意した特定の課題を遂行する子どもたちの能力が、年齢とともに向上してゆくことは疑いようがない。比較的かんたんな計算問題から、より複雑な課題、さらに難度の高いものへ、という具合に向上する。実験者たちは、これらの課題を遂行する能力が向上すれば、知能が向上するであろうと仮定しがちであるため、成長とは、能力のない状態から能力のある状態に至る一直線の過程なのだと考える。得るだけではなく失うこともある、ということはまったく考慮されないのだ。想像力や、周囲との協調性、そして世界に対する好奇心の減退、これらはまったく喪失とは見なされない。その一方で、成熟とは、責任能力を持つ大人である証拠である「課題をこなすこと」と同値であると見なされるのだ。

たとえば、健常な子どもたちは言語の習得を通じて成長すると言われているが、もしその子らに言語を身につけ活用するための資質がなかったら、その言語は役に立たないということは忘れられている。また、子どもたちは、合理性を獲得するとも言われているが、もし彼らが、習得した大量の情報の妥当性や意味を発見しようとしても、それらの情報を処理する能力に欠けていたとしたら、やはりそれらの情報自体、無用となってしまうだろう。子どもの芸術の分野においてのみ、物事を組織する力や形に対する感受性といった能力を持っていることが認められるが、それらの能力は、すべてが失われてしまうという瀬戸際まで、徐々に減衰してゆく。しかしながら、芸術は合理性の指標として重視されることはない。幼少期の半ばで芸術的な能力が低下してしまうことは、知能の成長とは無関係であり、いずれにしろ大した損失ではないと見なされている。

私たちの文化は知能を次のように定義しがちである。すなわち、問いを発する能力よりも問いに答える能力に基づいて、また、問題を認識してそれを表現する能力よりも、それを解決する能力に基づいて、知能を定義しがちなのだ。そのため、哲学と幼少期はふつう、互いに相容れない関係にあると考えられているのも、さほど不思議なことではない。哲学は、伝統的に、年長者の領分だと考えられてきた。奇妙な論理の倒錯によって、私たちは幼少期に真の哲学的な論理思考が現れることを見逃し、子どもたちがその哲学的な思考力を養うための課題や援助を必要としていることを事実上無視してしまっている。そして、私たちは、哲学は若い人たちには本質的に不向きであり、彼らは哲学に対する才能も興味もないと決めつけてしまっているのだ。

子どもたちの典型的な知的発達が生じるのは、子どもが自分自身のために考えることを学ぶときではない。彼らの思考が、私たち自身の思考に近づき始めたことに、私たちが嬉々として気づいたとき、すなわち、彼らの世界観が私たちのそれに似始めたときである。

子どもたちが現実を大人と同じように見るようになるまでに、子どもたちの豊かで貴重な世界観は、幾度となく軽視され、可能性をくじかれることになる。このことがとりわけよく当てはまるのは、「道徳的発達」の概念の普及においてである。その発達においては、「普遍化可能性」といったいくつかの概念が道徳的思考の頂点をなすものと受け取られている。言い換えれば、心理学の研究者たち自身のそれと近い道徳観を持っている子どもは、研究者たちと異なった道徳観を持つ子どもよりも道徳的発達の度合いが高いと評価されてしまう。

独創性があり、またユニークな考え方をする子どもは、一般受けしない結論に達することがよくあり、事実、まったく誤りであるような結論に達することも多い。間違った結論を正すことは非常にたやすい。だが、独創性を保持したり、それを抑圧するようしむけられてきたりした子どもに独創性を復活させることは、それとまったく別の話だ。

哲学的な含みや哲学的な独創性に敏感な大人は、そうした経験や感受性に欠ける大人に比べて、子どもたちの熟考や洞察を養わせることにずっと前向きである。そう古い話ではないが、哲学のバックグラウンドを多少持った、あるシカゴ在住の母親が、自分の四歳の娘に、バスタブのお湯を止めるよう言ったとき、娘が次のように答えたと報告している。「心配しないで、あふれないわよ。お湯からバスタブの端までの間は、ちょっとずつ狭くなってるだけだから」。ゼノンのパラドックスをよく知る人は、この世界観が風変わりであることにすぐ気づくだろう。それは、アキレスと亀の寓話に語られているとおりのパラドックスだ(亀との距離を半分ずつ詰めていくアキレスは、決して亀には追いつけない、というもの)。この例では、子どもの結論は「厳密には」間違っている。お湯はバスタブから「実際にあふれる」だろう。だが、その思考がオリジナリティにあふれていることは確かだ。この少女の言うような意見は、それに真剣に耳を傾けるならば、自然の営みやプロセスに関する刺激的な議論の出発点となるだろう（もちろん、先にお湯を止めるのを忘れずに！）。

あるいは、父親によって報告された、パリの七歳の少年の次のようなコメントを見てみよう。「僕たちは死んだとき、死んでいるという夢を見ているんだよ」。こうした意見は、哲学に何の関心もない大人ならば、無意味だとして片づけてしまうだろう。だが、これは、きわめて形而上学的な含意に富んだ洞察を表しており、その子が創造力に富んだ思考力を持っている可能性を示している。子どもたちは一般的に、その直観を体系立てて発達させようとはしない。だが、教師は、子どもたちの独創的な洞察が含んでいるものについて探索させるよう促せられるし、それによって、子どもたちの知覚や直観という宝が失われないようにできる。

最近の話だが、教室での対話のビデオテープを見ているとき、十歳の少年どうしが、人格の同一性について対話している場面があった。一人の少年は、私たちの人柄を作るのは、私たちの考えであると言い、もう一方の少年は「違うよ、だって夕べ僕は自分が死んだ夢を見たけど、いま僕はここにいるじゃないか」と応える。明らかに、後者の少年の言葉は、表現したものよりもはるかに多くの体系的な観念を含んでいる。彼の言葉は私たちによって詳しく説明され、解釈されることを待っている。もし彼が彼の思考「である」のならば、彼が死んだと考えた（夢に見た）ときは、彼は本当に死んでいるはずである。だが彼は、自分が死んだ夢を見たのに、生きてここにいる。だから彼は、彼の思考ではありえないのだ。ここには重要な論理パターンが活用されている。つまり、まず仮定（「もし……であれば……」の言表）が述べられた後、その後半が否定され、したがって、その前半が偽であることが示されている。

本章の五年生から六年生用の教育課程の一つとして、「あなたは生まれてくることを願いましたか」という問いで始まる、子どもたちの権利についてのディスカッションプランを提示している。教室内でのディスカッションでは、その問いを投げかけられた子どもたちは、最初それをバカにしてかかるかもしれない。まだ生まれてすらいないのに、生まれてくることを願うことがそもそも「できる」だろうか。そこで、次のような別の意見が出てくる。おそらく、この問いかけは見かけほどバカげてはいないのではないか、そして、おそらく、子どもが（生まれてくることに）同意するかどうかという問題は、真剣に議論しないうちに片づけてはならないのではないか、と。

幼児期の知能の評価は、観察的で客観的なアプローチを行う研究者によって研究対象とされることが多かった。たいていの場合、私たちは、子どもたちが自ら選んで行おうとすることを行う能力を評価するよりも、「私たちが」彼らにしてほしいと望むことを子どもたちが行う能力を測っている。私たちは彼らに課題を与え、次に彼らの反応を測る。しかし、こうした課題は彼らにとって、やりたくない、いやな仕事のようにも見えるだろう。大人の要求に対応するために子どもたちが行うことのみを見ることは、彼らが、自分自身の関心や問題が前面に出てきたときに行うことへの評価に比べると実に貧弱なものだ。「子どものための哲学」の長所は、それが教室を、子どもたち自身の問題に即した議論を公表するための場へと変えることができることだ。彼ら自身の問題は多岐にわたるものであるから、そのための問いかけは、子どもの知能の操作的側面だけでなく、想像をめぐらし、物事を構築する側面へも向けられたものとなる。大人による介入がねらいとすべきは、現実に対する大人の見方に子どもを厳密に一致させることではなく、尽きることがないほど豊かな哲学的伝統に由来する哲学的技術を用いて、子どもたちが自分自身の考えや経験を探索するのを助けることにあるのだ。

◆推論能力と推論

小学生の子どもたちが経験する最も深刻な難しさの一つは、推論することに関わる領域のなかにある。それは、子どもは知覚に基づいて推論することや、論理に基づいて推論することもしくは根拠に基づいて推論することについて問題を抱えているかもしれないというものだ。

個々の知覚に基づく推論　子どもたちがもし正常な視力を持っていたとしても、なお子どもたちは彼らが見るものに基づいて推論することにはハードルがあるものだ。たとえば、子どもたちが、いつもならドアがきちんとロックされている自宅に帰って来てドアが開いていることが分かったとしても、何かがいつもとは異なっていることに子どもたちはなおも思いつかない場合がある。子どもは適切に知覚しているものの、その明白な知覚に基づく推論をし損ねている。あるいは、子どもの聴覚がいろいろな音を正確に聞くことができ、自動車のクラクションを聞き分けることができるような場合であっても、自動車が彼のすぐそばまで近づいてきていることを推論し損ねる場合もある。このような難しさは、なにも子どもたちに限られた話ではない。大人たちにとっても同様に、彼らが見たり聞いたり、あるいは味わったり嗅いだりすることに基づく基本的な推論であっても、それがうまくいかない場合などには当てはまる話である。

論理に基づく推論　子どもたちが経験する難しさのもう一つのタイプのものは、一つ以上の発言（文）に基づいて推理することに関係している。たとえば、仮に誰かが子どもに「赤道の冬は決して寒くない」と言ったならば、その子どもは、「昨年の冬の赤道は寒かった」という発言は誤りである、と推論することができなければならない。またある子どもは、「ある人々は背が高い」という発言があるならば、それは「すべての人々は背が高い」という発言とはつながらない（整合しない）ということを知るべきなのである。

様々な種類のデータに基づく推論　時々、人はいろいろな種類からなる事実のまとまりにまるごと出合うものである。たとえば、ある子どもがある外国を訪れ、そこで旗を振ったりスピーチしたり歌ったりする子どもたちの姿を観たなら、「これは何か国民的祝日の一種に違いないな」と結論づけるだろう。これは様々な観察に基づいて行われる推論であり、またそれらを総合する能力が求められるものなのだ。

右に述べた推論のタイプのうちのいくつか、もしくはすべてにおいて難しいと感じる子どもたちは、学術的（アカデミック）な場面においても同じような難しさを経験しやすい。その子どもはきっと読むことは上手であるけれども、読んだことを解釈することがうまくできない。というのも、せっかく読んで手に入れた材料があっても、この材料に基づいて推論することができないのである。またある子どもは、研究室で与えられた特別な指示をうまくこなすことができるけれども、うまくこなした仕事が意味していることについて尋ねられるとうまく答えられず行き詰まってしまう。このようなとき、子どもは結果を観察しているものの、原因を推論することには苦戦しているのだ。あるいは子どもは同じ種類の無数の例を観察するかもしれないが、規則もしくは関連する法則があるかもしれないとは推論しない可能性もある。

このような子どもたちは、きっと「推論の障壁」というものを経験しているのだろう。そして、この種の障壁は、思考の原則についての練習や暗記化を繰り返すことをもってしても、たぶん解決されることは不可能なものなのだ。事実、「推論の障壁」に対して、手軽な解決法といったものなどはないのである。しかし私たちのこの哲学的思考にあってみれば、おそらくそうした問題を緩和することにうまく貢献するだろう。そしてそれは、子どもたちを推論する過程に引き入れることを手助けしてやることによってこの問題を緩和することに貢献するのであり、また、この場合の推論とは、子どもたちが問題を緩和することを促し続けるような環境を創り出すための推論である。子どものための哲学は、子どもたちがより良い推論をすることができるように励ますべきであり、子どもたちが根拠を同定することを手助けするべきであり、また、子どもたちが欠点のある（不完全な）推論がどのようなものであるかを認識するのを支援するべきなのである。もし子どもたちが彼ら自身の経験を通して、推論するための能力を向上させることによって彼らが見たり読んだりすることを超えてゆくことの実現可能性を理解することができるようになったならば、そこですでに多くのことが達成され得ていることになるはずである。子どもたちが、身の周りの具体的な知覚と言語表現に困っている限り、子どもたちはあまりに圧倒されてしまっているかもしれない。だとすれば、子どもはそうした知覚や言語表現についての内容や事実に立ち向かうこともできず、それを考える過程に入ることもできない。探求の「過程」を除外して、内容だけを強調する教育（教え方）が長い目で見れば子どもたちにとても悪い影響を与えてしまうのは、まさにこの理由によるのである。

◆創造力の向上

論理的な厳密さが身につくように訓練することが、想像や創造を犠牲にすることによって初めて生じるものであるとしばしば思われていることは、伝統的な教育の持つ不幸であると言えよう。それは、あたかも、子どもたちの発達途上にある論理の熟達のためには、自発性や心にイメージを好きに描くことは抑えられるべきであるとさえ思われているようなものなのだ。子どものための哲学のプログラムのなかで採っているアプローチは、それとは反対に、論理的思考は、創造的な活動によって導かれると提案するものであって、むしろ創造力は論理的能力の向上にともなって促進されうるものと考えている。この二つは、切り離して考えることはできない。

このプログラムのなかでは、私たちは様々な種類の創造的な遊び活動を提案するように心掛けている。それはたとえば、ゲーム、劇、人形芸、その他様々な形のアートであるのだが、そのいずれもが直接的であれ間接的であれ、子どもたちが自分たちの経験したことを表現する能力や、そのように表現したものの重要性や意味について探索する能力を向上させるのに貢献している。

大人たちはとても頻繁に、私たちの社会が子どもの自由な想像力と創造力に与えている負荷を過小評価するものである。子どもの生活がより危険性をふくむものであればあるほど、また子どもを取り巻く周囲の環境が不安定なものであればあるほど、豊かで想像力に満ちた生活――それは、物事のありのままの厳然たる現実に直面する代わりに、物事のありうる姿を想像する生活――に関わるためにより一層贅沢なものとなるのである。都市部に住んでいる子どもは――あるいはそういうことなら、貧困、犯罪や他の社会的混乱からくる危険にさらされて日々をやり過ごさなければならない子どもは誰もが――、おとぎ話の世界にひたる喜びや、想像上の世界のなかで想像上の子どもたちや生きものたちと一緒に脱出することを心から楽しむことが可能になるほどには、決して簡単にはそうした現実の雰囲気を取り払うことはできない。

従来の教育では、知的な駄作とちょうど同じ程度に根拠の薄い思考から結論づけた誤った推論のことを取り扱った。妥当でない推論から出てきた結果をよく検討することは、実は子どもにとって有益だということに大人が気づいていなかったのである。だからと言って、多くの場合ではまさに厳密で論理的な思考が求められるということを否定したいのではない。それでも、空想や作りごとが大いに役立つ場合もたくさんあるのだ。たとえば、論理的な誤りは、子どもが反対の事実の状況を考慮するのを奨励する手助けになりうる。「すべてのタマネギは野菜である」という発言（文）から「すべての野菜はタマネギである」という推論を行うように、ある発言（文）から論理的には無効な結論を導き出す例はある。しかし、仮に子どもたちが、すべての野菜がタマネギであるような世界を熟慮するように奨励されていたら、子どもたちはその世界の詳しい姿を描き出すことを、とても嬉しがるかもしれない。たとえば、人はニンジンの皮をむくとき涙を流し、ジャガイモを切り分けるときタマネギの匂いを嗅ぎ……といった具合に描きながら、だ。明らかに、これは子どもたちの想像力を十二分に自由にするものであるし、同様に彼らの創作力を解放するものなのである。

子どもたちが成長するのを援助することは、それぞれの成長段階において、その成長段階にふさわしい挑戦が考案されなければならないことを意味する。論理的能力が向上することは確かに必要なことではあるけれども、子どもたちに彼らの論理的能力だけを向上させることを要求することは十分なことではない。子どもたちの成長は、彼らの創造力の場合と同様に、創作力を刺激することにかかっているのである。子どもたちが、物事がどのようなあり方をしているのか、また彼らがそこにどのような仕方で存在しているのかを想像を働かせて想定することができない限り、彼らが成長した先に向かうゴールを定めることは彼らにとって難しいだろう。

◆個人的成長と対人的成長

こうした教育の課程が、子どもたちの感情、関心、態度、あるいはその他の個人的成長の点などにおいてどんな影響を及ぼすかということについては、まだ正確にはわかっていない。これまで行われてきた試験的なプロジェクトでは、教室での普段とは異なった雰囲気がみんなに伝わりやすく、それが他の生徒と共に学んで共有しようとする熱意へと高まり、個々人の人格の他の面にも成長をもたらすことが示された。しかしながら、こうしたプログラムが、子どもたちにとっての自信や感情面における成熟、また一般的意味における自己理解への著しい向上をもたらすことができると自信を持って主張することが可能になるまでには、さらなる調査が必要とされていると言えよう。

大部分の子どもたちにとって、主に個人と個人の間で交わされる対話のプロセスとそうした対話の後に続く振り返りにおいて、哲学的に考えるという学習は起こる。単に哲学の小説を読むだけに終わってしまい、小説についての彼らの解釈を彼らの同級生や教師と対話する機会を奪われた子どもたちは、書物が提案することができる意味という富を、奪われることになるだろう。しかもその富は、対話を通してのみもたらされるものなのだ。大部分の小学校の教科書が、対人的なコミュニケーションの推進の伝達手段とみなされないというのは、本当にそうである。しかし、『ハリー・ストットルマイヤーの発見』と『トニー』『スーキ』『リサ』『マーク』という本はどれも、読まれ、そして対話されることになっている児童書なのだ。

　対話というものは、次いで、他のすぐれた点ももたらしてくれる。それは、特に、子どもたちにとってお互いの個性、関心事、価値、信念、偏ったものの見方などへの気づきを促すことだ。増幅したこの感度は、教室におけるコミュニケーションのなかで最も価値ある副産物の一つである。生活を共にする一人ひとりの性質についてのいくらかの洞察が子どもたちにない限り、子どもたちは彼らに関してしっかりした判断を下せそうにはない。いつ、そして、どのように利用するべきかについて検出することができないほど彼らが社会規則に無関心であるならば、子どもたちにそうした社会のルールを教えることは意義を持たない。対人的な感度が子どもの社会性の向上の必要条件として育てられて、促されない限り、その社会性の向上は阻まれるものである。対人的な洞察が初めに養われない限り、しっかりした社会的判断を子どもに期待するに足る理由はほとんどない。そして、そのような洞察というものは、しばしば成長する能力そのものなのである。

　しかし、もし感受性と判断力がそうしたプログラムによって強化されることが分かるならば、それはプログラムが子どもたちの成長を単に加速させることに貢献しているのではなく、成長に合わせてぴったり彼らの「能力」を大きくするのに貢献したということであるだろう。そして教師は、このプロセスへの欠くことのできない貢献をすることができるのだ。どんな生物でも成長のプロセスを経験するものだ。しかし、成長する能力が伸びるのは、思いやりがあって関心を示してくれて知識豊かな教師の影響下にあって起こりうる何かなのである。成長の能力は、斜面の上に単独で転がすボールと同様、単独で決して大きくなるものではない。子どもたちは互いに妨害する行為よりはむしろ、彼らの力が互いを補強し始めるような方法でとり扱われなければならないのだ。ふさわしい教育的な条件のもと、互いを補強するこのプロセスは、知的で感情的な活動を相互に補強する組み合わせを子どもたちで生み出すことを可能にするものなのである。

◆倫理的な理解力の向上

今日、道徳と教育の関係をめぐって論争が行われている。その論争に関わる人々は、大きく三つのグループに分けられている。第一のグループは、すべての教育には道徳的な次元があると主張する人々。第二のグループは、どんなことがあっても、教育者が道徳を教室に導入しようとしてはならない（というのもそれは必然的に教化以外の何物でもないからである）と主張する人々。第三のグループは、健全な教育は道徳的な教育の構成要素を含むことができて、かつ、含まなければならないと主張する人々、と、こういう具合である。

道徳と教育の問題がこのように公式化されるとき、私たちは、これらの間で立場をとることができない。これらのグループのそれぞれは、道徳が道徳的な原理や原則からなることを前提としていると見ることができる。つまり、彼らの意見の相違の大部分は、どの原則が教えられなければならないか、もしくは、すべての原則が教えられなければならないかどうかに関する意見の相違に由来すると見ることができるのだ。本書の立場では、倫理への哲学のアプローチは、特定の大人の特定の道徳的な原則よりもむしろ、倫理的な探究の「方法」を強調するものである。哲学の教師は、子どもたちに論理が当てはまる問題について推論させることが人間の問題（道徳的なものを含む）の解決のために真に役に立つと、想定している。形而上学的な、認識論的な、美的な、また人間的な経験のその他の面などについて認識することなく、倫理を探究するだけでは、近視眼的であり不安定であると、哲学の教師はまた同様に想定している。さらに、哲学の教師は、生徒たちがしっかりした道徳的な判断に達することの重要性を理解するように導こうと努めるのである。そして、ここではそうした生徒たちが倫理的な意味での感受性や配慮や関心というものを向上させていることを求める。このように、倫理学が子どもの哲学の文脈のなかで提示されるということは、現実的な道徳的な規則、もしくは嫌疑のかかっている道徳的な原理とされているものを教え込むのではなくて、生徒たちに道徳的な探究を「実践」することを伝えることなのである。

私たちは、子どもたちに道徳的な決定をすることや、道徳的な意思決定の「より高度な」段階を目指して「進む」ためにプレッシャーをかけることよりもむしろ、子どもたちが道徳的な判断が持つ本来の性質に気づく作業を手伝うことを強調しているのだ、ということが明白でなければならない。私たちの視点から言えば、判断することは倫理的な個人の人生におけるたった一つの面でしかない。そのような判断は、道徳的な自覚と道徳的な知性によって徐々に条件が整えられてゆくものでなければならないものなのだ。さらに、道徳的な個人は、「正しく」判断するのがうまくできる人であるだけではなく、同様に、判断が要求「されない」のがいつなのかについてわかり、そのような状況における判断を避けることができる人でもあるのだ。

この本の第9章と第10章では、哲学と道徳教育の関係にまで議論を広げていくことになる。話題の範囲が膨大であるから、これらの章でさえ一つの導入にすぎないと考えてもらわなければならない。けれども、望みうるならば、これらの章で、倫理的な探究の問題と次元を理解するという点においていくらか案内を提供したい。

◆経験の意味を発見する力の向上

本書ではすでに次のようなことを指摘しておいた。すなわち、多くの子どもたちが学校生活について「無意味だ」と抗議していて、学校外の生活についても同じように非難している、ということである。

こうした告発が一理あるものだとすれば、彼らの人生の経験が含む意味を発見することができるということである。ここで、彼らの生活や人生に意味を「与える」ために何ができるか、という言い方をしないということが大事だ。子どもが意味を尊重するのは、それを生活や人生のなかから自分の力で引き出してくるときだけである。子どもに意味を与えて尊重させることはできないのである。

私たちが意味を発見する一つの方法は、つながりを発見することである。人は、あるとき、深刻な病気の徴候を発見するかもしれない。その人は言う、「これらが何を意味するのか、わからない」と。しかし、「ああ、私は、この徴候が何を意味しているかわかった」と言うのだ。彼がそこにつながりを見出したからである。あるいは、人が意見を表すのを聞いて、他の人は言うかもしれない。「私たちには、あなたが言っている意味がわからない。あなたがそんなことを言う理由は、何ですか?」と。彼らから理由が話されるのを聞いたのちには、「ああ、いまやあなたが言っている意味がよりよくわかりました」と言うのだ。あるいはこのような例はどうだろう。ある人が選択をするように言われたとして、にもかかわらず彼女に一つしか選択肢がないとき、実質的に、この選択には意味がないということになる。すぐに、彼女が別の選択肢を発見して、複数の選択肢のつながり、ならびにそれらのそれぞれからあとに続く結果がわかると想定してみよう。直ちに、彼女の選んだ選択肢は、意味を持つようになる。人は、一つのエピソードがおかれている文脈を知らない限り、そこには意味が見いだせないだろう。文が単独で与えられると謎めいたものでありえるが、適切なパラグラフにおいてみると非常に豊かな意味を持ちうるというようなやり方について考えてみよう。というのも、それは人生において経験することとその通りのものであるから。もし私たちが、子どもたちが彼らの経験において部分と全体の関係を発見するのを手伝うことができるならば、私たちは彼らがそれらの独立した経験の意味を見つけるのを手伝うことができるということである。

私たちはここで、意味を発見するためのいくつかの方法を割り出すことができるのだ。それは、他の選択肢を発見すること、公平さを発見すること、一貫性を発見すること、「信念の理由づけ」の実現可能性を発見すること、包括性を発見すること、状況を発見すること、部分と全体の関係を発見することなどである。

別の選択肢を発見する

どのようにして子どもたちは「新しい選択肢」について考えることを学ぶのだろうか？　またどのようにして、現在考えている方法が彼らが考えることができた唯一の方法でないということを学ぶのだろうか？

一つの方法は、彼らの考えで否定的なものでも正しいかもしれないという可能性を常に考慮する習慣を身につけることである。太陽が昇るのを見た子どもは、「太陽は地球の周りをまわる」と考える。そしてこのことは、誰かが現実的に彼に「それは違うんだよ」と告げるまで続く。「地球は平らです」と考える子どもは、しかし同時にその否定形が可能であることに批判的に気がついており、「地球は、平らではない」という可能性も考慮できることに気づいている。事実についての言明にはすべて、真でありうる否定形があるのだ。

たとえば、「遊んでいる」の否定は「遊んでいない」、また「笑っている」の否定は「笑っていない」である。私たちは「椅子」の否定を「椅子でないもの」と、また「テーブル」の否定を「テーブルでないもの」とさえ言うことができるのだ。

これらの考えを使って勉強する子どもは、考えとその否定が順序立てられるとき、それらが選択肢のパターンを示し始めるのを理解し始める。たとえば、子どもが「働く」について考えると想定すると、その否定が考慮されるとき、その結果は「働かない」である。しかし、「働かない」は、「遊ぶ」として子どもによって解釈されるかもしれない。するといまや、子どもは「働く」と「遊ぶ」という二つの考

えを持っていることになる。そして、現在、四つの選択肢があることになる。すなわち、

(1) 働いて、遊ぶこと
(2) 働くが、遊ばないこと
(3) 遊ぶが、働かないこと
(4) 働かず、遊びもしないこと

子どもは、いまや、四つの選択肢のうちの類似した組み合わせを、どんな考えのいかなるペアのためにでも発展させることができるということを見いだすだろう。たとえば、ミルクとファッジ、あるいは、ワニと三角形、または、つららとタンポポ、といった具合にである。

いままで、子どもは選択肢についてあいまいに気づいていただけであるか、容易に使うことのできない可能性として持っていただけであった。機会があるとすれば子どもが「病気」と「空腹」について考える場合に、「病気であるが、空腹でない」「空腹であるが、病気ではない」「病気でもなく空腹でもない」といったことにぼんやりと気づいている程度である。だから、もしあなたが子どもに今日世界中には病気と飢えにあえいでいる人がたくさんいるか尋ねるならば、子どもはしっかりうなずくことができる。しかし、あなたがその他の三つの可能性について尋ねるならば、子どもはきっと首を横に振るだろう。病気と飢えが実質的に排除された世界。そんなのは不可能ではないか！　ほかにも、実際的でないこと、実現できないこと、起こりそうもないことはたくさんある。しかし、子どもが論理を使って簡単な論証を組み立ててみれば、そういったことも可能だということを納得できるだろう。

そして、以上のことは、新しい選択肢を発見することを学ぶことによってもたらされたのである。それは、すべての可能性を考慮することを意図している。ただし、これらの他の可能性は、先の例のよう

に理想的なものである必要はない。自分が健康であって栄養も十分足りていると思っている子どもは、「栄養は十分だが病気である」、「健康であるが空腹である」、あるいは「空腹であり病気である」といったことすべてについて、それらがどういうことであるかをあまり真剣に考えないかもしれない。あるいは、子どもの家族が休暇旅行を予定しているとすると、バスか電車のどちらで行くべきかを議論するかもしれない。そして、子どもは、家族がどちらかの手段でも行くことができるけれども、片方ずつ途中まで使うこともできるし、どちらの交通手段も選ばずに飛行機のような別の方法でも行けると指摘することができるだろう。重要なことは、子どもたちに、見落としているかもしれない他の選択肢による解決策がないかどうか、条件を調べるような実践をさせることである。

公平さを発見する

大人である私たちは、自分たちが時に公平ではなく「不公平」であることもある、ということに確かに気づいている。たとえば私たちは、試合となるとホーム・チームへ熱烈な声援を送るし、相手チームをひいきするようなアンパイアやレフェリーを非難する。あるいは、何か事故が起きたときは、ふつう私たちは自分に落ち度はなく、相手側が悪いと考える。政治の世界でも、私たちの応援する候補は虫も殺さぬ善人であるのに対し、対立候補のほうは、善いことは何一つすることができない小人物である、といった具合だ。

さて、そうした不公平さは、それ自体まったく悪いことではない。なぜ、母親は自分の子どもを、弁護士はその依頼主を、あるいは女の子はそのボーイフレンドをえこひいきしてはならないのだろうか？公平さが求められるような状況がある一方で、公平さが確実に悪いことであるような状況も存在するのは明らかだ。私たちは、えこひいきするような審判を求めはしないし、自分の子どものなかで一人だけをひいきして他の子どもをないがしろにしたり、いつも一人の子どもだけをスケープゴートにしたりするような親を、許すわけにはいかないと考える。また、もしある人が、ケンカの仲裁——それが個人どうしにおいてであれ、国どうしにおいてであれ——をする気になったとき、それはその人がえこひいきをしてみせるということにはならないだろう。

したがって、問題は、どんなときに不公平であるべきか、どんなときに公平であるべきかを知らなければならないということである。難しいのは、不公平な考え方はほとんどの人々にとってすぐ思いつくものであるのに対し、公平な考え方は、失敗しながらでなければ身につかないということだ。

不公平さがまさに当てはまる状況が一つ存在する。それは、あなたが何かを理解しようとしているときだ。あなたはまず、とにかく自分の視点からのみそれを見て、理解しようとするだろう。そして、他の人々がその物事をいかに経験したかということについては、ほとんど注意を払わないのではないだろうか。例を挙げてみよう。ある友人があなたに、新しい規則ができたことを教えてくれたが、あなたにとってはそれが愚かな規則であることが確実なため、あなたはそれに対してひどく憤慨したとしよう。あなたは何よりもまず、自分がどう感じるかを皆に伝えたいと思うはずである。ひとたび鬱憤を晴らしたあとで、あなたは他の人たちの言うことに耳を傾けるようになるだろう。そしてあなたは、初めにその新しい規則に対して抱いた判断が性急すぎたかもしれないということを理解し始めるのではないだろうか。ひょっとすると、その規則にはあなたが最初は気づかなかったような利点があるかもしれない。あるいは、思っていたよりもひどい内容であるかもしれない。だが、どちらのケースにおいても、あなたは他の人たちの経験から学んでいるのである。自分自身の視点からと同様、他の人たちの視点からも見ることを学んだのだ。こうしてあなたは、自分自身を、自分の意見ゆえに尊重するのと同じくらい、他の人たちを、その意見ゆえに尊重し始める。そして、あなたは、その状況についての自分独自の不公平な推測を超越して、より客観的で公平な判断者になり始めるのだ。

私たちが子どもたちに提供しなくてはならないのは、まさにこうした公平な考え方の経験である。子どもたちのうち幾人かは、自然に客観的で公平な考え方ができるかもしれないが、皆に最初からそれを期待するのは期待しすぎというものだ。だが、彼らは皆それを学ぶことができる。「彼ら自身の」問題について客観的かつ公平な対話を試みることのできる状況を私たちがお膳立てし、そのように促してやれば、ずっと早くそれを学ぶことができるのだ。

公平な考え方の有用性の発見のよい実例として、さほど古い話ではない、六年生のクラスで見られたある状況を挙げてみよう。

教師　リサとフランはハリー・ストットルマイヤーに対して同じ立場なのかい？

少年　ハリーはリサを困らせているけど、フランは困らせていないよ。

教師　なぜハリーはリサを困らせているんだい？

少女　たぶんリサは男の子ってものが嫌いなのよ。

教師　なぜそう思う？

少女　分からないわ。たぶん彼女が考えているのは、男の子はいつも女の子よりいろいろうまくできる、と主張するので、彼女はそれが我慢できないのよ。

少年　でも、男の子は女の子より絶対上だよ！

少女　いいえ、女の子より上なんてことないわよ！

教師　ほかのみんなはどう思う？　男の子は女の子より上かな？　おっと、みんな同時に答えないように！　一度に一人ずつだ。

少年　そうだよ、男の子は女の子より上だよ。

教師　それは、何をするときでも、という意味かい？　それとも、何かについてだけ、という意味かな？

少年　男の子はスポーツなら女の子よりも上だよ。
少女　男の子のほうが女の子よりも上のスポーツ「も」あるかもしれないけど、いろんなスポーツがあるわ。バレーボールなんかだったら、女の子のほうがうまいはずよ。
少年　女の子のスポーツでも、女の子よりうまい男の子はいっぱいいるぜ。
少女　きっと何人かはいるでしょうけど、「ほとんどの」女の子のスポーツでは、「ほとんどの」女の子はほとんどの男の子よりもうまいわよ。
少年　わかった、でもほとんどの男の子のスポーツでは、ほとんどの男の子はほとんどの女の子よりもうまいもんね。
教師　君が言おうとしているのは、男の子のスポーツであっても、ほとんどの男の子よりうまい女の子もいる、ということかい？
少年　いるかもね。
少女　だから、最初にあなたが言った、男の子は女の子より上だってのは、本当じゃないわ。

会話はその後、違う主題へと移ったが、クラスの誰にとっても、重要な点は明白になったはずだ。少年らも少女らも、「すべての男の子」や「すべての女の子」といった、ひどい一般化を行うことで、全員が、十把ひとからげの主張から出発している。だが、次第に、彼らは例外を認めざるを得なくなった。そして、次第に双方とも、女の子や男の子の相対的な力の差について、より事実に即した、より客観的な、より公平な立場を取るようになった。彼らは立場や意見を比較し、お互いの偏見を交換し合うが、現れてきたのは一種のコンセンサスであり、子ども一人ひとりが、最初に抱いていた立場よりも、偏りのより少ない立場を取り始めたのである。

一貫性を発見する

もし誰かが、次のようなことを言おうものなら、きわめて馬鹿げていると、あなたも同意するだろう。

ゴリアテはとても大きかった。
イスラエルはあまり大きくなかった。
したがって、ゴリアテはイスラエルよりも大きかった。

右記の推論の問題点は、明らかに、ゴリアテが他の「人々」に比べて「大き」かったということが、イスラエルが他の「国々」に比べて大きくなかったということと比較されていることにある。それゆえ、それぞれのケースにおいて「大きい」とは別なことを意味しているのであり、結果として、結論は偽となる。話し手は、「大きい」の語を「一貫性なく」用いているのだ。

今度は、誰かが次のような馬鹿げたことを言ったとしよう。

何人《なんぴと》［no man］も永遠には生きられない。
だが、女性［women］は男性［men］ではない。
したがって、女性は永遠に生きる。

またしても、ある語の用い方において一貫性が欠如している。まず、「men」が全人類の意味で用いられている。次に、それが人間の男のみを指して用いられている。したがって、推論は無効で非論理的となり、結論はそこに連続していない（つながっていない）。

さて、別の種類の一貫性の欠如を考えてみよう。誰かが、「すべて上に上がるものは下がらなくてはならない」という、十把ひとからげの発言をしたとしよう。だが次に彼はこう付け加える。「もちろん、私たちがロケットを宇宙に打ち上げても、それらは地上に落ちてはこない」。彼はおそらく、その二つ目の発言が、一つ目の発言と矛盾することに気づいてはいない。そして、二つ目の発言が真である以上、彼の一つ目の発言は偽でなくてはならない。したがって、ここでもまた私たちは、ある人がある立場を取ったのち、その主張を守り通すことができない、という問題に直面する。ここでも、彼はやはり一貫性の欠如の責めを負わなくてはならないのだ。

こうしたケースは、「不注意な考え方」の例である。私たちが、不注意な仕方で考えていることに気づくとき（そもそも、一貫性の欠如とはふつう心的な不注意の一例である）、私たちはそれに可笑しさを感じたり、恥ずかしさを感じたり、あるいはその両方を感じたりするのではないだろうか。ところで、子どもたちに、その推論において一貫性を欠いた考え方をすることが推奨されるべきでないのと同様、不正確なかけ算や引き算をすることも推奨されるべきではない。実際、もしあるとき、誰かが、たとえば四と五を足して九だと言ったとしよう。またあるとき、それが十七や、はたまた三になったと言ったらどうしよう？　そんな人物があなたの銀行口座を管理していると想像してみてほしい。

子どもたちは、非常に幼い年齢の頃から、言葉を注意深く用いるよう促してやらねばならない。いかに、言葉の意味が、発言または段落のなかで、その発言や段落の意味をずれさせることがあるかに、気づかせてやらねばならないのである。

もし誰かが非一貫的であることに固執するとき、私たちにできることは、せいぜい、なぜ彼らがそうするかの理由を説明するよう求めることだけだ。もし一貫性の欠如の理由を見つけられなければ、ひょっとすると彼らは、それに固執することが弁護不可能であることに思い至って、たまには理性的に考えてみようとするのではないだろうか。

もう一つの一貫性の欠如の例は、次のようなものだ。ある著名な教育者がニュース記事を元にパラフレーズしたものである。

より教育水準の高い地域において、インフレが多くの深刻な問題を引き起こしたとはいえ、暗雲のなかに希望の兆しが見えることもある。より高い教育費の結果、多くのより貧しい「poorer」学生が大学に行くことができなくなるだろう。だが大学というところは、いずれにせよ、能力のより低い「poorer」学生をどうにかして排除する方法を探してきた。したがって、たぶん、それはすべて最良の結果に結びつくことだろう。

見てすぐわかるように、初めの「poorer」の語と、二番目の「poorer」の語の用いられ方には意味のずれがある。前者は「経済的に」より貧しいという意味なのに対し、後者は「学問的に」より能力が低い、という意味だからだ。この説を述べた人物は、明らかに、大学が経済的に裕福でない学生を排除することに積極的であるべきだと、意識して示唆しようとはしていない。だが、どちらにせよ、その文章からそうした含意が読み取れることに変わりはないのである。

言葉の上での一貫性の欠如に加えて、言葉と行動、また、行動のみにおける一貫性の欠如というものもある。たとえば、ある女性教師がある男の子に、自分は彼の幸福をとても気にかけていると言ったあとで、彼のことを無視するようなことをしたとき、あるいは、ある人があなたのためにドアを開けて押さえてくれていて、最後の最後に手を放してあなたの顔にドアをぶつけるようなとき、そのちぐはぐな言葉と行動のあいだ、または行動と行動のあいだに、一貫性の欠如がある。こうした一貫性の欠如は、先に述べたような言葉の上での一貫性の欠如と関連性がある。たとえば、それらは次のような「矛盾」として描写できるだろう。「彼女はティミーのことを気にかけていましたし、気にかけていませんでした」「彼はあなたのためにドアを押さえていてくれましたか?」「えーと、押さえていてくれましたし、押さえてくれていませんでした」。子どもたちが言葉の上での一貫性の欠如を認識することを学びながら、彼ら自身のあり方と、それについての行動に関する一貫性の欠如を認識できるよう、うまく導いてやらなくてはならないのである。

もちろん、どんな一貫性の欠如でも、すべて問題を生じたり、人騒がせであったりするわけではない。腰掛けに片足をのせて、もう一方の足の靴のひもを結んでいる道化師や、これから話す話は真実だと請け合うコメディアンなどは、可笑しげな非一貫性を披露することの達人である。そして、思慮深い哲学者たちは、哲学の黎明期以来、パラドックスと呼ばれる特殊な一貫性の欠如について、頭を悩ませてきた。一貫性の欠如を認識することを学ぶ上では、一貫性への要求が「つねに」適切であるわけではないということに、次第に気づいてゆかなくてはならない。そのためには、いつ一貫性の欠如が混乱を生み、誤解を招き、ひいては欺瞞ともなりうるのか、そして、いつそれが滑稽な、あるいは含蓄に富んだものとなりうるのかを認識することが必要となるのである。

「信念の理由づけ」の実現可能性を発見する

さて、いまあなたは、時間通りに学校に着くことに困難を抱えていたとしよう。そう、あなたの目覚まし時計は壊れていて、あなたの自動車のバッテリーは弱まっているのだ。そして、いまや、あなたの学校の校長があなたにこう尋ねる、「あなたは明日の朝一番の授業に時間通り来られると思っているかい」と。そして、「そう信じています」と、あなたは答える。そして校長は、あなたが「なぜ」いま、明日時間通りに来られると思うかについてあなたに尋ね、あなたを驚かせる。あなたの答えはこうだ、「私の時計はすでに修理されました、そして、私は新しいバッテリーを手に入れました。私が遅れる他のどの理由も思いつきません」。つまり、このようにして、あなたは自分の抱く信念について理由を与えるよう要求され、そして、あなたはその理由を与えたのだった。

　普段はもちろん、誰もあなたの信念に対する理由を挙げるよう要求などしない。しかし、時々あなたは自分の信念のいくらかがまさに崩れたと理解せずにはいられないことがあるのだ。あなたが時間通りに学校に到着すると完全に信じていると考えてみよう。すると、あなたは車のタイヤがパンクする日に遭うという可能性を見いだす。さてこの場合、時間通り学校に到着するというあなたの信念にはどんなことが起こりうるだろうか？　あなたは他に利用できる移動の手段も持っていないわけだから、あなたはもはや時間通り学校に到着するということを信じ続けることができなくなるのだ。別の言い方をすれば、あなたはもはや、時間通りに行くと信じるための「いかなる理由も」持っていない。だから、あなたは、誰かがあなたのところにやってきて、車に乗せて行ってくれるという可能性を信じ続けることができなくなるのだ。もちろん、それでもあなたは「望む」かもしれない——しかしながら、誰かが実際にあなたのためにそうしてくれるという理由をあなたは持っていない。

　あなたの行動と考えの多くは、あなたの信念で決められるものである。学校がそこにあると信じて、あなたは毎日学校に行くわけであるし、それがまだそこにあると信じて、あなたは毎日家に帰るのである。もしそのような仕方で成り立つものを信じないとするならば、現在、習慣に基づいて行っている多くのことを、あなたは行わないだろう。

　しかし、こうしたことはあなたの信念が可能な限り健全であることの、理由でもあるのだ。そして、こうした健全さを点検する良い方法は、理由や証拠をその場で提供できるということである。あなたが信じていることは、人生についての見通しの基盤であり、そして、生きる方法の基盤でもある。自分自身の信条の土台がぐらついてしまうことを望む人などいるだろうか。

　こんなふうにも考えてみよう。もしあなたがこれから家を買おうとするのなら、あなたは確かに建物の基幹部のまわりを点検したいと思うだろう。その家は非常に素敵な家であるように見えるのだが、しかし、至る所に水がしみ出ていたり、崩れていたりするレンガで作られていたりするような脆弱な基礎に載せてある家かもしれない。さて、同じことはあなたの知性という建造物についても正しく当てはまる。あなたは知性という建造物が丈夫な基礎の上に成り立っていることを望むはずである。そして、あなたの信念の体系が丈夫な場合だけ、知性という建造物もまた丈夫であることができるものなのだ。

　こうした理由で、子どもたちが互いの考えに疑問を呈することは有益なことである。部分的には、それは遊びの気持ちから行われる。また部分的には、それは競争心や議論好きの気持ちから行われる。（ただ、どんなゲームでもそうだが、それを行う個人にとって酷く厳しいものになる可能性はつねにある。）しかし、それがとても有益となりうるのは、それがある種の対話だからであって、しかも、それは問題を尋ねている人にでなくて、答えを考え出している人（つまり、彼が信じている信念に理由を与えるように求められている人）にとって、有益になりうるのだ。そしてそれは、いま起こっていることに耳をすましたり注意をむけたりするような人にとって有益である。それは、子どもたちに、いま現に信じていることをなぜ自分たちはその通りに信じているのかについて、もう少しだけ考えさせることになるだろう。

　いつも次のことを思い出すようにしてみよう。話していることが行動の大部分である子どもたちが自己を表現する「彼らの」権利を訴えているあいだ、そこで話されていることを、座りながら熱心に聞いている子どもたちが「聞く」ことによって「彼らの」権利を表現している、ということ。また、彼または彼女を沈黙させることによって話者の権利を侵害するならば、あなたは話者が言わなければならなかったものを聞くために聴く者（リスナー）の権利を等しく侵害している、ということを。しかし、もちろん、あなただけは、教師として、何がクラスの対話に関連するか、そして、何がそうでないか見る目がある人でもある。あなたは、無関係な話題について話すと言ってゆずらない話者の話をやめさせるのに躊躇するべきではないのである。

要するに、理由を与えられることについての三つの明確な理由がある、ということである。第一に、毎日、あなたがそれらに従って行動しなければならないので、あなたの信念がしっかりしていて信頼できるということを知ることはよいことである。何かがうまくいかないならば、あなたは信念を点検した方がよい。第二に、対話において、あなたの信念に疑問を呈されるかもしれない。あなたは、理由を彼らに提供するよう頼まれるのだ。先ほど右で触れた議論のおかげで、あなたはそのような要求に向き合う準備ができているだろう。そして、第三に、あなたには特定の信念について何かの正当な理由があるかもしれないが、しかし、それらはまだ、あなたがその特定の方向を信じることを正当化するのに十分でない場合がある。理由がいつになったらまさにふさわしいものになるのかについて言明することは難しいことである。しかしあなたがより多くの理由を見つけることができればできるほど、それが良いことであることは明らかなことだ。

包括性を発見する

人は、それぞれのテーマに関して正しい考えを持っているだけでは不十分である。つまり、このことに関してはこう信じていて、あのことに関してはこう確信しているというだけでは不十分である。というのは、それらの細かい断片的な考えを寄せ集めても、結局は、何にもならないかもしれないからだ。一般的に私たちは、自分の信じていることや考えていることに、まとまりがあることを望んでいる。自分の思考や価値観が何らかの形で関係し合っていて、行動を起こすときにはそれを当てにしたいと思っている。だからこそ若い人たちには、ただいろいろな考えを大切にして尊重するように教えるだけでは足りないし、ただ正しい合理的な考えを持つようにさせるだけでも足りない。考えと考えのあいだのつながりを理解してもらわなければいけないのである。つまり、複数の考えが関係し合ったり、合流し合ったり、支え合ったりしているのを分かってもらわなければならない。そうして初めて、その人にとって有用でずっと使えるような、思考のネットワークを築き始めることができる。

このときの教師の役割はとくに大きい。教師は、子どもたちが普通はしたことのないような経験を、世界のなかでしてきている。教師は、世界で起きている様々な物事がどう関係し合っているのかをよく知っている。したがって、教師は子どもたちに、一つ一つの考えのあいだのつながりが分かるだろうか、と問いかけることで、子どもたちを指導できる（教師にはつながりが見えているが子どもたちには見えていないときには）。また、その際、子ども自身の考えを、身の回りの出来事や住んでいる世界へと関連づけるのを手伝うこともできる。子どもたちが手探りの状態で考えているときには、つながりを見つけるヒントになることを言ったり、子どもの考えが持ちうる含意や帰結を気づかせるようなことを言ったりすることができる。子どもたちが考えたことを何らかの文脈のなかに置いてやることで、その考えの持つ意味をさらに深く理解できるようにすることもできる。ある考えを大きな背景のもとに置いてやると、背景が広く包括的であればあるほど、その考えの持つ意味が豊かになってくるからである。

哲学の小説を読んでいて新しいエピソードが出てくるたびに、子どもたちはそのエピソードに集中するだろう。ところが、その集中力が強いために、本のなかですでに起きたことを思い出さなくなることもある。それに気づいたら、教師は子どもたちに質問を投げかけて、すでに何が起きたか、そのあとに何があったか、といったつながりに気づくように仕向けるとよい。現在・過去・未来をつなげて一つの連続した人生として見ることが、子どもが適切な自己像を育んでいくうえで、一番よい訓練となるだろう。

私たちは大人として、世界を経験するときに大人と子どもがどう違うのかに注意を向けなければならない。子どもは普通、自分の置かれた状況が持つ影響力を、一つの全体として感じている。たとえば、全体として「楽しい」とか「酷い」とかいったように、「優しい」とか「嫌われている」とか、「恐い」とか「居心地がいい」とかいったように状況を体験している。大抵の場合、子どもは状況をあまり分析していない。それに対して大人は、様々な物事のあいだの関係やつながりを学んできているので、自分の状況が持っている一つ一つの特徴を、それぞれ切り離したうえで把握することができる。

そのため大人は、子どもも自分と同じようなやり方で状況を把握すべきだと考えがちである。つまり、状況の持つ個々の細かい特徴に着目して、その一つ一つを組み立てるようにして状況を把握すべきだと考えがちである。しかし、そうではなく、子どもは状況を自ら探索し、そのなかにある要素を発見し、別々の要素を解きほぐし、要素どうしのつながりを理解すべきである。だから、個々の要素のほうから出発して最終的に全体へと行き着くことを重視する大人は、子どもの持つ傾向とは正反対のことを求めている。子どもの傾向としては、全体から出発し、そのあとで構成要素を見分けるという順番になっているからだ。

言い換えれば、子どもは自然な傾向として、分析をしたり違いを感じたりするよりも、推測をしたり包括的な捉え方をしたりしている。教師は、子どもが本来感じている全体の一体感を生かして指導するとよいだろう。

状況を発見する

最近、子どもに物事を決めさせるための教育ということがよく言われる。刑事、フットボールのクォーターバック、会社の役員がそうであるように、子どもにも決断力が必要だと思い込んでいる人々がいるのだ。選択をするよう求められる状況で、子どもができるだけ知性を使うべきだということは、疑う余地がない。確かに、したい遊び、読みたい本、調べて追究したいことなどを選べるときに選ばなかったら、子どもはそこにある機会を十分生かさなかったことになってしまう。

ところが、時間をかけて事のなりゆきを見たほうがよい場合や、事情がはっきりしてくるまで待ったほうがよい場合もある。そのような場合に、子どもに決断するよう迫ると、未熟な決断力では、むしろ悪い結果になってしまう可能性が高い。教育の場面で、子どもに対して例となる状況を提示するときには、骨組みだけの概略的で具体性に乏しい例を提示することが非常に多い。そのような例だと、未来には何が起きるかがほとんど予測できないので、合理的な決断を下すことは誰にもできないだろう。にもかかわらず、子どもにそのような作り物の状況を与え、自分ならどうするか決めなさいと迫れば、決断を下す練習になると考えられている。だが、決断をあまり重視すると、結果ばかりを重視して、過程をおろそかにすることになる。子どもに教えるべきなのは、決断が必要になったときに、どのように状況を把握するのかということや、どうすればその状況の特殊性を正しく見て取れるのかといったことである。子どもにそれができれば、状況がどう成り立っているのかや、何が変えられないのかも分かる。すると、選択するのも簡単になるかもしれないし、必ずよりよい選択ができるようになる。

私が作った哲学的思考のプログラムでは、道徳が関わってくる状況の例を子どもに提示することがある。たとえばデールは、国旗に敬礼すべきかどうか悩んでいる。アンは友人のスーキを、面白いからと家に持ち帰って親に見せようとしている。ビル・ベックはハリーに石を投げ、リサはミッキーが鞄を盗んだと言って責めている。ただ、これらのような道徳的な問題が関わる状況について子どもたちに読ませたあとに、自分が登場人物だったらどうするか言いなさいと求めることはしない。そうではなく、子どもたちに自由に、道徳的ジレンマの複雑さについて話し合い、分析し、解釈し、探求するようにさせている。そうすることで、教室の子どもたちは、本のなかで出合う状況が持っている微妙さや細かいニュアンスを、感じられるようになっていくのである。そしてその過程で、子ども自身が日常生活で出くわす状況の道徳的側面も、敏感に感じ取れるようになっていくと期待できるのだ。

哲学は、決断力を育てるための自己啓発プログラムではない。それどころか、哲学は決断を難しくしてしまうかもしれない。二つの可能性から自分のすることを決めるときにも、選択の幅を広げてしまうからである。

自分で何かを決めるための手段として、きちんとした妥当なものが子どものなかにまだ育っていないのに、子どもに決断を強いると、挫折感や、場合によっては屈辱感を味わわせることになる。それが空想のなかの決断でも、子どもが理想的だと思う決断でも、強いられた決断ならば同じことである。本人にその準備がないのに、無理に子どもを特定の状況に置いたところで、子どもの自尊心を高めることにはならない。むしろ、自尊心を著しく低めることになってしまう。

それでは、倫理的な判断をするための手段が子どものなかに育っていなければならないとすると、その手段とは何だろうか。それは、お互いの視点を尊重することや、一貫性を持った理由づけを行うことや、ほかの選択肢を想像する能力である。また、人間関係に含まれる細かい要素のうち様々な重要なものに気づく感受性もそうだし、大体似たような状況をまとめて同じように扱うのではなく、そのときの状況の独特さを感じ取り、その状況で何が正しいかを感じ取る能力もそうである。これらのようなものが子どものなかで育つために、慎重に手助けして後押ししてやらないと、子どもは道徳に関わる状況を恐れ、辛いものだと思い、それを避けるようになってしまうだろう。

役立つかもしれない工夫として、子どもに演技をさせるというものがある（パントマイムをさせて、無声映画のようなおどけた演技にするのもよいだろう）。演じる状況は、たとえば、混み合ったバスを怒りっぽい運転手が運転しているところに、やんちゃな子どもをたくさん連れて乗ってくる女性だとか、マクドナルドの注文カウンターに夏休み中の子どもたちがお腹を空かせて押し寄せ、へとへとになっている二人の店員、といったものだ。または、痒いのを我慢しながら綱渡りをする人を見る観客の反応とか、家でレポートを採点しようとしているのに、自分の子どもが家を滅茶苦茶にして、テレビを見て、皿洗いは嫌だと文句を言っている、そんな教師の家庭生活、というのもある。そうした状況はいくらでもその場で考え出せる。大切なのは、子どもたちがその状況にいる人になり切って、さらには、決断の必要に迫られていることをとくに強調することなく、演技することだ。決断がやってくるなら、やってくればよい。自然の流れに身を任せ、状況について騒ぎ立てず、状況による自意識もないまま、決断がやってくればよい。要するに、決断というものを大げさに考えるのはやめたほうがよい。その代わり、生きているなかで起こりうる状況を想像し、そのなかに入るよう子どもたちに促すことによって、そうした状況が実際に起きてもよいようにしてやることに重点を置いたほうがよい。そのときに想像する状況のなかでは、その状況が持つ微妙なニュアンスを把握することが重要であって、その状況でせざるをえなかったりしなくてもよかったりする個々の選択が重要なのではない。

状況を見る目を養った子どもは、状況の持つ個性を洞察でき、状況の持つ不満足な面を改善するためにできることの選択肢を想像でき、自分が本当に合理的で妥当だと思う選択肢に基づいて行動する勇気を持つことができる。そのような子どもなら、価値観を明確にするプログラムや決断力のためのプログラムはいらないだろう。そのとき子どもは、すでに道徳的に責任ある個人となっているからだ。

部分と全体の関係を発見する

自分が学校にいる子どもだと想像してみよう。学校生活では、子どもが強烈な意味を感じる場面がたくさんある。そのような強烈な意味を持つ出来事のなかでも最も重要なのは、大きな全体像の一部のように感じられる出来事だろう。

たとえば、あなたが演劇に出ているとする。台詞は数行だけだ。それでも、あなたが自分の役を大事だと思うのは、その役が演劇全体の一部をなすということが分かっているからだ。あなたに与えられた台詞の意味は、ほかの人の台詞に完全に左右される。そのことをまじまじと実感して、全部の役の台詞を覚えようとさえするかもしれない。そうすれば、演劇全体の意味と、演劇全体のなかで自分の役が持つ意味を、もっとよく理解できるからだ。

あなたが学校で野球部に入っているとしよう。打席に立つ瞬間を待ち望んでいるかもしれない。しかし、当たり前のことだが、バットとボールを手に一人でグラウンドに立っているのと（これはあまり中身のない経験だろう）、盛り上がっている試合で打席に立つのとでは、まったく違う経験だろう。試合中の選手はみな、他の選手の動きを注視しており、そのため、両方のチームのすべての選手に気持ちを入れ込んでいる。あなたが打席に立つと、外野手たちが「あなたを相手にプレーしている」と感じるだろう。そして、投手と捕手があなたを打ち取るために練った仕掛けを感じるだろう。同時に、あなたのチームメイトは、打席にいるあなたの身になり、同じ経験をしているつもりになっている。あなたは、チームメイトの期待を感じ取る感受性をすでに身に付けてきている。あなたは打者としての役割を自覚している。それはつまり、あなたが、試合に出ているすべての選手にとって打者というものが持つ意味を自覚し、あなたの役割と試合そのものとの関係を自覚しているということだ。

あるいは、あなたが学校のオーケストラ部の部員だとしよう。学校で演奏するときのあなたのパートは、ごくささやかなものだが、欠かすことのできないパートだ。楽器で出す音は一つだけしかないが、その演奏を失敗すれば、曲全体に深刻な影響が出てしまう。だからこの場合も、一つ一つの曲の演奏について、あなたはよく理解しているし、ほかの部員もよく理解している。また、観客も、一曲の演奏を一個の全体としてよく理解しており、この全体のなかで、個々のパートが合奏の一部として意味を持つことも分かっている。そして観客は、曲を構成する個々の演奏のおかげで、曲全体が意味を持つことも知っている。

このように、部分と全体の関係を学べる場面は、学校生活ではたくさんある。しかし残念ながら、大きな全体像があったとしても、学校でやっていることが全体像から切り離されているように感じられる場面もたくさんある。そうした場面では、何をやっているのか、なぜそれをやっているのか、理解できないように感じられる。学校生活が十分に統合されたものであれば、そうした経験をほとんどしないで済むだろう。個々の教科が教育全体にどう関連しているのかが分かるだろうし、一つの教科を学ぶための個々の段階が、その科目全体を学ぶのに必要だということも分かるだろう。頭を使うことと体を使うことの両方を交互に行うことに、どんな理論的根拠があるのかもよく分かるようになるし、指導に従う学習と創造的な学習を交互に行ったり、グループでの学習と自分一人でする学習を交互に行ったり、行動の時間と反省の時間を交互に設けたりすることに関しても同様である。

部分と全体の関係を理解することが、本章の前半で示してきた四つの目標の達成につながるとしたら、それはどうしてだろうか。四つの目標とは、推論能力の向上、創造力の向上、個人的成長と対人的成長、倫理的な理解力の向上である。

推論能力の向上　推論を教える際、論理的推論の法則や規則を教えるだけでは、それは無味乾燥な科目になってしまい、生徒たちは嫌がるだろう。そこで、児童文学を使って、そのなかで推論というものを発見できるようにしてやるとよい。また、そのとき学ぶ推論が、人生のより大きな文脈において価値があるということをわかるようにしてやるとよい。そうすれば、推論の法則を身に付けるのが、もっとずっと魅力的なことになるだろう。推論規則を学んでそれを使い、推論をただゲームのようにマスターしていくのが、それ自体として楽しいということを否定しているわけではない。しかし、論理法則をゲームのようには思えない子どもは多い。そうした子どもにとっては、論理学の学習はかなりつまらないものとなってしまうだろう。また、一つの教科で学んだ推論が、ほかの教科でも推論として使われていることを子どもが発見できるようにしてやるほうがよい。学んだ推論が、一つの科目に限られたものではなく、校庭にいるときや放課後であっても役に立つということが発見できるほうがよい。そうすれば、推論の学習でやっていることの効果のすべてが、とても刺激的なものになるだろう。

創造力の向上　美にまつわる関係といえば、その定義はまさに、部分の全体に対する関係である（あるいは部分どうしの関係である)。芸術に携わるということは――つまり芸術作品を制作するということは――部分を全体へとまとめていく作業に携わるということである。当然のことながら、芸術作品が持つこの本質的な特徴に対して感受性がなければ、子どもの発達と子どもの創造力は著しく阻害されてしまいかねない。ここで強調したいのは、二歳から七歳までの幼い子どもには、部分と全体の関係を簡単に取り扱える能力が見られるということだ。残念なことに、この能力は思春期前までに崩壊していきがちなのである。その頃になると、細かいことを気にするようになって、全体のまとまりを忘れることになりかねない。また、全体の調和に対する感性もなくなりがちである。こうした欠点について、子どもの心で起きている混乱と関係があると言われることがある。つまり、子どもの心のあり方が失われ、扱いにくい思春期のあり方にぶつかることによって混乱が起きているというのである。もし子どもの学校生活が、部分と全体の関係として意味のあるものに満ちていたとしたら、そして教師が、知識の断片を子どもの経験にとってより大きな文脈につなげるということをとくに注意して行っていたら、部分と全体に対する理解は希薄になることなく、積み重ねられていくだろう。

個人的成長と対人的成長　自分個人のアイデンティティ、将来の職業、大人になってからのライフスタイル、家族からの期待、仲間との関係、教育に対する複雑な気持ち、などといったものについて、子どもが混乱を感じているとする。こうした混乱を解消するには、子どもが自分の生き方の基本的な方向性を振り返り、それを分析するよう促してやるしかない。だが、そのためにはどうすればよいのか。子どものための哲学というものが、論理学や批判的思考のプログラムにすぎないとしたら、子どもの混乱を解消するのに役立つことは当然ないだろう。しかし、子どものための哲学は、その程度のものでは全然ない。子どものための哲学は、子どもが懸命に理解しようとしている問題や概念について対話することを含んでいる。そしてこの対話は、過去の哲学者たちが作り出した考え方を、様々な意見の一つとして見ていくことと結びついている。自然にしなさいと言われた子どもがいたとして、自然とは何だろうか。自分自身でありなさいと言われたとして、自分自身とは何だろうか。社会の習慣を学んで尊重しなさいと言われたとして、習慣とは何だろうか。

子どもは、自分が過ごしている時期の人生経験にはいくつか重要な場面があり、それらを反省する必要があると感じている。手際よい社会的行動や手際よい個人的行動のための処方箋を子どもに与えさえすれば、子どもにとっての問題を全部解決できると考えても、子どもがその処方箋のなかの用語を理解できなければ、そのやり方は間違っている。大人は子どもに対して説明したり命令したりするが、そのとき、説明や命令で使っている用語や概念を子どもが理解しているものと思い込んでいる。しかし、そう思い込んではいけない。世界についての見方を子どもに対して示すとき、また、そのような世界で子どもがすべきことを指示するとき、大人が使う言葉や概念がある。そうした言葉や概念が、大人の世界の見方に密接に関わる部分を形作っていることを、子どもは感じ取っている。人生の哲学として、古い世代が若い世代に持ってほしいと思うものがあっても、それを表現する用語のせいで、若い世代にとっては受け入れられないものになってしまう。それだから、私たちがあれやこれやの用語を使うとき、子どもはいつもその意味を知りたがる。子どもは、用語そのものが気になっているだけでなく、その用語を含んだ教えを気にしているのである。もっと説明をしなければ、その教えを受け入れるところまではいかない。子どものための哲学は、子どもが自分で考えるように促すことに真剣に取り組む。そして、自分自身の人生の哲学を見つける手助けをする。そうすることで、自分のアイデンティティの感覚を、より確固たるものにしていくのである。

倫理的な理解力の向上　本節の冒頭では、部分と全体の関係を、演劇、野球、音楽の演奏を例にとって説明した。これらの例のそれぞれでは、その文脈で正しい行動とはどういう意味かについて、明示的にであれ、暗黙にであれ、理解されている。演劇では、俳優が一つの台詞を語るのを聞いて、舞台監督がこのように反対するかもしれない。「いや、それでは駄目です。もっと正しい言い方があるはずです！」。バッティングコーチは新人選手に、バットを振るときの体の正しい使い方と間違った使い方を説明するだろう。オーケストラの指揮者は、楽団に曲の一部分を何度も演奏させ、厳しく批判するうちに、こんなふうに言うかもしれない。「そうです。それが正しい演奏です。できるようになりましたね」。このように「正しい」という言葉を使うとき、その使い方が適切であるということを、そこにいる誰もがよく理解できている。このことは非常に啓発的である。先に挙げた例のなかの人は、正しい行動がそれ自体として正しいわけではないということを理解している。つまり、その行動が文脈全体の一部分として置かれていて、その行動が文脈全体との関係で正しいということを理解しているのである。

子どもの倫理的理解力の向上を促すためには、子どもがしようとしていることと、それをしようとしているときの状況との関係がわかるようになるよう助けてやらねばならない。一部分が文脈全体にとって適切かどうかを判断しなければならない場合というのは様々にあり、そのことを子どもは知っている。だから、子どもが何かをしようとしているときにも、そうした一部分を見るのと同じように、部分と全体の関係がわかるよう促してやるとよい。したがって、状況が持つ倫理的側面に対する子どもの感受性を育てる際には、そのような側面に対して自分がこれからしようとしていることが、適切なのか不適切なのかを感じ取れるようになるように仕向けるべきである。そのような適切さは、演劇、野球の試合、音楽の演奏の例のように、少なくともその場では「正しい」と判断できるようなものだ。（他人、自分自身、社会の組織に対する）自分の具体的な行動の結果をもっとよく考えたうえで、最初の判断を見直すこともあるだろう。しかし、道徳に関わる状況の概略を鋭く認識できるようになることや、自分のしようとしていることがその概略の形状のなかにどう当てはまるか（「正しい」当てはまり方をするか

「間違った」当てはまり方をするか）を感知できるようになることは、倫理教育の主要な目的の一つとされるべきである。子どものための哲学のプログラムは、部分と全体を理解する力の養成を強調する。そのようにして、子どもを倫理的な個人に育てるうえで、効果的な役割を果たすのである。

第6章　教えるための方法論——価値の考察と実践における基準

子どもたちに自分の頭で考えさせる

子どもたちに哲学的な考え方をさせる方法は、簡単に身につけられるものではない。それはいろいろな意味で機械的なテクニックというよりも芸術的な技巧に近く、ちょうど、オーケストラを指揮したり、演劇で演出をしたりするのと同じような力が求められる。だから、指揮や演出と同じように何度も反復するのが大切であって、カリキュラムをクラスに取り入れて一回目や二回目でうまくいかなかったとしても気落ちする必要はない。

子どものための哲学のカリキュラムを一つでもやってみると、わかることがある。教材を紹介するタイミングがとても重要で、それがカリキュラムの成功を大きく左右するということだ。哲学を教えるときに大切なのは、生徒たちからテーマを引き出し、何度もそのテーマに戻り続けることだ。そうすることで、授業が進んでいくなかでディスカッションの骨組みとして生徒たちのテーマを組み込むことができるようになる。カリキュラム全体を見てみると、ある小説のなかに登場する哲学的なテーマが、毎回少しずつ深くなり、広くなり、洗練され、何度も登場することに気づくだろう。それは、ある知識を身体に染み付くまで教え込んでから次に移るという「断片的な教え方」とは異なっており、この「有機的な教え方」では、初めに哲学的な概念に軽く触れたあと、繰り返し出てくる題材と関連づけることでその概念に対する理解を深めていく。

『ハリー・ストットルマイヤーの発見』『リサ』『スーキ』『マーク』『トニー』を見直してみると、この教え方が、この小説のなかに組み込まれていることが分かる。このフィクション作品の内で登場人物は、何世紀もかけて示されてきた推論の方法や、様々な哲学的な考え方の発見に自分自身の力で苦労して辿りつくことになる。小説に登場する子どもたちが、新たな発見をするとき、基本的に反省を伴った対話という手段が用いられている。仲間や教師、両親や祖父母、親類たちとの対話のなかで、会話と心のなかの反省とが交互に繰り返されながら、物語の人物たちが何かを学んでいくというのはよくあることだ。そして、現実世界の生徒たちもまた同じように、話し合いや考え抜くことによって学ぶようになるのである。

しかし、だからといって教師のすることは何もないというわけではないし、きわめて少ないというわけでもない。また、来る日も来る日も子どもたちに小説について議論させることだけが学びだというわけでもない。ましてや、知識が最初から何らかの形で生徒たちのなかにあり、教室でただそれをまとめてやるだけですべてがうまくいくというわけでもない。それどころか、哲学的な学びは主に、子どもたちが自分の周囲の環境と交流することによって起こるということが読み取れる。ここで言う環境とは、教室という空間、他の子どもたち、両親、親族、友人、地域の人々、メディア、そして先生たちなどから成り立つものである。

しかしながら、少なくとも教室においては、その環境をうまく扱って、子どもたちの哲学的な意識が成長し続けていく可能性を高められるのは教師である。また教師は、哲学的な小説の各章からテーマを引き出すことも、生徒たちが見つけられなかったテーマを指摘したりすることもできる。さらには、生徒たちがテーマを自分の経験と結びつけられずに苦労しているようならば、教師はそれを手伝ってやることもできる。また、教師は普段の姿を通して、哲学がどれほど人生に違いをもたらすか——言い換えれば日々を意義深いものへと変えうるか——ということを示すこともできる。その上、教師は、質問を通してつねに生徒たちに視野を広げる様々な見方を紹介し、独りよがりや自己満足で終わらないようにさせることもできる。そういった意味で、教師はうるさ型であって、生徒たちが主体的に行動するようにさせ、生徒自身が考え出したことに基づいて話を進め、生徒たちが辿りついた思い込みを問い直すのを助け、より良い答えを導く方法を示すのである。それを成功させるには、教師は哲学だけを知っていればよいのではない。子どもたちが理解に苦しんでいるときにそれをサポートする方法を探し求め、質問をしているときに正しいタイミングで知識を示す方法も心得ていなければならない。

もちろん、子どものための哲学プログラムのなかには、心の性質や子どもの学び方について、ある程度、暗黙の了解がある。まず、子どもたちの心は、「教育される」ために情報や知識で満たされるべき空っぽの受け皿と見なされているのではなく、積極的に探究を行うことによって学ぶと考えられている。さらに、子どもたちは単に丸暗記的に学ぶのではなく、自分にとって大切な問題を解決することや周囲との関わりのなかで学ぶとも考えられている。ある知識が本当に子どもたちのものになるのは、話し合いや行動のなかで、彼らがその知識を目の前の課題に応用できるということを示せるようになったときである。それは、推論を行うことかもしれないし、校庭でのケンカを解決することかもしれない。ある言葉を口に出すことができても、それが意味する内容をうまく使いこなせないなら、その知識はその子のものになってはいない。覚えることになり下がった哲学は空しい。「誰がいつ何を言ったのか」あるいは「ある哲学的な考えと他の考えがどう異なっているか」を暗記すること自体を目的としてはならないのである。子どもたちが人生の大切な問題について自分たち自身で考え、自分自身の答えを見つけ出す能力を表したときに初めて、哲学は意義を持つ。哲学が、生徒たちをより豊かで意義深い生、つまりより善い生へと導く様々な可能性を開いていくにつれて、学校のカリキュラムのなかで重要な位置を占めるようになっていくだろう。

子どもたちが、単に字面を覚えるだけでなく様々な考えを本当の意味で理解できるように、子どものための哲学プログラムでは哲学者の名前を出さないようになっている（もちろん彼らの考えは紹介されるけれども）。教師も、教室ではそうした名前を使わない方がいいだろう。子どもたちは、いずれはそうした考えがもともと誰のものであったかを知ることになる。それでも、そういったことを知るのは、子どもたちが自分の経験の意味を理解しようとし、自らの視野を広げようと努力した結果、自分と他人とをより総合的に理解できるようになった後であるべきなのである。

哲学的思考を教えるための条件

教室のなかに、四つの大切な要素が備わっていなければ、子どもたちが哲学的な議論に積極的に参加することは見込めない。その四つとは「哲学的な探求を真剣に行うこと」「教え込もうとするのを避けること」「子どもたちの意見を尊重すること」「子どもたちの信頼を呼び起こすこと」である。

◆哲学的な探求を真剣に行うこと

子どものための哲学カリキュラムは、どんな教師でも使えるようには作られてはいない。子どもたちの間で行われる哲学的な探求は、何よりも一人の教師に委ねられている。教師は、子どもたちを理解し、哲学的な問題を敏感に察知し、哲学的な探求を深く真剣に行うという姿を日々の振る舞いによって示すことができる（なお、ここでいう哲学的な探求とは、それ自体が目的なのではなく、より善い生を送るための手段として用いられるものである）。教師たちは人生の大切な問題に対してより善い答えを導き出そうとする終わりなき探求を行う上で、子どもたちのお手本となることができる。そのため、彼らは子どものための哲学プログラムで最も重要な要素となるのである。このような真剣さは、教師たちの誠実さや、信念を持ちそれに基づいて行動すること、言葉と行動とが一致していることを示すことで証明されていく。

子どもたちが考えていることをしっかりと受け止め、それに寄り添うことができなければ、哲学を教えているとは言えない。子どもたちが自分の考えを言語化したり具体化したりすることを助け、そうすることで、子どもたちが自分の考えを振り返るのに必要なツールの開発を促進してあげる。そこまでを含めて、哲学を教えるということが成り立っているのである。しかし、この役割を果たすには、結局、教師たち自身がこうしたことが重要なのだと信じ、その模範を示さなければならない。哲学を教えることに長けている教師というのは、究極的には、情熱を伝えなければならないのだ。卓越した思考、卓越した創造性、卓越した人間性を追求する情熱を。もしかすると、生徒たちは哲学的な対話のなかでそれらの価値に気づき始めているかもしれない。

覚えておいてもらいたいのは、問題となるのが論理的問いであろうと、美学的問いであろうと、科学的問いであろうと、道徳的問いであろうと、あなたが子どもたちの側に促しているのは、探求のプロセスそのものに対する真剣さであるという点だ。子どもたちは最終的に、あなた自身の価値観と、あなたが教室で実現しようとしている探求のプロセスの区別ができるようになるべきである。あなたは何度も迷うことがあるだろうが、この「哲学的な探求を真剣に行うこと」というプロセスは、あなたが何度も繰り返し立ち戻るものになるだろう。

◆教え込もうとするのを避けること

教育の一つの目標は、疑問を持たない習慣や批判的な考えを抱かない習慣から生徒たちを解放することである。そうすることで、生徒たちは自分自身で考え、世界のなかでの自分の立ち位置を見つけ出し、時期が来れば自らの信念を確立するための能力を身につけることができるようになる。

子どもが人間としての自分を尊重していると考えて良いのは、子どもたちが、自分の備えている知的で創造的な能力を最大限に活用したときである。だから、子どもたちには、物事を見る自分なりの方法を身につけさせ、それをはっきりと示させなければならない。子どもたちは一人ひとり別々の価値観を持っている。しかし、もし子どもたちが自分たちの考え方や感じ方に思いを巡らせ、自らの関心や活動や必要とするものを振り返り、しっかりと考えた上でそうした価値観を身につけてきたのであれば、子どもたちが行った哲学的議論は彼らにとって有益だったと示されるだろう。子どもたちの物事の見方が変化したかどうかということは特に問題ではないし、哲学的問題についての意見が他の子どもや先生たちと一致していなかったとしても、問題にはならない。何よりも大切なのは、自分が何を考えているのか、また、なぜ自分たちがそのように考え、感じ、行動しているのか、さらにどうしたら効果的に推論することができるのかといったことを、子どもたちがより良く理解できるようになることである。

教え込まれることへの抵抗力を付ける意味で、哲学以上にしっかりと準備を整えさせる教科は他にない。他のどんな訓練をしたとしても、極限の探究が与えてくれる様々なものを得られることはないし、哲学以上に自分で判断する力を大きく伸ばせるものはない。しかし、哲学の力と権威には大きな責任がともなっている。

哲学的思考を訓練する過程がどんなものであっても、影響されやすい生徒たちに教師の価値観を植えつけるための手段として使われるならば、うまくいくはずがない。それは、相手が子どもであろうと大人であろうと変わらない。教師が自分の価値観が「正しい」と自信を持っていても関係ない。教師が自分自身の価値観を植えつけようとしたとき、それによって哲学は破壊されてしまう。

一方で、教師たちのなかには、教室で自分の価値観を生徒に一切明かさないよう非常に慎重にならなければならないと感じている人たちもいる。そういった人たちは自分たちの教え方が「あらゆる価値観から距離を取って」いるし、そうでなければならないと信じている。ただ、そうした教師たちは、生徒だけでなく自分自身も欺いているのかもしれない。どんな教育のプロセスであっても価値観をまったく含まないものは存在しないからだ。どんな教師でも言動のなかに自分の価値観を滲ませているが、ただそれは、声の抑揚、身振り手振りや表情、授業やテストの仕方を通してだけからかもしれないが、やはり価値観を滲ませている。そのため、哲学的な考え方を教える者は、自分たちが、子どもたちに自分の価値観を無批判に受け入れさせようとしてしまっていることを自覚しなければならない。それは、意識的にせよそうでないにせよ、どんなときでもそうなのだ。それに、子どもたちは、相手が自分たちよりも経験豊かな人間であっても理由なく尊敬するわけではない、という事実から教師は逃れることはできない。教師たちの態度は、どんなものであっても、自分の経験の重要さに確証を持てない若い人たちにかなりの影響力を持ってしまうことになるだろう。

哲学的な議論を行う生徒たちは、個々の論点や全体に対して教師が同意していようとしていまいとお構いなしに、自分で選んだ立ち位置を主張するべきである。生徒たちの考えにしつこく口出しをする教師は、教え込みの危険があるとまでは言わなくとも、少なくとも、遅かれ早かれ議論自体を阻害してしまう。生徒たちが教師の意見を客観的に扱うことができ、それに支配されないところまで成長して初めて、教師は自分の意見を議論に持ち込むことができる。――ただしそれも、生徒たちが教師の意見を望めばの話である。

教師が参加者に対して、一貫した矛盾のない幅広い思考を要求すれば、次のような疑問が自然と生じてくる。「教師は自らの価値観を強制しないよう求められているが、一貫性や無矛盾性や包括性を要求するのはそれとなんら変わりないのではないか?」。この疑問には、二つの答えがある。

一つは、一貫性や無矛盾性、包括性は、コミュニケーションが効果的であるかどうかの尺度として、また、問いが効果的であるかどうかの基準としてのみ価値がある、ということである。それらは、物事を考える際のしかるべき方法についてのものであって、何を考えるべきかを決めているわけではない。したがって、それらは方法論として考慮に入れられるべきことであって、内容に関わるものではない。

二つ目は、確かに、こうしたルールが助けというよりむしろ妨げになるような活動が他に存在するという答え方である。たとえば子どもたちは、自分たちの遊びに一貫性がある必要はないと気づくかもしれないし、家でのお手伝いが包括的である必要はないと気づくかもしれない。あるいは、込み上げるような詩的な情動を理路整然とさせるよう要求されれば、その情動が抑圧されているということに気づくかもしれない。言い換えれば、一貫性や包括性や無矛盾性は、哲学的議論や探究にとっては価値あるものだが、自分の意図を離れて偶発的に起こるような事柄や、先述の価値観とは無関係な日常的な事柄などといった生活の他の場面では必ずしもそうではない。

しかしながら、これでもまだ教え込むことと哲学することの間にある問題に完全に答えたことにはならない。さらにもう一つの疑問、「子どもたちに論理学を教えるのは、教え込みに当たらないのか」という質問が投げかけられるかもしれない。それに対して私たちは「ある程度のリスクはある」と答えざるを得ない。

確かに、『ハリー・ストットルマイヤーの発見』と『リサ』のなかには、アリストテレス論理学以外の様々な種類の形式論理学も登場する。そして、他の小説のなかにも、その小説と同じくらい非形式論理学への異なった様々なアプローチがある。私たちの精神活動を改善するにあたって論理学はほんのわずかの助けにしかならないので、論理学を学んだ子どもが必ず正しい推論を行うなどということは聞いたことがない。むしろ論理は、私たちが行った推論を評価する基準を与え、推論を行う方法の優劣を区別するのに役立つ。間違いをすべて取り除くことはできないかもしれないが、少なくとも、私たちが間違いを見つけるためには役に立つのである。

論理的な基準には決定的なものはない。それはちょうど、ある議論を行うために同意を得て承認された、議会の定めるルールのようなものである。よく知られているように、それが教室における議論であっても、「関係ない話はどんなものでも許されない」「議事進行を妨害してはならない」「暴力に訴えてはならない」といった基本的なルールに関しては、暗黙にであれ明示的にであれ、何らかの同意がなければ始まらない。同じように論理学は、理性的な対話を進めるための基本的なルールを定めるのである。

私たちが行った推論を評価するためならば、論理学を教えるのは教え込みの一種とは言えない。たとえば私たちは、文法というものを、ある言語を話すのが上手か下手かを区別するためのものだと考えている。子どもたちに論理的に考えるよう求めるのは、文法にそって話すよう求めるのと同じように教え込みには当たらない。その上、私たちがすでに指摘したように、ときとして、不適切だと思われる推論形式のなかにも無視できない価値があることがありえる。それはちょうど、小説家にはわざと文法を破るもっともな理由があり、詩人にはわざと論理を破るもっともな理由があるというのと同じようなものである。教師が伝えようとしなければならないのは、一定の文脈のなかで一定の目的を果たすためにであれば、文法にそって話し、論理的に考えるのが望ましいということである。

それにもかかわらず、子どものための哲学プログラムは、論理学以外の哲学の分野を教え込んでいるのではないかと問われることがある。言い換えれば、このプログラムには「隠された意図」があるのではないか、ということだ。プログラム全体が基礎とする何らかの価値観はあるのだろうか。

こうした問いに答えるために、私たちは、あらゆる教育プログラムには、明示的にであれ暗黙にであれ、必ず前提が存在するということを認識しなければならない。たとえば私たちは、教育のプロセスが探究のプロセスと多くの共有点を持つと想定している。

自由な探究は、子どもが発達するあらゆる段階で促すことができるものであり、しかも、子どもと社会の両方にとって健全で建設的な形でそうすることができるものである。ある年代の子どもがどの程度まで探究を行う必要があるのかということはまったく明確ではないし、大部分が教師の臨機応変さと感受性に任されている。しかし、あらゆる世代の子どもたちのためのプログラムは、子ども自身や他の人々を犠牲にすることなく、彼らの能力を解放することを目指している。自由な探究を行うことはこうした発達に対して他では得られない枠組みを与えるのだ。

◆子どもたちの意見を尊重すること

子どもたちの意見を尊重する上で前提となるのは、様々な意味で、あなたが知識それ自体に対して哲学的な観点を持っていることである。もしあなたが、自分はすべての答えを知っていると思い、真理への最短の道を知っていると考えているなら、誰かと意見が食い違ったときに相手の意見を尊重するのはかなり困難なことだろう。それは相手が子どもであれ大人であれ変わらない。しかしながら、自分の人生に対してそうであるように、あらゆる教育的な問題に対しても自分がなお完璧な答えを探している最中だと理解しているなら、自分が理解している説明よりもより包括的で意義のある説明を導き出すヒントを求めて、子どもを含めたあらゆる人々に一層耳を傾けることになるだろう。知識というものは、人間たちが自分の生きている世界を説明するために絶え間なく生み出され続けていると理解しているならばなおさらだ。

ある程度教育に関わったことのある人ならば、子どもたちがしばしば並外れた洞察力を見せることを知っている。子どもは世界を分析して、しっかりしたやり方で眺めることができるのだけれども、社会性がなかったり、行動の抑制がきいてなかったりする。でもだからこそ、子どもは見たことのないやり方で問題に取りかかる優れた力量をしばしば見せるのである。そして、この子どもたちの直観的な能力は問題をよりよく定式化するための手がかりとなる。

加えて、たとえ子どもの言った意見が、あまり現実的ではないと思ったとしても、子どもの成長に真剣になって取り組むことが自分の行動の指針になるはずである。子どもたちを「取るに足らない」と見るよりも、彼らを信頼し、共感を示しながら関係を築こうとする方がもっと建設的だろう。それによって、子どもたちに、自身がすべての答えを知っているわけではないことを認めさせることができるかもしれないし、世界が複雑で思うようにならない一面を持っていることを理解させることができるかもしれない。それができれば、あなたは子どもたちの考えをはっきりとさせるためのゆっくりとしたプロセスを始めることができる。そうすることで、子どもたちに、そうした見方が前提と結果について示唆していることを分からせるようにし、子どもたちを別の可能性へと導き、興味のある事柄について自分自身で考えるための道具を与えることができる。

◆子どもたちの信頼を呼び起こすこと

信頼というのは、子どもに哲学的なことを考えさせるために欠かせないというだけでなく、教師と生徒がしっかりとした関係を築く基礎にもなる。大人たちが子どもに対して見下すような態度をとり、恥をかかせようとしているとき、子どもは酷く敏感に反応するものである。子どもを軽く扱ったりけなしたりしたところで、それは一時的な効果しかない。それどころか互いの信頼関係に傷を残し、学習プロセスを台無しにしてしまう。すぐに他人の信頼を勝ち取れる人間もいるが、大抵の人は辛抱強く努力を続けなければならない。信頼を勝ち取るための完璧な処方箋《レシピ》など存在しないのだ。

私たちは、教室でのシチュエーションを三種類に分けて話をしなければならない。そのなかでも最悪なのは、子どもたちが恥をかいたり教室内で嫌われたりするのを恐れて教師の前で発言しない状況である。こういうことが起きてしまうのは、教師はどういうわけか、自分が子どもたちのありのままの姿を尊重するということを子どもたちに伝えてこなかったからである。つまり、子どもたちが自分の意見に賛成だろうと反対だろうと自分には関係ないということを伝えてこなかったのだ。

もう少しマシなのは、生徒たちは抽象的なことについて自由に話し合ってはいるが、教師の価値観と対立するような言動をしないようにとても注意深くなっているという状況である。この場合も教師はどういうわけか、教師に気に入られたがっている生徒は、教師の意見に楯突いたりしないものだという風に伝えてきたのだ。このようなことは大抵、言外に滲み出るものとして生徒に伝わり、生徒が哲学的に成長する上での深刻な妨げになる。

最も良いのは、言うまでもなく、子どもたちが教師の行動や価値観を批判することができる状況である。そのためには、教師がそうした批判を正しく扱ってくれるという信頼感を子どもたちが持っている必要がある。生徒を尊重する教師は、どんなときでも生徒たちから学ぶ準備ができている、ということをそれとなく態度に表している。このような教師は、子どもたちが時折見せる批判的な発言や悪意ある発言は、子どもたちなりに教師を試しているのだと気がつくことができるだろう。臆病で過剰に身を守ろうとする教師は子どもたちからの批判を不快だと感じるが、そうするとすぐに子どもたちからは、まだ信頼できないと見なされてしまうだろう。このように、自信がなく自分自身の意見を守ろうとする教師や、何かの理由のために自分の考えを頑なに、あるいは独りよがりに変えようとしない教師、子どもたちへの伝え方を変えようとしない教師は、おそらく子どもたちに哲学的に考えるよう促すことはできない。

このような教師は、生徒が失礼なことをしたときにおおめに見たりはしない。尊重とは双方向的なものであり、子どもたちの意見やニーズや関心事、そして子どもたち自身を尊重しない教師が、自分が教師であるというだけで尊敬の対象になると考えているならば、それは現実離れした考えである。

子どもたちが哲学的思考を行う手助けになる教師の振る舞い

誰もが、「さあ、考えてください」という指示を受けたことがあるが、そうされてもうまく考えることができないのはよく知っている。どちらかと言えば、そうされることで考えるのが妨げられてしまう。アイディアは強制されて出てくるものではない。教師にできるのは、より良く考えることを受け入れる雰囲気を作ること、また、子どもの心の働かせ方は本当に様々で、それぞれに応じて、やり方を変えて育ててあげるのが重要だと気がつくことである。

こういった意味で、考えるというのも一つの芸術であり、芸術家とは何かしら違ったやり方をするものである。芸術を教える教師は皆、子どもの創造性が持つ傾向を見極め、開花させてやるようにしなければならない。哲学そのものを教えるだけでなく、教師は様々な思考のスタイルを育て、洗練させられるよう準備をしておかなければならないし、その間も教師たちはずっと、内容に問題がない限りは子どもたちの思考はできるだけ明晰で、一貫性があり、包括的であるべきだと言い続けなければならない。もし哲学の教師たちが、教師の正しい役割は知的な厳密さと同じように知的な創造性も促すことだと心に留めておけば、子どもたちが『ハリー・ストットルマイヤーの発見』やそれ以外の小説に取り組むときに全員が同じやり方で取り組むようになるのが望ましいと誤って結論づけることは避けられるだろう。

たとえば、あなたが美術の授業を訪れ、生徒たちが全員似たようなものを描いているのを目にしたとしたら、きっとあなたは、教師が芸術教育の本質を誤解して、新しいものを生み出させる代わりに、同じような生徒たちを育て、同じような美術作品を作らせようとしているのではないかと思うだろう。同じように、哲学の授業を訪れて、そこにいる生徒たち誰もが同じような視点で物事を考えていることに気がついたならば、何かが間違っていることが分かるだろう。人間は一人ひとり異なった思考のスタイルを持っている。一人ひとりが異なった人生経験を持ち、異なった目的や目標を持っているため、一人ひとりの哲学も様々な側面を持つだろうと期待するのは当たり前のことである。

このような様々な哲学的探求やアプローチをさせるのは、教師の手腕にかかっている。哲学を学んだ生徒が共通して身につけるのは、結論ではなく、そこに至る手段である。つまり、哲学では理性的な対話を求めるが、それはあくまで自分の論点や結論に到達するための手段としてなのである。また、哲学は論理的に厳密であることを求めるが、それは効果的に考えるための手段としてであって、全員のアイディアを他の人と一致させることとはかなり異なっている。

そのため、教師の役割は子どもたちを手助けし、論理的な推論の規則や教室で議論を行う際の礼儀作法といった手段を習得させることになる。子どもたちに対して人生哲学がどうあるべきかを指示するのが教師の役割ではない。その意味では、小説のなかから手がかりを摑んで欲しい。これらの本に登場する子どもたちは一生懸命に理解しようとし、恐る恐る自分の態度を決め、新しい提案を受け入れる。そして、自分の経験だけでなく、他者からも学べるような共通する問いに全身全霊で取り組む。あなたはそういった冒険に共感するほど子どもたちを考えさせられるかどうか心配する必要はない。子どもたちは自ら望んでそのプロセスを歩もうとするからである。

◆話題が脱線しないようにする

考えることが一つの芸術であるように、教えることもまた芸術である。教えるときにいつも重要なのは、いましている哲学的な議論に関係のあることとないことを教師が把握していることである。普通、議論に関係のある発言と関係ない発言を区別するのはそれほど難しいことではないが、どちらとも言えないものもある。それに対して教師は慎重な姿勢を取らなければならない。十~十四歳の子どもたちは、しばしば、個人的な経験談を議論に出したがり、そのなかには気持ちの問題に過ぎないものもある。教師には、個人的な問題に焦点を当てる発言や、問題を詳細に描き出しより広く扱うための発言を許すかどうか選択肢が与えられている。個人的な問題に焦点を当てる発言は、それによって議論が哲学ではなく心理学セラピーの話になってしまう危険性を孕んでいる。授業はセラピーの場ではなく、教師もクラスメイトたちもそのためにいるのではない。

一方で、子どもたちが自分の興味あることを共有したり、何かしらの経験について個人的な体験談を語ることに問題があるわけではない。個人的な話が理解の役に立つような哲学的な問題を扱っている授業では、そうした個人的な話によって客観的で偏見のない理解がうまく導かれることもありえると教師はわかるのである。

その場合、個人的な話は、広範囲にわたる哲学的な問題を描き出すことに役立つものだと言えるが、ただそう言えるのは個人的な話を足がかりに哲学的な問題が探究されて、それにより教室にいる子どもたち全員が利益にあずかれる場合だけである。子どもたちの注意をただ単にその個人的な話そのものに向けさせてもそうはなることはない。

ある男の子が女の子たちからからかわれたと打ち明けた場合を考えてもらいたい。教師はこの出来事を一つの事例として扱うことができるかもしれないが、男の子にもう一度恥ずかしい経験をさせてしまう恐れもある。議論が向かう一つの可能性は、なぜからかわれたのかということに議論を広げることである。つまり、男の子にからかわれる理由があったかどうか、前日に男の子が女の子たちに何かしたのかどうか、などである。もう一つの方向性は、からかうという行為そのものについて議論することであるが、そうなるのは教師が慎重に導いた場合だろう。それはつまり、からかうとどうなるのか、なぜ人は他の人々をからかうのか、からかうことが何を意味するのか、などといった議論である。その議論は、突き詰めれば公正さとは何かという一般的な哲学的問題への道を開く可能性がある。しかし、こうした哲学的な問題へと至るには、教師が案内役を務め、議論を個別的な事例から少しずつ離していき、一般的な事柄に向かわせる必要がある。

この年代の子どもたちは、様々な問題について意見を共有したいと思うかもしれない。たとえば性について、善悪について、家族との関係について。こうしたトピックが哲学的な議論を行う上で肥沃な土壌になりうるということを理解しておくのは、教師にとって大切なことである。ただしそうなるには、議論の方向性がごくごくプライベートで個人的な方向から離れ、より包括的で一貫性があり、建設的な方向に向かっている場合に限る。有益な哲学的な議論が行われるのは、それが「それそのもの」の話から「ありうる可能性」の話へと移り、特殊な事例から広く一般的な理解へと移った場合である。もし、子どもたちがただ個人的な問題を胸から吐き出すだけならば、それは哲学的な議論ではない。同じように、自分自身の胸中を感情的に表現したり、愚痴を長々と言い合うのを楽しんだり、個人的な逸話を披露して注目を集めようとするだけならば、それも哲学的な議論ではない。しかし、こうした話題も能力のある教師の手にかかれば、哲学的な議論の始まりとなりうる。ある話題が哲学的な含みを持っているかどうかや隠された哲学的な主題が何であるかを判断したり、子どもたちを隠された主題へと導いたりすることは教師の手腕にかかっているのである。

生徒の一人が他の生徒に「頭悪いな」（あるいは「病気だ」「ずるい」「キモい」）と言ったのを教師が耳にしたとき、それは、私たちが健全さとは何か、公正さとは何か、美しさとは何かを決定する基準を見つけようとするよい機会である。言い換えれば、教師たちは、子どもたちが「病気」「ずるい」「卑怯」といった言葉を使うときの基準を明確にさせようとしているのだ。議論がそうした基準や尺度の周辺で展開されるようになったとき、教師は議論がしっかりとした土台の上に乗っているということを確認することができる。

最終的に、個人的な話を取り上げしっかりと利用するべきか、それとも抑えるべきかを判断するのは教師の手に委ねられる。一方で、子どもたちが議論に貢献したいと願っていても、同じことを何度も繰り返したり、話が冗長であったり、適切でなかったり、非生産的な形で議論を支配してしまう困った事態が訪れる兆候だったりするかもしれない。しかし、もう一方で、それは、議論に参加している全員に、話し合われている問題に対する幅広い考え方を与える可能性に満ちているかもしれない。

明らかに議論に関係している事柄と、明らかに関係ない事柄の中間の事柄について、教師が自分の裁量で議論を進めるやり方に子どもたちはかなり注意深くなる可能性が高いだろう。子どもたちは、ほんの短い時間で教師を怒らせずに、自分たちがどこまで個人的な話をしたり、逸話を披露したり、自分目線の話をしたりしても大丈夫か試そうとするだろう。もし子どもたちが、教師によって自分たちの説明が哲学的な議論に変化するような体験をしたことがあれば、彼らはまた同じような経験をしたいと思うだろう。あるいは、反対に、教師が目的のない議論に我慢していると分かったならば、子どもたちは飽きるまであてもない話を長々と続けるだろう。

◆質問をする

大半の生徒たちは好奇心が強く、活発に知性を働かせる。子どもたちが深く考え、反省をする機会は成長していくにつれ徐々に失われていく。その変化は日々のなかでとても穏やかなので、本人は失われていくことにほとんど気がつかない。聡明さはゆっくりと消え去っていき、眠っている力はこぼれ落ちていってしまう。子どもたちがいつの間にか想像したり、疑問を抱いたり、批判したりするのをやめてしまったかのように振る舞うのをあなたは目にするかもしれない。生徒が考えられるようになり、しかも自分自身で考えられるようになることをあなたが望むのは当然のことである。つまり、子どもたちに、理性的で責任ある人間になって欲しいと考えるのだ。子どもたちに、自分の人生が虚しいものではなく、意味のあるものだと気づいてもらいたい、とあなたは願う。しかし、子どもたちに論理的な思考をさせようとしたり、身の回りの出来事や行動に意味を見つけ出させようとすると、自分をとても無力に感じるというのはもっともな話だ。

子どもたちは、自分を重ね合わせるお手本を必要としている。将来リーダーになった姿を想像するとき、子どもたちはお手本としてリーダーシップを体現する人を必要とする。子どもたちが誠実さの意味を理解しようとするならば、お手本として誠実さを体現する人が必要となる。そして、子どもたちが対話の可能性を信じようとするならば、大人と子どもの間で知的なやりとりがなされるお手本が必要なのである。

子どもたちに自分自身で考えるということを学ばせて、自立し、智恵があり、自分で自分のことをできる人間へと導くために、こう自分に問いかけてもらいたい。「子どもの質問に、いつもすぐに答えを与えてしまうことが何の役に立つのだろうか」「子どもたちが、教科書の概念や隠された前提を理解せずに、ただ暗記するということが何の役に立つのだろうか」「毎回質問する生徒、より満足のいく答えをつねに求めている生徒、事実の暗記よりも対話や発見に興味のある生徒などがいるが、自分はそうした子どもたちのお手本として役に立っているのだろうか」と。

『リサ』のなかで、私たちは見本となる大人と子どものやりとりを目にする。それは、大人にとっても子どもにとっても互いを新しく発見するための機会になる。一方、それと同時に、私たちは問うということの本質を摑むことができる。

「パパ」とハリーは言った。
「うーん」と父親は答えた。
「パパ」ハリーは繰り返した。
「どうした?」父親は答えた。
「パパ、質問って何?」

「お前が父さんにしていることだよ」

「うん、僕がパパに質問しているのは分かってる。でも、僕が聞いてるのはそういうことじゃないんだ」

「じゃあ、何を聞いてるんだ？　ぐるぐるしてるぞ。漫才コンビみたいだ。どっちが最初だ？」

「パパ！」

「何だい？」

「僕、真剣なんだよ。質問って何？」

「どうしてお前はそれを知りたがってるんだ？」

「パパ、論点がずれてるよ。どうして僕の知りたい理由が問題なの？　僕はただ知りたいだけだよ」

「お前はいつも『なんで』って聞いてくるだろ。なのに父さんが『なんで』って聞いちゃいけないのはなんでだい？」

「パパ、僕が聞いたのはすごく単純で、パパがぐるぐる回ってるんだよ。僕が確かめようとしたのは、質問をするとき、何が起きているかっていうことだけだよ」

会話はゆっくりと、またどこか痛々しく進んでいる。しかし、前に進んでいる感じはある。最終的に、ハリーはおそらく質問を投げかけた側に問題があるということに気がつく。それから、気づいたことについて少しの間じっくりと考え、こう尋ねる。

「パパが言いたいのは、こういうこと？　僕たちが質問をするのは、問題があるからだって」

「私たちが疑問を抱くのか、問題が私たちを捕らえるのか？」

「ねえパパ。頼むから真剣になってくれない？」

「パパは本気だぞ」

「うん、質問と問題はどういう関係なの？」

「氷山と氷山の一角はどういう関係だ？」

「氷山は一角しか見ることができないんだ。それ以外は水面下にあるんだ」

「そうすると、お前の質問は問題の一角だという可能性があるんじゃないか？」

「質問は僕のものだけど、問題は僕のものじゃないってこと？」

「そうかもな」

「じゃあ問題は誰のものなの？」

「問題は、誰かのものである必要はないんだ。ほら、学校を卒業して次にすることが分からなかったら、困って問いかけ始める。もし仕事が何もなかったら、それが問題だし、それは単に自分だけの問題じゃないんだ。だからパパは言ったんだ。お前が疑問を抱くのではなく、問題がお前を捕らえるんだと」

「だから僕が何で質問しているかっていったら、答えを知るためだけじゃなくて、問題っていうのが何なのかを知るためなんだ」

　ストットルマイヤー・パパはハリーの頭に優しく触れた。

「パパはこれ以上うまく表現できなかったんだ」と彼は言った。

　さて、すべての子どもたちがこの小説に出てくるハリー・ストットルマイヤーほど、我慢強く好奇心があるわけではない。しかし、教師が、生徒たちに自問自答させ考える力を育むことに長けているならば、最終的に子どもたちはあらゆる事柄を自らの経験から考えていけるようになる。子どもたちが考えたいと思っているのは、自分たちが何者であるのか、自分たちが学校に行かされているのはなぜなのか、心とは何か、死とは何か、何がやっていいことで、何がやってはいけないことなのか、などである。では、そこから始めてはどうだろうか——つまり、彼らの問題からである。

問うことの技術はかなり複雑である。もちろん、なかには答えるに値する質問もあるだろう。たとえば、もしある子どもが「図書館はどこにありますか」と尋ねてきたら、答えてあげた方がいいだろう。しかし、何らかの言葉の意味を尋ねるような質問をしてきた場合に、その言葉の意味が、部屋にある何冊かの辞書に書かれていることをあなたも子どもも知っているとき、話は違ってくる。同じように、もしも子どもが「公平とは何か」というような哲学的な問題を尋ねてきたときに、自分がどう定義しているのか教えて対応するとしたら、子どもたちの問いを台無しにしてしまう危険性がある。こういった問いは、まさに自分自身で考えるためにうってつけの土台であり、それは私たちが開こうとしてきたことでもある。

では、六年生の哲学の授業でなされた以下の会話を例にとってみよう。

教　師　あなたたちが学校に来るのはなぜですか?
生徒1　教育を受けるためです。
教　師　では、教育とは何でしょう?
生徒2　全部の答えを知ることです。
教　師　教育を受けた生徒は、どんなことにも答えられるのですか?
生徒3　もちろん、教育を受けた生徒なら。
教　師　では、私は教育を受けたと言えますか?
生徒1　もちろん。
教　師　私は、どんなことにも答えられますか?

生徒3　わかりません。先生はいつも、私たちに質問しています。

教　師　私は大人だし、教育も受けたけど、質問をします。そして、みんなは子どもで、答えを出します。そうですよね？

生徒2　僕たちが教育を受ければ受けるほど、答えを出す代わりにますます質問をする、ということですか？　そういうことですよね？

教　師　どう思いますか？

すべてを知っているふりをする教師は、生徒に対して二重の害悪を与えてしまっている。まず、このような教師は、子どもたちが自分自身で見つけるべき答えを与えてしまっているが、これによって、子どもたちは、大人の助けがなくなるときに備えて準備を整えることができなくなってしまっている。未発達な才能はそのまま残されてしまうだろう。あるいは、全知のモデルが崩壊する日がやってきて、つまり、子どもたちが「教師は何でも知っているわけではない」と悟ったとき、教師に対する安心感と信頼が崩壊してしまうかもしれない。さらに、子どもたちは、自分自身で磨くべき技術を身につけるよう促されてこなかったために、一層無力になってしまうのである。第二に、こうした教師が教育を受けた人間の理想像や模範として生徒たちに描いてみせるのは、知性の面で偏見がない人間や、好奇心旺盛で自己批判的な人間、自らの無知や優柔不断を認めるのを厭わない人間などではなく、すべてを知っている人間になるだろう。

さらに、教師がすべてを知っているふりをするとき、答えは発見され創造されるべきものではなく、自分の外にあって記憶されるべき何か、つまり知識なのだという印象を子どもたちに与えてしまう。すべての答えを持っている教師（あるいは答えを繰り返すことを子どもたちに求める教師）は、知識を得るというプロセスのなかに子どもたちを放り込むのではなく、子どもたちから自分自身で答えを見つける満足感を奪ってしまう。それは、後々大いに役立つ喜びなのだ。知性の面で活発で、創造的で、好奇心旺盛な人と満足感の間にあるつながりはとても重要なものだ。

覚えておいてもらいたいことがある。子どもたちは、健全で知的な振る舞いをするお手本としていつも大人を参考にしており、自分をそれに重ね合わせるものだと。もしあなたが子どもたちの好奇心を強めたいと思うなら、成熟していながら質問もする大人のイメージを子どもたちに示してもらいたい。そのようなイメージがあることで、子どもたちは自由に探究をし、自由に質問をし、様々なありうる可能性を調べて良いのだと確信する。そして、最終的に何らかの暫定的な答えに行き着けるようになる。

自分の答えを絶対的なものではなく暫定的なものとして保持しておく能力は、子どもたちが教師から容易に学べる事柄だ。しかし、もしもあなたがすべての答えを知っている人間のイメージを提示し、自分の答えが「正しい」答えであるということを言外に滲ませているのであれば、生徒たちはあなたのことをすべてを知っている人間だと思うだろうし、それによって、子どもたちがより包括的な解答に向かおうとする探究や質問や研究を妨げてしまうことになる。

子どもたちに「なぜ」と問うとき、あなたは、子どもたちが自分の思い込みをより深く掘り下げ、知的な資源をもっと活用するよう意欲をかき立てることになるし、教師が単に事実を提供するというスタンスだった場合に思いついてきたよりももっと想像力に富んだクリエイティブな提案を思いつくよう意欲をかき立てることになる。たとえ、あらゆる答えを与えるのが適切な状況であったとしても、問いを閉ざしてしまうのではなく、論点をさらに広げて、子どもたちの問いを誘うための方法がいくつもある。

子どもたちに哲学的な考え方をさせる上で欠かせない、質問するということの特性は、教師が生徒たちにどう答えるかということだけでなく、教師が一日中取り組んでいる教え方の内にも現れる。もし教師が、子どもたちに、答えを受け入れ無批判的になるようにさせ、理解していない事実を暗記させようとするなら、あるいはもし教師が、子どもたちの創造性や積極的な理解を引き出さないテストを受けさせることに力を注いでいるとしたら、生徒たちは、多くの事実を知れば知るほど教育を受けたことになるという印象を抱いてしまうだろう。それは、考えうる最善の教育方法とはとても言えない。

結果として、教材に対して子どもたちがさらに生き生きとした態度で臨むことが保証されているのであれば、教師は、子どもたちが自分で考えつき、たまたま賛同している思い込みに異議を申し立てるのを躊躇うべきではない。たとえば、次の議論を例にとってみよう。

生徒　ジョージ・ワシントンはいつ生まれたんですか？
教師　百科事典で調べてみたらどうですか？
生徒　（少し経ってから）一七三二年です。
教師　それは正しい年号ですか？
生徒　もちろん、正しい年号です。百科事典にありましたから。
教師　ジョージ・ワシントンは本当に実在したのでしょうか？
生徒　そんなことを問うのは変ですよ。もし仮に実在しなかったとしたら、彼の署名がある文章や書類、証言を元に語られた彼の物語、彼の家やバーノン山にある家で発見された彼の服をどう説明するんですか？

この対話の要点は、子どもが、ジョージ・ワシントンのような歴史上の人物や出来事の実在性を信じる元になった根拠を思いつくよう促されていることである。子どもたちは、否が応にも歴史の本質に対する洞察を得る。子どもたちは、ジョージ・ワシントンが本当にいたと信じているのが間違いだと疑われた場合、何を説明すればいいのか理解する。こうして教師は、一見するととんでもない質問をすることで、歴史に対して傍観者的な態度だった生徒に、歴史的な事実や出来事を説明する方法を直接理解させる。これこそが、傍観者から参加者への移行に他ならず、それが探求のプロセスそのものにおいて子どもたちに積極的な役割を担えるようにさせるのである。

さて、いつどのように正しい質問を行うのが良いかを理解するのは容易なことではない。さらに、手元にあるいくつかの問いをレパートリーとして持っておくだけでは十分ではない。議論が活性化していく一連の流れのなかで質問を受けるというのも、子どもたちにとって同じくらい重要なのである。指導マニュアルのなかで私たちは、教師が議論を戦略的に進められるようにそのための議論計画をいくつも与えている。それによって次に言うべきことを絶えず考え続ける必要はなくなる。この議論計画は通常、その章のなかにある主要なアイディアの一つを中心として展開していき、子どもたちに概念を徹底的に探求させ、自分自身の経験と結びつけさせるよう意図して作られている。

◆答えること

質問を投げかける教師は、自分がお手本になって、子どもたちに質問するよう促すのだが、それによって子どもたちが答えを見つけるよう促すことが妨げられるわけではない。答えとは、問いのプロセスにおける充足の段階である。つまり、それは私たちが理解をしようと努力する中で、ちょっと一息つくことに満足する停滞期《プラトー》なのである。問うことと答えを見つけることとは、働くことと休むことのように、あるいは鳥がもう一度飛び立つ前にしばし羽を休めるように、生活の規則的な反復のなかにある。子どもたちが行き着く答えは正しくないかもしれないが、それは、一時的にせよ子どもたちが当惑や不確かさを経験し続けてきた時間が、解決することとなのだ。

子どもたちが答えを発見するのを教師が積極的に妨げていいということはほとんどない。もっと大切なのは、子どもたちが解放的で柔軟になる手助けをし、もう役に立たない答えの代わりに、より良い答えを出すようにさせることである。この意味で、答えとは信念であり、その信念が人生で向き合う様々な問題に効果的に対処できる限り、その信念を改める理由は存在しない。矛盾する事実に出くわした時でさえ、子どもたちには自らの信念をすぐさま放棄する理由などないのである。ただし、それは子どもたちがより良い説明を探し求め始めたときなのかもしれない。

教師がある子どもにこう言ったとしよう。「問題なのは、君が事実をはっきりと理解していないことだ」と。その子どもは「どこに行けば事実を理解することができますか?」と質問する。クラスメイトの一人が「外に行って探すのがいいよ」と提案する。しかし、もう一人のクラスメイトは「百科事典で探してみたら」と告げる。さて、事実であることに関して問いが生じているのは明らかだ。このような議論のなかでの教師の役割は、さらに問題を投げかけ分類をすることで、子どもたちが可能な限りの分析を行えるよう促すことだろう。

しかしながら、様々な定義が問題になっている場合によくあるのは、最終的な答えがないかもしれないということである。宇宙とは何か。時間とは何か。空間とは何か。光とは何か。「事実とは何か」という問いは、これらと同じ類いの問いである。それは定義を用いることで答えることができる。しかし、その定義は、それと対照的な定義によって反対されるだろう。子どもたちが行き着く解答は、教師の視点からすれば不完全かもしれないが、それは尊重されるべきであるし、当面の間はそのままにしておくべきものでもある。後になって、もう一度その問題に取り組まなければならないこともあるだろう。どんな信念であろうと、それが最終解答である必要はない。議論や問いかけの目的は、ほとんどの場合、実際的で満足のいく答えや信念に行き着くことで、一時的な合意に至ろうとすることなのである。

◆耳を傾ける

もし私たちが聞き手として優れた能力を身につけられないとすれば、自分に話されている内容の重要さを理解するのは容易ではない。たとえば、もしあなたの学校で、ある人が、あなたがあまり詳しくないことについて意見を述べても、おそらくあなたはほとんど関心を向けないだろう。心理学者たちはこれを「選択的不注意」と呼んでいる。これが最もよく出ているのは、子どもたちの発言を聞き損ねるという場合である。

たとえば、つい最近の事例だが、子どものための哲学を実験的に行っているクラスで、十歳の子どもが心と身体の関係を「グレープフルーツの味とグレープフルーツそのもの」の関係と比べたことがあった。こういった発言を「かわいい」と思った大人もいるかもしれない。あるいは、それにほとんど注意を払わなかった人もいるかもしれない。しかし、哲学的な思考の本質をよく知る教師にとって、このような発言はかなり教訓的で示唆に富むものと映るし、子どもにさらに詳しく述べるよう促すべきだと感じられる。言い換えれば、こういった発言をする子どもが自分自身の言葉に内在する可能性を正しく評価するためには、誰かがそうしたアイディアをしっかりと発言し、身につけるよう促し、そうした考えを持つことの重要性を認識させる必要があるかもしれない。しかし、もし教師がそういった発言に耳を傾けなかったら、そもそもその子どもは自分自身の考えに含まれている重要性や意味深さについて考えを確かにすることができず、結果、そのような着想が進展することはなく、失われることになる。おそらく、次に同じような着想が湧き上がったとしても、子どもはそれを披露しようとは思わないだろう。

たとえ教師が子どもの言うことに耳を傾けることができたとしても、教師も人間である以上、どうしても自分の観点から子どもの意見を解釈してしまいがちだ。そうした解釈は、子どもが伝えたいこととはかなり違っている可能性がある。そのため、教師は、子どもたちにははっきりと正確に自分の意見を伝えるよう促す習慣を身につけるべきである。子どもたちに哲学的な考えを促すのに不慣れな教師は、間違いなく、子どもたちの言っていることの多くをわけのわからない曖昧なものだと見なしてしまうだろう。その新米教師は、子どもの意見が哲学的な重要性を持っているかどうか確信が持てないだろう。こういったことの原因の一つには子どもの発言はそれほど哲学的ではないという教師の先入観があり、また、教師自身がそれ以前にあまり哲学的な考え方に触れてこなかったということもある。教師が哲学の知識を身につけ、それと同時に子どもたちが言っていることに注意を向けて耳を傾ける能力を伸ばしていくにつれて、子どもたちの言葉を聞くという行為は教師にとっても子どもにとっても次第に豊かになっていくだろう。

教師もまた、一見すると関係がなかったり脈絡がなかったりするような子どもの発言を、進展し続ける教室の対話の一部として把握する能力を身につけなければならない。言い換えれば、価値ある議論が生み出されようとしていると察する感覚や、いま行われている会話は、正しい導きによって発展していく見込みがあると察する感覚を持たなければならないのである。言葉のやりとりによって導かれる可能性がある目的地を推測する能力は、おそらく議論を先導するなかで多くの経験を得て初めて身につくものだろう。

教師と生徒の非言語的コミュニケーション

教師たちはもちろん、子どもたちが不思議に思ったとき、それを言葉で表現するのを待たなくてもよい。子どもたちの表情や行動を見れば、それが分かるのだ。何度も眉をひそめたり、あげたり、あるいは訝しげな表情をするのは「なぜ?」という問いを表している。あるいは、根拠や理由を知りたいと強く思っていることを表しているかもしれない。教師は、口頭の言語のみが子どもたちが伝えるただ一つの言葉ではないということを理解しなければならない。つまり、他にも、身振り手振り、表情、態度、振る舞いなどという言葉があるということである。もちろん、それと同時に教師が知っておかなければならないのは、教室にいる子どもたちは教師の意図を読み取るために一挙手一投足から表情に至るまでしっかりと捉えようとしているということだ。そのため、哲学の教師は他の教師に劣らずコミュニケーションの非言語的な側面を考慮に入れておかなければならない。

コミュニケーションの非言語的な要素が重要である理由の一つは、振る舞いや本心が本人の言葉と食い違っている場合が多くあるからである。愛情のこもった言葉で自分の子どもに話しかけながら、親密になるのがあまり好きではないということを身振り手振りで伝える母親の振る舞いは紛らわしい。子どもたちが明らかに「ノー」ということを意味しながら「イエス」と言ったり、また、同様に「イエス」を意味しながら「ノー」と言ったりする状況を、私たちの誰もが経験している。教師は矛盾を生じさせないようにすることができなければならない。あなたが話していて、子どもたちは曖昧な眼差しであなたをじっと見つめていても、子どもたちがあなたの言わんとすることを分かっているとあなたが確信することも少なくないかもしれない。あるいは、子どもたちがわかっていると言っていても、その表情から逆のことを読み取れることもあるかもしれない。

教師は、自分の身振りと言葉を一致させようとするべきだが、それと同時に、子どもたち自身の言葉と本心が一致していないことがあるということを自覚すべきであるし、子どもたちには本当に言おうとしていることをそのまま表現するよう促すべきである。少なくとも、学ぶ状況と関連している限りは。しかしながら、コミュニケーションには様々な意図があって、様々なレベルで行われる。混乱や曖昧さが子どもに何らかの害を与えたり、あるいは子どもが恥をかいたり、利用されたと感じる場合を除き、その豊かさが排除されるべき理由はない。たとえば、たまにあることだが、大人たちがある子どもに対して、子どもと大人とで異なった水準の解釈になることを言ってからかうことがある。そのとき、大人は大笑いしているが、その子どもは利用されている。その子は、なぜ大人たちが笑っているのか分からないが、自分が餌食になっているのではないかと思っているのだ。

もしすべてがうまくいけば、子どもたちはやがて自分がいる状況の性質を見抜けるようになるだろう。そのためにはおそらく、彼らが表情を読み取れるようになり、行動の意味を読み取れるようになり、状況自体の持つ微妙な意味合いを読み取れるようになることが求められる。教師は、手本を示すことができなければならないが、その手本とは、子どもたちが教室の感情的な雰囲気を感じ取れるように自分自身を表現するのを待たなくてもよい人物としての手本である。そのような教師は、言葉に出さないものの明らかに子どもたちが必要としていることに無関心な教師よりも、いっそう教え子たちの信頼を引き出すことができるだろう。理想を言えば、教師はそのとき教室にいる子どもたちに、注意を払うよう促し、最終的にはお互いの明白な意図はもちろんのこと、暗に示唆されている意図も理解できるようになるよう促すべきだろう。

子どものお手本としての教師

私たちは、しばしば子どもたち自身にとって一貫性がどれほど大切であるかを過小評価している。子どもが大人に求めるのは、大抵の場合、やると約束したことを実行したり、教師自身が模範にすべきと言っているような人物を自ら体現したりしていることである。お手本とする大人たちが言葉の上では一貫していても、実生活が伴っていないかもしれないと知ることで、子どもたちはかなり混乱するかもしれない。倫理的な模範である大人は、誠実さを示すお手本でなければならないのである。

子どもたちは、自分たちが信用できて、信頼のおけるお手本を探している。しかし、単に一貫しているだけでは、子どもたちが必要とする大人の導きを与えるには不十分だ。子どもたちが必要としているまさにそのときに、大人の経験が持つ恩恵を子どもたちに与えられなければならない。子どもたちが必要な分類に失敗したり、同じグループの事柄をひとくくりにするのに失敗したときでも何の異議も唱えない教師はだらしがない教師である。そのような教師は、子どもたちに良からぬ影響を与える可能性がある。なぜなら、教師が分類の重要性や正しいグループ分けを示すか、あるいは日々の態度でそうした分類に愛着を表すことによってのみ、教師は子どもたちに自分と同じように振る舞わせることができるようになるからである。小さな子どもが「昨日、僕は夜ご飯に野菜とじゃがいもを食べたんだ」とか「シボレーと車が路上にあるよ」と言ったのを耳にして、教師がそのカテゴリー分けの仕方になんの疑問も投げかけないなら、その教師は教えるということのうちにある大切な責任の一つを果たしていないということになる。一方で、こうした分類を行う人物としてお手本を示す教師は、子どもに対して深く人生に残るような重要性を持ちうる知的な実直さのモデルを与えているのである。

教師がお手本として役に立ちうるもう一点は、教師が子どもの考えにきちんと対応しようとして、子どもの考えを真剣に受け取っていると伝えようとする気持ちから生じる。まず重要なのは、ある思いつきを型破りな自己顕示だとして無視するのではなく、それが一つのアイディアになる可能性があることを見抜くことである。しかし、単にそのアイディアに注意を向けるだけでは十分ではない。その教師は、それが発展するよう手助けをできなければならない。子どもたちが自分の見解をはっきりと述べる以上のことができないというのはよくあることだ。子どもたちは、自分がほんのきっかけしか掴んでいないかもしれない様々な考えを細かくはっきりと述べるための手助けを必要としているのである。

教師はある種の遊び心を持っていなければならない。そして、ちょうど子どもが積み木で遊ぶのが自由に形を組み合わせるのと同じように、アイディアを発展させるためには意味を自由に組み合わせることが必要だと理解するべきである。活動が何の役に立つのかと、生真面目な顔で子どもに聞いてはいけない。

子どもたちにとって重要なお手本となるために必要なもう一つの性質は、一人ひとりの子どもたちを公正に扱い、教室で示される様々なアイディアに対しても公正に臨むということである。教え子の哲学的な能力を発展させるために教師が行う気遣いは、偏見のないものでなければならない。しかし、これにはかなりの繊細さが要求されることだろう。何より、自分としては間違っているに違いないと感じて子どもの考えに賛成しないことも多々あるが、それでも子どもの考えを否定するときに子ども自身のことを否定しているわけではないという印象を与えるように慎重になろうとするべきである。また、違う場面では、教師がある生徒の考えが正しくないと感じていても、その理由が教室内の対話によって次第に明らかになっていくことを見込んで何も言わないことを選択してもいいだろう。

子どもが発言した考えに教師が同調しない場合や、生徒が提案した考えに対する反対意見が十分な説得力を持たないと思われる場面なども多々あるかもしれない。自分自身の意見を述べることを選ぶが、議論の全体の観点から考察されるべきは単純にもう一つの見解だということをクラスにはっきり示す人もいるかもしれない。もちろん、後者の選択肢は、クラスが成熟していない限り取るべきではない。クラスが他の意見と同じようにそのアイディアを受け入れ、クラスのメンバーたちに表明された意見と同等にそのアイディアを扱えるほどクラスが成熟しているという確信が必要なのである。

第7章　哲学のディスカッションを導く

哲学と対話のための方策

　哲学という分野では、何かをしたり、創ったり、話したりするときの方法として、現在とは違った方法を考える。そうした方法を探るために、哲学者たちは絶えず自分自身の思い込みや前提としていることを検討し、分析する。また、ほかの人々が普通は当たり前と思うことを疑い、これまで以上に包括的な視座があるはずだと言い、想像力を目一杯使ってあれこれと思いをめぐらせる。哲学者たちがこういった営みに取り組むのは、哲学の訓練を受けてきたからであり、その副産物のようなものである。哲学教育がとてもうまくいったと言えるのは、批判的な問いを立てることや、独創的に熟考することを後押しし、それをできるようにしてやれたときである。こうした哲学的な態度を教育目標にすると、次のような問題が差し迫ったものとなる。すなわち、教育に際してどのような方法論をとれば、生徒たちが優れた発想を生み出し、的を射た質問をし続けてくれるかということを、成果として確実に得られるのか、という問題だ。

　こうした問題を解決するためには、挑戦心や探究心があり、いつも熱心な教師の存在が必要不可欠である。さらに、考えたり、アイディアを生み出したりすることに挑ませるような対話に、熱心に取り組む生徒のいる教室もなくてはならない。問いを投げかける教師と、自分たちにとって本当に問題となることについて議論する準備のできた生徒たち。子どもに哲学的に考えさせるためにふさわしい環境のいちばん小さな構成要素は、この二つになる。

最もよく教えられる方法論――つまり、問いを立てることとディスカッションが、哲学のまさに根幹をなしている。子どもたちが哲学的に考えるように促す方法論は、子どものための哲学プログラムが教材として提供する小説に描かれる発見プロセスのなかに見いだせるだろう。教師は何よりもまず、ディスカッションの成り行きを注意深く見守る立場にいるため、力を持っていると言える。しかし、議論の善し悪しを判断するだけでなく、教師は司会進行の役割も果たす。教師にとっては、教室内のディスカッションを通して、子どもたちが身近な問題を論理的に考えられるように後押しすることが仕事なのだ。

もしもこのプログラムにおいて、生徒に学ばせるための毎日の進度や、達成すべき事項が決められていると感じたならば、それは誤解だ。ディスカッションがうまくいくクラスでは、たいてい生徒たちが活発に議論に参加している。とはいえ、そこでは本に書かれたことだけでなく、書かれていないことも話題にのぼる。会話が、ディスカッションの滑り出しからは、ずいぶん離れたところにまでおよぶことさえある。

哲学的教育において、何よりも重要なのは、情報や知識の量ではなく、子どもたちの知的判断力が発達することだ。何らかのデータを記憶することは、より効果的に考える方法を学ぶことに比べればまったく重要ではない。「どんな小さな違いも違いを生み出す」ということ。つまり、子どもたちの思考の様式におけるどんなささいな違いも、思考のプロセス全体を変える可能性を持っていることに気を配るべきだ。たとえば、ある子どもが、今年まで、「すべての事物はほとんど見える通りだ」と基本的に考えていたとしよう。そして突然、ある事物が、見かけとはまったく異なることに気づいたとする。見かけが当てにならない場合があるという発見は、その子どもの人生すべてを変えることになる。

子どものための哲学プログラムは、ディスカッションの過程を重視している。つまり、ある特定の結論に到達することを目的とはしていない。そのため、教師は自分がたくさん情報を持っているふりをしなくてもよい。ディスカッションを刺激し、促進するためには、熱心に質問をする立ち位置がちょうどよいだろう。正しいか間違っているかを、子どもたちにいつも言わなくてもよいのだ。とはいえ、視点の違いや、特定の意見の根拠や矛盾をはっきりと伝えることは必要となる。このように知的にやりとりをする雰囲気があると、これまでに意見を取り下げられたり、留保されたりした生徒たちが、あらためて自分の意見を発表しようとする様子が見られる。というのも、こうした雰囲気があれば、それぞれの視点が尊重され、真剣に受け取られるのだと子どもたちが気づくのだ。そうすれば、子どもたちは喜んで次のディスカッションで発言するチャンスをつかもうとし、自分の意見の論拠をよりよいものにしようとする。

たとえ哲学的な話題を子どもたちに教えないとしても、哲学的な振る舞いがどんなものであるかを考えたり問うたりすることは、どんな年齢の子どもであってもできる。やがて教室の子どもたちは、哲学のディスカッションがほかのどんな種類のディスカッションとも違うことに気づき始めるだろう。それは単に、思ったことを素直に言えるとか、自己表現に熱中できるといった問題ではない。何に注意を払うか、どのような経験をするか、物をどう見るかということについて、互いの違いを比較できると気づき始めるのだ。だんだんと、物事をあるがままに表すような客観的な絵画に、ピースが相互にはまり始めるかのような感覚を覚えるのである。他人の視点を理解し、自分自身の意見に根拠を与えることがいかに重要であるかを理解し始めるのだ。公平さを尊重する価値観が生まれる。うわべだけの軽い意見を表現して満足するのとはまったく違った形で問題を考えることが必要だと感じられるようになる。

子どものための哲学には、たとえば論理規則や原則といった、いくつか厳密な側面がある。とはいえ、もしもディスカッションが、子どもたちが理解した方がいいと思われる有意義な方向とは違った方向へ進んでしまっても、不安になる必要はない。もちろん、ディスカッションの関係性に応じた判断や、あるディスカッションにかけられた時間のバランスが悪くないかどうかといった判断は、いつも訓練しなければならない。また、「自由討論」と哲学のディスカッションは大きく異なる点にも気をつけなければいけない。哲学のディスカッションは、積み重なってゆくという特徴を持っている。つまり、哲学のディスカッションは成長し、発展する。ディスカッションを通して、参加者は新しい物の見方を次々と見つける。ここで、教師の技量が問われる。議論がうまく構築されるように子どもたちからコメントを巧みに引き出せるかが試される。と同時に、可能な限り多くの生徒を参加させられるかもまた試される。ディスカッションの最中で優れた質問をすることは教師の使命である。議論が収束する方向（そしてときには分岐する方向）を目指すうちに、対話がときに終わることなく、体系化されることもないと教師は気づくだろう。そして、子どもたちが新しい視野を開いてゆくのを見て取ることになる。互いのアイディアが嚙み合い、補強されてゆく様子をそれとなく示す機会も同じように訪れる。

うってつけの環境さえあれば、子どもたちは、アイディアという名のボールに飛びかかってゆく。それは、一緒に生まれた子猫たちが自分たちに向かって投げられた毛糸のボールに飛びかかるかのような光景だ。手持ちのアイディアが展開され、詳しく述べられ、さらには日常の状況に当てはめられる瞬間に至るまで、子どもたちはそのアイディアという名のボールを蹴り続ける。とはいえ、後者は教師のうまい導きがなければ、そうそう達成されるものではない。ディスカッションが終わると、子どもたちは「学校の勉強に戻る時間が来た」といった発言をするだろう。まるで、ずっと取り組んでいた哲学のディスカッションが、学校や勉強、自分の知的能力の発見といったものとは異なるかのように。このとき、子どもたちは、哲学が面白いゲームのようなものだと受け取っている。そして、哲学が、学校の経験で出合うほかの何よりも知的発達に役立つものだとは気がついていない。

教室内でディスカッションを導く

よく考えられたディスカッションは、そう簡単には達成されない。練習が必要だ。耳を傾けたり、じっくり考えたりする習慣を育てていかなければならない。ディスカッションで自分自身を表現するためには、自分の考えを体系化する努力が必要となる。要領を得ないまま、とりとめなく話すことがないようにしないといけない。幼い子どもたちは、一度に自分の考えを全部話そうとするか、まったく話そうとしないかのどちらかのパターンに陥りやすい。よいディスカッションに必要な一連の過程を学ぶためには時間がかかる。

子どもたちにとってディスカッションのプロセスを学ぶことが難しすぎる理由の一つには、模範的な議論が、ほとんどの場合不足していることが挙げられる。家庭も学校もよく考えられたディスカッションを見本として教えてくれない。となれば――子どもと大人の議論にしろ、あるいは大人と大人の議論であってさえも――、それぞれの年代の子どもたちは、実質自分一人でディスカッションのプロセス全体を考え出さなければならない。なぜなら、いったいどのようにディスカッションを行えばよいのかを誰も教えてくれないからだ。逆に言えば、ディスカッションの様式さえ確立されれば、子どもたちがそれぞれ自分でその様式を取り入れ、自分と重ね合わせることができるということだ。そうすれば、対話が意味のある形で、効果的に、教育プロセスの一部となる。

子どものための哲学プログラムの小説には、子どもどうしの対話だけでなく、子どもと大人の対話の両方のモデルを提供できるという利点がある。これらの小説は、権威主義的でないだけでなく、むしろ権威主義には反する性格を持つ。そのため、探求や論理的思考を重視し、思考や想像力の新しい様式が発展するように促す働きをする。子どもたちが自分自身の関心を保ちながら、さらに、互いを人間として尊重し合うことを説明してくれるのだ。時には、満足できるという理由のみで共同の探究に参加できるような小さな共同体の一員となることがどのようなものかをも教えてくれる。

おそらく、子どものための哲学プログラムの最大の特徴の一つは、子どもたちがどうすれば互いに学び合えるかを教えてくれることにある。これは、今日あらゆる教育が直面している課題だ。大学にも、中学校にも、小学校にも、互いに学び合おうとまったくしない生徒がいる。簡単に対応できそうなときでさえも、ディスカッションで同級生の日常の体験を少しも理解しようとせず、「自分だけで何とかしよう」としてしまう生徒がいる。

自分の意見を一通りわかりやすく話すことはいとも簡単にできるにもかかわらず、相手の話を聞くことができない子どもがいる。一方で、一生懸命聞き、議論の流れを追う子どももいる。すでに言われたことをただ繰り返すだけでなく、それに上書きするような貢献をして議論にこたえようとする子どもだ。教師は当然、いつも人の話を聞かない子どもが、通常の流れからかなりそれたアイディアを広げてしまう可能性に気づかなければならない。つまり、いったんそういった会話を無視する必要があるということだ（何人かの子どもが人の話をよく聞かないせいで受けるデメリットはある。しかしそれは、ほかの子どもが議論の流れを追うことができなくなり、すでに一度終えられた同じ議論をやり直さなければならなくなるデメリットに比べればかなり小さい）。一方で、めったに発言しないが、一生懸命かつ建設的に教室での議論に耳を傾ける子どももいる。たとえ議論に発言する形では参加できなくても、そういった子どもは集中して打ち込んでいると言える。

ディスカッションは、それ自体の力学で構築されるのがよい。遊び場で子どもたちが互いにあれこれ意見を言い合いながらおもちゃのピラミッドを建てるように、議論もメンバーそれぞれの貢献に基づいて作り上げられる。教師は、単に問いを投げかけて、すでにわかっている答えを導き出すわけではない。哲学的な思考を後押しするとは、子どもたちに新鮮な方法でじっくり考えさせ、考えたり行動したりするための別の可能な方法を考え、創造的かつ想像的に熟考することに大きく関わってくるのだ。教師は、子どもたちがたどり着く答えをあらかじめ知ることはおそらくできない。事実、この驚きの要素こそが、哲学的思考を教える立場のものに、いつも新鮮さを与えてくれる。次にどんな思考に直面するか、教師にはまったくわからないのだ。

もちろん、議論を進めてゆくことも肝心だ。子どもたちは、互いの経験について聞き、学び始めるにつれて、相手の視点を十分理解し、相手の価値を尊重するようになる。とはいえ、話題の中心となっているアイディアについての議論が生産的でなくなっているように見えるときには、教師はたくみに別の話題に変える準備をしていなければならない。

哲学的対話におけるアイディアの役割

おそらく、哲学のディスカッションにおいて何がとりわけ特徴的なのかと疑問に思う人もいるだろう。どのような点において、哲学のディスカッションはほかのディスカッションと違うというのだろうか？ここでは哲学のディスカッションを、二つの違うディスカッション――科学的ディスカッションと宗教的ディスカッションと比較してみたい。

◆科学的なディスカッション

科学的なディスカッションは、一般的に事実をめぐる問題と事実に関する理論とに関わっている。科学的なディスカッションで提起される問いは、基本的には答えることができる問いだ。関連性のある証拠を発見したり、広く認められた科学的な権威を参照したり、しかるべき観察を行ったり、適当な自然法則を引用したり、あるいは関連のある実験を行うことで、こういった問いに答えることは可能になる。

科学の授業でのディスカッションは、とても真剣で活発になるだろう。一つの証拠がどのように解釈されるか、与えられた理論が関連するすべての実際のデータに当てはまるかどうかといったことについて、意見が一致しない場合はなおさらだ。

おおむね、科学者というものは、世界のある部分がどのように描写され、また説明されるのかという問題に取り組んでいる。したがって、科学の授業は次のような問いについてのディスカッションに関わってくる。太陽黒点の原因は何か、ドライアイスの温度は何度か、心臓はどのように動くのか、血液はどのように循環するのか、石器時代とは何か、何が地震を引き起こすのか、などといった問いだ。一般的に、こうした問いがもたらす論点は、ふさわしい議論と初歩的な科学理論による分析、さらには入手可能な科学的証拠によって明らかとなり、理解可能となる。そのため、科学的議論は実験に基づいた証拠という権威の影響下にある。というのも、そのような証拠はすでに受け入れられた科学的理解の枠組みのなかで解釈されているからだ。したがって、原則として、科学的なディスカッションはどんなときも解決可能となる。

◆宗教的信仰についてのディスカッション

教室の大半の子どもたちは、両親や宗教学校、同級生との会話、そしてときには自分自身の観察に基づいて、一通りの宗教的な信仰をすでに持っている。こうした信仰は、世界の運命の目的や、個人の不死の問題、神の存在、天からの褒美や懲罰についての予想といった問題に結びついている。こうした問いは、一般的に考えると、事実的な証拠に基づくあれこれでは決められない。ましてや、子どもの宗教的信仰を批判したり、それとなく攻撃したりするなどということは、決して哲学の教師には許されない。教師は権威主義的であるという罪悪感を感じずに、子どもの宗教的信仰の領域にやすやすと土足で踏み込むことは決してできない。その一方で、世界中の人間が自分自身の信仰として選んでいる別の可能性の幅について、いくつかの視点を子どもに開いてゆくことについては、深刻な問題はないと思われる。つまるところ、多神教の信仰や、まったくの無信仰であることを告白する子どもたちに、別の可能性を示唆することは決して洗脳ではない。だとすれば、超自然的な唯一の存在を信じる者に、無数のほかの信仰の可能性があると示唆することもまた、可能となるだろう。

ひとりよがりや無知のせいで、教師が教室の子どもの宗教的信仰を修正しようとするのは、いつだって嘆かわしいことだ。子どもの知的な品位をそうやって侵すことは、子どもへの敬意が足りていないことを意味する。それだけではなく、科学の本質、哲学の本質、さらには教育の本質における教師の位置づけを教師が誤解していることを物語っている。科学や哲学の知識と照らし合わせると、子どもの宗教的信仰が不健全に思われ、科学的あるいは哲学的情報を健全な形で与えてやって、直すべきだと考えるものもいるかもしれない。しかし、宗教的信仰を払いのけることのできるような事実は、どのように考えても存在しないのだ。宗教的信仰が信じることの問題である以上、科学あるいは哲学によってそれらが解決される問題なのかはきわめて疑わしい。

もちろん、子どもたちが宗教的なディスカッションをする可能性は十分残されている。ちょうど家族や友達、恐れや喜び、そしてそのほかの自分にまつわる個人的な問題について議論するのと同じように。子どもたちの間での堅苦しくない宗教的なディスカッションは、宗教的な問題についてのそれぞれの感情や考えを比べたり照らし合わせたりする作業を典型的に含んでいる。ただし、その場合、基本的な仮定を追い求めたり、概念の意味を分析したり、あるいは哲学のディスカッションを多くの場合特徴づける明確な定義を探るような仮定はたいてい含まれていない。すなわち、宗教的なディスカッションは、宗教的信仰がより所とする仮定の探究をほとんど行わない。それに対して、哲学のディスカッションは、仮定そのものを探究せずにはいられないのだ。

繰り返しになるが、哲学的思考におけるこうした方向性は、決して教室内の何人かの子どもの宗教的信仰を軽んじるための道具として教師や子どもたちの管理下にあるのではない。教師はこの事実に、細心の注意を払わなければならない。この方向性は、子どもたちが自分自身の思考についてのより強い基盤を明らかにし、また見つけるための道具として与えられるのが最もふさわしいのだ。教師の役割は二つの要素から成り立っている。子どもたちの信仰を変えるなどということは、決してしてはならない。そうではなく、第一には、彼らが信じると選んだものを信じるために、よりよく十分な理由を、熟考に基づいて見つける手助けをすることこそが教師の役割なのだ。さらに、子どもたちがいままさに持っている信仰を保ち続けることをめぐる様々な問題についての理解を深める手助けをすることも役割として求められる。

◆哲学のディスカッション

科学と宗教が、教室への関わりという観点からすると、人間の関心のまったく異なる領域を担っていることをここまで示してきた。つまり、教育的な視点からすれば、科学的なディスカッションと宗教的なディスカッションは別々のものであり、哲学のディスカッションと混同してはならないということだ。

哲学のディスカッションは、科学と宗教が省略してきた部分をただ単に補うものである必要はない。哲学のディスカッションは、ほかのあらゆる主題につながっていくのと同じように、ときどき科学や宗教の問いとも関わってくる。哲学は、宗教的な現実解釈による世界の事実描写をめぐる論争へ加わるかもしれないし、そうはしないかもしれない。審判員が、客観的な傍観者でありながら自分自身が審判するゲームに出場するのと同じくらい、哲学者がこうした論争へ参加する余地はないだろう。どちらかといえば、審判員は試合をできるかぎり公平に進めるために、公平の精神を表明する。いくぶんか似た方法で、哲学も、意味をはっきりさせたり、前提や仮定を明らかにしたり、概念を分析し、論理的思考の過程の妥当性を考えたりすることに関わっている。さらには、アイディアの深みや、ある特定のアイディアが人間の生活に生まれたことによって何がもたらされたのかを研究することに関係している。
哲学は、概念の明確化にしか関わらないわけではない。哲学は、新しいアイディアの豊かな源泉でもある。人間の知識には分野という境目があるとしても、ある特定の主題の領域について考えるためには、そこに何があるのかを理解するために、考え込むように模索し、探しまわる以外方法はない。そうした模索を経て、少しずつ、新しい主題についての領域の探究理論が生み出される。そして、観測や測定、さらには予測と統制の理論が完成する。やがて、哲学の思索の時代は科学的な理解の時代に取って代わられる。この意味において、哲学はあらゆる科学の母と言えるだろう。というのも、哲学の思索がより宗教的で、より実証されたものになるからである。測定と実験、そして検証が行われるにつれて、哲学は科学に転じる。この点において、哲学はあらゆる新しい科学的な試みの開発を進めるための、アイディアの源泉なのだ。

　さて、こうした事実は、哲学のディスカッションを導く上での教師の役割について、いったい何を意味するのだろうか？　第一に、教師は科学のディスカッションと宗教のディスカッション、そして哲学のディスカッションの間に、かろうじて存在する違いを覚えておく必要があるということだ。そして、子どもたちが哲学的に考えるよう促すためには、これらの微妙な違いをいつも気に留めておかなければならない。教師は、哲学のディスカッションとして始まったものが、簡単に事実情報、つまり、手に入る経験的な証拠を調べることでしか解決されないテーマをめぐる論争に変わってしまう場合があると意識しなければならないことも分かるだろう。いったん議論がこのような展開となってしまったらどうすればよいだろうか。この場合は、思弁的に議論を続けるよりも、経験的な証拠をどこで見つけることができるかをほのめかすことの方がむしろ教師の仕事となる。たとえば、252＋323の和について教室で議論が展開されたとすれば、それは哲学的な論争ではない。しかし、「足すとはどういうことか？」あるいは「集合とは何か？」と問うならば、それは哲学の問いになる。コロンブスが西半球に到着した正確な年を本で調べるのはとても簡単だ。しかし、これは「西半球を最初に発見したのは誰か？」という問いを少しも解決しない。これはとても曖昧で、はっきりさせなければならないことの多い観念だということが分かる。私たちは太陽から地球まで光が達するのには時間がかかると推測する。しかし、私たちは時間それ自体に関する科学的知識を持っていない。したがって、子どもたちが「時間とは何か」と聞くなら、それは哲学的な問いかけになる。同級生や教師との対話のなかでは、哲学者たちが差し出すいくつかの別の視点に触れてもよいだろう。もしも、そうした視点が、子どもたちの理解できる言葉によって表されているならば。

哲学のディスカッションは、子どもたちがアイディアの意味を探し求めて発するたくさんの要求から生まれる。この機会をつかみ、彼らにとっての哲学の探究への入り口にできるかどうかは、教師の腕にかかっている。もしも子どもが、「権威」、あるいは「文化」、「世界」、「尊敬」、さらには「権利」といった語の意味を知りたくなったとしよう。すると、教師はこれらのどれでも一つのきっかけにできる。そして、教室にいる子どもたちの数だけの多くの視点を話題として取り上げ、哲学者によって考えられてきた別の視点に子どもたちを触れさせることができる。一つの視点をほかの視点と比べて結果を検討し、それぞれの視点の意味と仮定の根拠を明らかにできる。

◆哲学は科学教育とどのようなつながりを持つのだろうか？

ときどき教室では、科学の「事実」がまるで最終的で絶対的であるかのように示されることがあると言われている。しかし、このようなアプローチは科学の探究の精神とは正反対のものといえる。なぜなら、どんな事実も、疑う余地がないとは言い切れないからだ。生徒が科学の探究の成果を疑う権利を否定してしまうと、その探究の継続を止めてしまうことになる。むしろ、教える側がいつもはっきりさせなければいけないのは、教える「事実」が、いつも再現可能な方法で実証できるような根拠に基づいているということなのだ。科学が、そうした経験的な手続きの限界を無視できるかのように教えられると、それは洗脳となってしまう。

したがって、子どものための哲学は、あらゆる科学者がひとしく重んじる批判的な精神の資質を育てるという点において、科学教育の役にも立つ。科学を通して知る事実について疑問を感じるまさにそのとき、生徒たちの振る舞いはぴったりと科学の試みの精神に一致する。もちろん、哲学の精神の枠組みは、科学における独断主義への対抗手段として、そして科学の新鮮で刺激的な新しいアイディアを生み出す資源として、なくてはならないものだ。

科学教育が今日のプログラムで直面する難しさは、若者の大部分が、科学そのものを好まないことによる。彼らは科学に対してほとんど共感するものを持たない。方法論を理解しない。論理的思考の正しい方法と間違った方法の違いを感じられない。科学的に物事を理解することがなぜ必要なのか、という一般的な理解がないことは言うまでもない。効果的な論理的思考といいかげんな論理的思考の間にある差を見極める訓練を受けていない学生たちが、どれほど効果的に科学的な材料を素材に取り組むことができるだろうか。適切な推論を、自分の知覚や言語による系統的論述から生み出す訓練を受けていない学生たちが、どれほどうまく科学的実験に取り組めるかは、とても難しい問題だ。

科学的な試みそのもののための、初歩的なオリエンテーションを生徒たちに与える。つまり、そのような形で科学教育へアプローチすることをここで提案したい。科学の探究にみずから関わるように子どもたちのやる気を引き出す。そして、クリエイティヴで想像力ゆたかな彼らの感性を、世界についての方法論的で秩序のある方法によって考える欲求と結びつける。そのための作業習慣や刺激を提供する。教育課程に哲学を入れれば、こうした目標の達成へ一歩近づくだろう。

哲学の本分である「問うこと」は、科学で成功するためには必要不可欠な前提条件だ。もしもこの前提条件を科学教育自体よりも優先度の低いものとするような事態がかなり進んでしまっているならどうだろうか。このままでは、子どもたちが高いレベルの好奇心をたもつためには手遅れとなりかねない。科学教育がうまくいくためには、問いかけという前提条件を重視することが守られなければならない。子どものための哲学は、自分たちの生活上の経験について自然に抱く多くの問いにずっと向き合いながら、かつ、その下で受ける科学教育が自分たちに絶えず関係し続けるような条件を創り出す。たいてい、より伝統的に示されたプログラムを危険にさらすのは、両者の結合不足なのだ。哲学がこの接続をもたらし、そして科学がより効果的に教えられること。それが私たちの目標である。科学教育自体の目的を考えても、子どものための哲学教育プログラムはないよりもあった方が間違いなく効果的だろう。

哲学の対話を育む

◆ディスカッション・よいディスカッション・哲学的なディスカッション

ときどき、教師どうしのお昼休みのおしゃべりで、次のような意見を聞くことがあるかもしれない。「今日は教室でいいディスカッションができたんだよ」。こうした発言からは、よいディスカッションがしょっちゅう起こるわけではないという印象を受ける。それは「ファッドおじさんが、先週は断酒していたんだよ」といった発言を聞くことに似ている。すなわち、「ファッドおじさん」がお酒を飲まない週がとてもめずらしいという印象を与えられるように。

ところで、私たちはよいディスカッションがむしろかなり運に左右される問題であると考えがちである。私たちはすばらしい教室でのディスカッションに出合う好運に感謝する。二月の楽しい日に感謝するのと同じように、それ以上の好運はもうないだろうと思ってしまう状況だ。

しかし、これはまぎれもない誤解である。よいディスカッションは間違いなく、運に左右されずに、促すことができるものだ。よい哲学のディスカッションも同様である。しかし、そのためには、まず、何に到達しようとしているのか把握することが肝心となる。よいディスカッションと単なるディスカッションの違いが何なのか。それを知らなければならない。そして、哲学のディスカッションにおいて何が際立った特徴であるのかをも知る必要がある。

どんな話題であったとしても、よいディスカッションは可能だ。目的のない、うわべだけのディスカッションとは違う。よいディスカッションは、出席する全員が関わらなくてもよいものだ（自分で話すよりも、聞くことでより多くを学ぶ人もいる。そうした聞き手は、たとえ沈黙しているとしても、徹底的にディスカッションに関わる参加者と言える）。よいディスカッションは、必ずしもたくさんの参加者が発言するからといって生まれるのではない。単に、教室が二極化したり、何人かの参加者がけんか腰となっていたりするというだけの理由で、満足気に「よいディスカッションをした」と主張することはできないだろう。

よいディスカッションは、どんなテーマでも実現できる。議論の最終結果や成果が、話題が始まったときにあった条件と比べると決定的に進歩したと判断できれば、それはよいディスカッションである。それは理解の進歩かもしれないし、何らかの合意に達するという進歩かもしれない。あるいは、問題を言葉ではっきり表現するというところまでの進歩かもしれない。しかし、いかなる場合においても、前進の感覚がある。何かが達成されているという感覚がある。すなわち、そこでは、グループによる生産が成し遂げられているのだ。[1]

対照的に、単なるディスカッションは、その場にいる様々な個人（彼らを「参加者」と呼ぶことはためらわれる）からコメントを引き出す。しかし、「心を合わせる」ような段階にまでは至らない。個人個人は「問題をどうとらえたか」という観点をうまく表せるかもしれない。しかし、そうした観点は、さらに大きな参照の枠組みを形作るために互いに交わることがない。個人個人の連なりは、彼らの信条を表しはする。しかし、それらは単に、それぞれの証言が互いに持つ全体のつながりに対して、独立した部分を表すだけなのだ。

とはいえ、単なるディスカッションは、よいディスカッションが生まれる土壌になる可能性を持っている。どんな話題についてのディスカッションも、哲学のディスカッションが生まれる土壌となる可能性を持つのと同じように。大事なのは、議論が進むにつれて現れるものによって、何がよいディスカッションかを識別できるということだ。単なるディスカッションは、直線状で、エピソードによって作られている。それは、一連の事件が数珠つなぎになりながら、決して何も建設されない二流の冒険小説に似ている。一方で、よい議論は積みかさなってゆく性質を持つ。参加者それぞれの貢献が、結果的には互いに収束する一連の力となり、ベクトルを作り出す。話題の最後に完全な同意あるいは不一致が訪れるかどうかは、相対的に重要ではない。問題となるのは、それぞれの参加者の貢献が互いに関連し、補強し合うかどうか、なのだ。参加者それぞれがほかの人が言ったことから何かを学ぶように（特に、自分自身の貢献によって学ぶように）。そして、議論に対するそれぞれのよい貢献が、参加者の理解を寄せ集めた結果、うまく増大することを反映するように。

「ブレイン・ストーミング」セッションのリーダーの発言を——あるいは、通常のディスカッションにおける司会の発言を——注意深く聞き、そしてそれらを哲学教師の問いやコメントと比較すると、その違いに愕然とせずにはいられない。できるだけ多くの人からコメントや意見を抽出することが目的の人物は、しばしば以下のような問いを参加者に向ける傾向がある。

「この問題についてのあなたの意見は何ですか」
「この話題についてのあなたの信条は何ですか」
「ここまで言われてきたことに賛成ですか」

こうした問いは、ただ意見を引き出すだけにすぎない。そのため、論理的な思考を促さない。それぞれの参加者は自分の意見を言葉によって理性的に説明することを積極的に求められない。それゆえ、頭のなかからそのまま意見を吐き出してしまうことになる。

哲学のディスカッションにおいては、これとは逆に、教師が次のような問いを発することがわかるだろう。

「このように言う理由は何ですか」
「この点に、どうして賛成（あるいは反対）するのですか」
「いま使った用語をどのように定義していますか」
「そのような表現で、何を意味しているのですか」
「いまあなたが言っていることは、さっき言っていたこととつじつまが合っていますか」
「その発言をもっと分かりやすく説明してくれませんか」
「そのように言ったとき、その発言が論理的に含んでいることはいったい何ですか」
「あなたがいま言ったことが論理的に導かれることは何ですか」
「あなたと彼が互いに矛盾するということはありえますか」
「自分自身が矛盾していないと本当に言えるのですか」
「そのような説明とは別の説明はないのですか」

哲学のディスカッションを導くためには、それぞれの状況に対してどのような問いがふさわしく、どのような順序で問いが発せられるべきなのかということへの感覚を養う必要がある。哲学の教師は、生徒のコメントについて一瞬沈黙するかもしれないし、そのコメントをさらに考え、探求するかもしれない。このとき、「より慎重な吟味をせずに、次の生徒が先のコメントの利点を新たに主張できるかどうか」を見極める必要がある。正しいとはいえ、さらなる分析が逆効果になるかもしれないからだ。完璧な議論のテクニックの身につけ方を、すべて言葉で説明することはできない。お手本を見たいという人は、プラトンの『対話篇』――そこでソクラテスは哲学の師、つまり、生産的な対話を引き出す技術についての師として描かれている――を読むのがよいかもしれない。

◆生徒たちから引き出す

生徒たちを哲学の対話に取り組ませることは芸術である。どんな芸術でもそうだが、ある特定の知識を持っていなければいけない。この場合、教師はディスカッションのどこで介入し、介入しないのが適切であるのかを理解する必要がある。ときには、議論を導くためにできるいちばんの選択が、何も言わずに、なすがままにさせておくことであるときさえある。実際のところ、哲学のディスカッションが向かうべきゴールは、生徒どうしのやりとりが最も盛んになる地点なのだ。教師と生徒間のやりとりが最大値となる議論のスタート地点とは対照的に。

視点や意見を引き出す

ここまで繰り返し強調してきたのは、以下の点である。すなわち、教室でのディスカッションは生徒が興味を持つテーマから始まるべきであり、子どもたちに物語を読ませることによって彼らの関心をひきつけ、具体化する経験を生み出す手段となるということを。私たちは、自分自身の関心が、刺激を受けたり指導されたりすることがないと薄らぎやすいという事実をよく知っている。芸術作品が、教育学上役に立つのは、ともすれば表に出ない、そういった不活発な関心を活性化させるところにある。

子どもたちが物語を読み終えたら、そのなかで何が面白かったかをたずねることになる。そして、子どもたちから出たコメントを黒板に書いていく。書かれたアイディアの表象の正確さについて生徒たちと確認すれば、とても実りある結果がもたらされる。このそれぞれの「関心のある点」の一連のつながりは、やがて教室での議論の課題となる（これが本質的には子どもたちの課題であることに注意しなければならない。教師の課題ではないのだ――教師が重要だと考える何かを生徒たちが見逃しているように見えるときには、それを加える方がよいと感じてしまうかもしれないが）。

さて、ディスカッションの課題についての最初の事項をここでは取り上げた。教師は、子どもたちにそれぞれの視点を表すように求める。もしもそういった視点がなかなか出てこないようであれば、教師は追求していけそうな視点を提出した人に対して、次のような問いを向けることでディスカッションをさらに進めていける。

「どうしてあなたはこの特定の出来事について面白いと感じたのですか」
「このような種類の出来事になじみがありますか」
「どの視点に賛成し、そして反対しますか」
「物語のこの部分は、残りの部分を理解するためのどのような手助けとなりましたか」
「このエピソードにおいて何かよく分からない点はありませんでしたか」
「このエピソードは、何か私たちが議論しなければならないと思うような問題を提起していますか」

もちろん、教師は、これまで見てきたような一般的な問いよりも、もっと具体的で、もっと発言された事項につながりのあるいくつもの問いをきっと見つけられるはずだ。その場合は、ディスカッションにおいて課題となっている事項に一番直接的にたどりつけそうな、そうした問いかけからためらわずに始めてしまうのがよい。

生徒の自己表現を助ける——明確化と言い直し

教室で教えていると、ときどき、生徒たちが自己表現に苦戦していることに気づくことがある。おそらく、生徒たちは、ただ適切な言葉を見つけられないでいる。そして、気恥ずかしいのだろう。そのような状況なら、どうしたって教師は生徒の参加を呼び起こしたいと思うに違いない。すると、以下に挙げるような問いかけが助けとなるだろう。


「あなたは……と言っているように思われます」

「それは……ということですか」

「あなたが言っているのは……ということですか」

「あなたが……と言っているように私には思えました」

「私は……という印象を持ちました」

「……ということは、あなたが言っていることと合っていますか」

「あなたが言っていることを聞くと、……と言っているように思えました」

「そうすると……とあなたが理解しているように、……ということになります」

「間違っていたら直してください。でも、これは……ということですか」

「そうすると、あなたの観点からは……ということになりますか」

「私が理解する限りだと……ということになります」

「あなたは……と言っているのだと推測しているのですが、それでよいですか」

「そのような立場を取るのは、理にかなっていますか」
「あなたが言っていることはこういうことでしょうか」
「あなたの視点をこういう風に表現してよいでしょうか」

こうした言い回しは、生徒の発言内容をはっきりさせるために使えるので、心にとめておくとよいだろう。ただし、子どもの発言の根拠や暗示を求めるための問いかけではない。

これらは単純に、解き明かす必要があるコメントを言い直したり、あるいは子ども自身に言い直させたりするための試みなのだ。教師がこの仕事をするよりも、子どもたちが自分自身で視点をはっきりさせられる方が望ましいのは言うまでもない。しかし、ときどき、生徒たちが過去の発言をどうやってうまく言い直すかを考えて、途方にくれているときがある。そのようなときは、より分かりやすい形で発言をもういちど作り直すことを提案して、彼らの手助けをするのだ。

このように言い直すことの利点は、何よりもまず、議論を活性化できるところにある。もちろん、明らかな危険性もある。つまり、子どもたちの視点をより分かりやすい形にまっすぐ翻訳したように思われるものが、実際のところは、もとの視点の解釈となってしまうおそれがある――すなわち、子どもがはじめ意図していたものをゆがめる解釈をしてしまう可能性がある。私たちはみな、他人を思い通りに操ろうとする傾向を持っている。意識しているかもしれないし、意識していないかもしれない。いずれにせよ、そうしたものがあらわになってしまう一つの例としては、自分が信じていることを、相手にも信じさせようと一生懸命になる行為が挙げられる。それも、彼らが言おうとしていることが、まさに自分が聞きたいと欲していることだと説得する方法によって、だ。しかし、教師にとっては、子どもたちが思っていることを表現するのを助けるのが義務となる。たとえ子どもたちが考えていることが、教師が考えてほしいと思っていることとは違うと判明したとしても、そうすることが義務である。もしも教師が子どもたちに同意できないときは、そのように言い、なぜ同意しないのかを説明する機会はあると言える。しかし、生徒の視点を微妙な言い直しによって歪ませるのは操作的であり、教え込みになってしまう。つまり、はっきり言ってしまえば、そのような行為は哲学的対話にはふさわしくないのだ。

生徒の意見をくわしく説明する

ところで、教師は、言い直しをして生徒たちの意見をただはっきりさせるだけでなく、それ以上の手助けをしたくなるかもしれない。つまり、生徒たちが言うことのみを探求するのでなく、彼らが言うことの意味を探求したくなるかもしれないということだ。生徒に対し、「……と言っているのですか」と聞くことと、「……ということを示唆しているのですか」と聞くことの間には違いがある。前者は断言することになり、後者は主張がどのように解釈されるのかを聞いていることになる。

しかし、生徒の発言を解釈する上で問題となることがらを議論する前に、教師は解説に対してそれなりに注意しなければならない。解説は、相手の発言をゆがめずに言い直す行為と解釈との間に位置する。生徒が断言したことから、特定のポイントを選んで強調すると、それは解説になる。あるいは、生徒自身が自分の発言を解説することが後押しされる。以下のコメントは、解説を行うために役立つだろう。

「あなたが言っているポイントは、……ですか」
「あなたが言ったなかで、どの点を強調したいのですか」
「つまり、あなたは……という点が重要だと考えているのですね」
「あなたの議論を……という風にまとめてもよいですか」
「あなたが……と言った点の簡単なまとめをしてくれませんか」

「……というのが、あなたの発言の主旨として私が受け取ったものです」

解釈

教室でのディスカッションは、おそらく誰かの発言の意味、あるいは教室で読んだ一節の意味を問う方向へ進んでいく。意味の中身を取り出すとは、解釈に取り組むということだ。

たとえば、あなたが何かを言うとする。すると、それはおそらくあなたの基準のなかで——つまりあなたの人生経験のなかで——あなた自身にとっての意味を持つ。そして、その発言がほかの人たちにどう解釈されるかは、自分自身の解釈からはずいぶん違ったものになるだろう。つまり、あなたは一つの意味をあなたの発言に結びつけているのだが、それに対して、ほかの人たちはまったく別の意味をその発言に結びつけるのだ。

さて、哲学のディスカッションを導く上では、一つの発言だけではなく、どれだけ様々な教室のメンバーがその発言を解釈できるかどうかに注意を払えるかが非常に重要となってくる。言われたことからどの意味が引き出されるかには、二通りの方法が可能性として存在する。一つは論理的に含意されていることを推論することによってであり、もう一つは、論理的に含意されているわけではないが、それとなく言われたことから推論することによってである。

◆論理的含意を推論する

論理を学べば、与えられた意見や意見のまとまりから、論理的に何が推察できるかを知る方法を自分のものにできる。論理は、たとえば次のようなことを教えてくれる。「いかなる犬も爬虫類ではない」という意見からは、論理的にいかなる爬虫類も犬ではないことが推察できるが、そこからすべての犬がみな脊椎動物であることや、いかなる爬虫類も毛皮でおおわれていないといったことを論理的に推察することはできない、と。

次の二つの発言からも、論理を学ぶことができる。

「すべての事務職員は人間である」
「すべての人間は死すべき存在である」

当然、次のような推察を描くことができる。すなわち、「すべての事務職員は死すべき存在である」と。つまり、論理は、私たちが言うことから示唆されるものを教えてくれるのだ。とはいえ、それは、私たちの言うことが論理の決まりにぴったり合うように注意深くつくられ、調整されたときに限る。そして、実際、教室でのディスカッションの最中では、このような厳しい条件はなかなか受け入れられない。『ハリー・ストットルマイヤーの発見』の第一章におけるハリーのように、効力のない演繹的推論の事例に狙いを定めることで、私たちは理想的な事例を学べるだろう。もちろん、この章のなかで、ハリーは二つもの事例に目印をつけている。実生活のディスカッション中では、論理的推論のためのそうした厳しい問いは、そこまでたくさん生まれないかもしれない。しかし、論理をよく勉強すれば、読者は読んだものから正確な意味をよりうまくつかめるようになる。

◆何が示唆されているのか

解釈は、誰かの表現がそれとなく言ったり、あるいは示唆したりしていることをたどり、意味を見つけることに関わってくる。人は推論を描くものだが、表現は示唆を持つことに気をつけなければならない。表現が示唆するものは、重要な結果だ。これら重要な結果のうちのいくつかは、論理的に示唆されるのだが、なかには単にそれとなく言われるだけのものもある。

たとえば、教室のメンバーの一人が、「違うよ、ジョニーは全然先生のおりこうさんじゃないよ。彼はただ頭が良くてよい成績を取ったにすぎないのだから」と言ったとする。教師は、これが皮肉で、ジョニーが教師のお気に入りであるとそれとなく言われているのだと間違いなく気づくだろう（このことは論理的には明らかに示唆されていないにもかかわらず）。

あるいは、誰かが「昨日、フランクが一番前の席に移った。今日、一番前の列の人は全員、部屋の後ろ側に移動した」と言えば、間違いなく、フランクが前へ移ったせいで前の席の生徒たちが移動したことが、それとなくここでほのめかされていることになる。この事実は、どこにも論理的には含意されていないにもかかわらず。

非言語的な推論もあり、見抜かなければならない。この場合の読解は、当てつけや、微妙にいつもと違う強調がほのめかすものを把握することから、さらには教室内での身ぶりや表情を観察し、それらを発言への反応として読み取ることにまでおよぶ。

解釈は、それとなく言われたり、示唆されたりしたことをうまくつかむことに関わる。そのため、ときどき教師は、生徒たちが表現したことをうまいタイミングで解釈することによって、議論をそうした次元にまで持ってくることができる。解釈は、次のような表現で始めることができるだろう。


「言われたことから、私は……と理解します」

「もし間違っていなければ、あなたの立場は……という風に解釈できます」

「もし間違っていたら訂正してください。けれど、あなたは要するに……と言っているのではありませんか」

「あなたが言っていることを聞く限り、論理的に……と理解できるように思います」

「あなたは……ということを示唆しているのですか」
「あなたは……ということをほのめかしているのですか」
「もしも……と置き換えてみると、あなたが示唆していることを損なうことになるでしょうか」
「私はあなたが意味することを……と解釈します」
「あなたの意味することは……と言い換えることもできませんか」
「あなたがちょうどいま……と言ったことで何を意味しているのかを説明してくれませんか」
「もしあなたが言っていることが正しければ、……という理解になりませんか」
「もしもあなたが言っていることが正しければ、……という事実はどのように説明されますか」
「あなたがちょうどいま表明した視点からだと、……とお考えですか」
「あなたがいま言ったことは、………という理由から、重要だと（重要でないと）思います」
「あなたが言ったことの含意は、私には……という理由から広範囲にわたるものだと思われます」
「あなたの発言を……とする解釈には反対しますか」

一貫性を追い求める

哲学のディスカッションの途中で、一貫性について問いを投げかけることは効果的だ（「一貫性」というのは、同じ用語が使われる同じ用語を使った実践を意味する。同じ文脈で何度かその用語が使われるときに同じ意味を持たせる方法だ）。ある人物が、自分の意見を発表するときに、用語の使い方が一貫していないのではないかと思うことがあるだろう。あるいは、教室のなかの何人かの意見において、用語の定義が食い違っているように感じられることもあるだろう。どちらの場合でも、次のような問いやコメントを使って可能性を探ってみるとよい。

「最初……という単語を使っていたとき、あなたは今それを使っている方法とはかなり違う方法で使っていませんでしたか？」

「あなた方は本当に互いに同意していないのですか？　あなた方は同じことを違う二つの方法で言っているのではありませんか？」

「私には、これら二つの……という視点には直接的な矛盾があるように思われます」

「その意見をさらに展開するために、……と付け加えても一貫性は保たれるでしょうか？」

「もちろん、あなたの視点は一貫しています。しかし、……という理由から、やはり間違っている可能性があります」

定義を求める

ときどき、議論で使われる用語が、勉強になるどころか、むしろ子どもたちを混乱させることがある。そのようなときは、用語の定義を考え直すために、いったん時間をとるのがよいだろう。または、問題となってしまう用語を、すべて取り除いてしまうのがよい。

よくあるのは、子どもたちの間の意見の不一致が、お互いまったく同じ用語を使っているのに、まったく違う方法で定義をしているという事実に還元されるということだ。全員がこの事実に気づくと、共通の定義にたどり着こうとするか、より適切な別の用語を見つけようとするかを決めることができるようになる。

子どもたちは、ある映画がよかったとか悪かったといったことや、カモノハシが魚なのか鳥なのか哺乳類なのかといったことについて、意見の食い違いを起こすかもしれない。後者のように、複雑ではない場合では、辞書がいちばんよい手助けとなる。しかし、そうでない場合は、議論の原因になっている単語の代替可能な意味がとても豊かだということになる。教師は、生徒がそれとなく使っている定義にたどりつかなければならない。もし必要があれば、以下のような質問をするとよいだろう。

「あなたが……という言葉を使うとき、その言葉で何を意味しているのですか」
「あなたがちょうどいま使った……という言葉を定義してくれませんか」
「……という単語は何を意味するのですか」
「もし物が……であるならば、その主な特徴はどんなものですか」

全体として、子どもたちに定義を求めるときには、注意しなければならない。なぜなら、ディスカッションを単なる定義をめぐる論争に脱線させてしまう危険があるからだ。たとえば、教室では戦争の問題について議論が行われ、対話が順調に進んでいたとする。そこで教師が「ここで言う『戦争』は何を意味しているのか」という質問をはさみ込んだとする。これは優れた問いなのだが、ふさわしいときに発されなければならない。言葉のある意味が当たり前のものとして共有されているがために対話が順調に生産的に進んでいるときよりも、生徒たちが言葉にまつわる難しさを理解し始めたときに、こうした定義を問う問いは発されるのがいちばんのぞましい。

一方で、ディスカッションの最初の段階で、一つか複数の基本的な用語が定義されない以上、順調に始めることができない場合もある。たとえば、子どもたちは『ハリー・ストットルマイヤーの発見』の第五章で起こることについて話すかもしれない。そして「教育」という語の意味について、ある程度の理解、または意見の合致がなければならないことに気づく。そのような場合、教師はキーワードや定義されるべき語について子どもたちに問いかけ、ディスカッションを始めるとよい。

仮定を探し出す

哲学の対話のなかで、最も重要な特徴の一つは、言われたことから何が論理的に含意されているか(何が論理的に導かれるか)を見つけ出すことだ。そして、もう一つの重要な特徴は、言われたことのおおもととなっている仮定を探し出すところにある。あらゆる問いと主張の基礎になっている前提を探し出すことは、哲学者に典型的な姿勢だ。そして、こうした探究は、哲学のディスカッションをも同じように特徴づける——とりわけ、最も洞察力があり深遠なディスカッションを。

仮定を明らかにすることは、必ずしもその仮定を生徒たちに捨てさせることにはならない。しかし、当然のことながら、そのような仮定に基づいて発言するすべてを再考させる結果になる。

よくあることだが、質問者の前提が明らかになれば、なぜその問いに答えることができないかということも明らかになる。誰かがあなたに「ここからネバーランド[i]まではどれくらいの距離ですか」と聞いたとすれば、その質問を様々な角度から拒否するのは当然だろう。たとえば、そもそもネバーランドが存在することを前提にしている点、あるいはそこまでの距離を把握することができると考えてしまっている点などがポイントとして挙げられる。「ここ」という言葉を、あたかもどこか特定の場所を示しているかのように使っている点も指摘できる。ほかに、誰かが「冬と都会は、どっちがあたたかいだろうか」と聞いてくる場合を考えてみよう。この場合、そもそもの問いかけが、冬と都会が気候として比べられることを前提にしてはいないか、と指摘することができる。あるいは、「世界はどのように終わるのだろうか」という質問が出されたとすると、「なぜ質問者は世界が終わることを前提にしているのか」といった疑問が生まれるのはごく自然なことだ。子どもたちは、問いや主張を批判的に吟味するための模範を示される。何が前提となっていて、そのうちのどれかが保証されていないのではないか、と疑うことができるようになるために。次のような問いが、この作業の助けとなる。

「あなたは……ということを推測していませんか」
「あなたが言っていることは……ということを前提にしていませんか」
「あなたが言っていることは……という観念に基づいていませんか」
「あなたがちょうどいま言ったことは……という信念に基づいていませんか」
「あなたはもし……だとたまたま信じなかったとしても、そのように言うのですか」

もしも子どもが、「熊は哺乳類とどう違うのか」とあなたに聞いたとする。すると、その子どもは哺乳類が動物の別の種類だと思い込んでいることになる。こういった場合は、その子どもの間違った仮定を直してあげることができる。しかし、子どもの仮定は正しいのに、子どもがそこから推論することが間違っていると判明するような事例もある。たとえば、小さな子どもが「木は絶対に死なない」と主張することがあったとしよう。その確信が何に基づいているのかを尋ねると、「生きているものしか死なない」と子どもが答えるとする。さて、この場合、前提は正しい。しかし、彼はそこから間違った推論を描いている。彼が作り出した別の事実――この場合は間違っている事実――に基づいて。つまり、「木は生き物ではない」という仮定である。

誤謬を示す

教室でのディスカッションの最中に、論理的誤謬が作られる場面に出合うことがある。その場合、教師が進んでそれを指摘すれば、生徒自身がその後は同じように誤謬を指摘し始め、同じ状況で生徒が互いに誤謬を正し合い始めることになる。たとえば、教師は次のような誤謬を指摘できる。

「私は彼女が歴史について言うことは何も信じません。誰もが彼女の祖父が服役していたことを知っています」

議論そのものではなく、議論する人物を攻撃する誤謬。

「彼が政治について言うことのすべてをもちろん信じます。なぜなら、彼はナショナル・リーグの首位打者なのだから」

問いのなかの人物が特定の問題についての権威ではないというのに、別の権威に訴えかける誤謬。

「私は彼がノーヒット・ノーランを達成すると思い続けてきました。そのせいで彼はノーヒット・ノーランを達成できませんでした。私が不運をもたらしたのです」

結論への飛躍。この場合、思考が結果（ノーヒット・ノーランを達成できなかったこと）をもたらしたに違いないと、単に思考が出来事に先立っていたという理由だけで推論すること。

もちろん、これらに加えて様々なほかの種類の誤謬がある。そして、論理学のコースは、こうした数々の誤謬を認識できるようにすることを目的の一つにしている。もしも教師が生徒の誤謬をおおめに見てしまったならば、不注意な思考を促してしまうだけでなく、生徒たちに弱い根拠がどのようなものであるかを教える機会を失ってしまう。結局のところ、生徒たちがいつもいちばんよい根拠を見つけられないということはある。しかし、そうだとしても、最悪の根拠を持ち出してきてしまったことに対して何も指摘せずに済ませてしまうのは、どのような言い訳も通用しないほど、許されないことなのである。

根拠を求める

哲学のディスカッションは、アイディアを体系的に発表する側面を持っている。たとえば、一つの理論はたいてい単一の概念ではなく、複数の概念のネットワークとして成り立っている。同じように、哲学において主張と呼ばれるものは、アイディアを体系的に発表することである。その場合、それは一つか複数の根拠で裏づけられた結論で構成される。

たいてい、子どもたちは自分の信念や意見を、わざわざ根拠で裏づけたりはしないで発表するだろう。教師は、そうした信念や意見の裏づけを提出するための根拠を子どもたちから引き出さそうとしなければならない。だんだんと、ほかの生徒たちがこの役割を引き継ぐだろう。そして、同級生から根拠を求めることになるのだ。そのうち、多くの生徒たちは、意見が根拠によって裏づけられるときのみ意見を出す習慣を育ててゆく。

根拠は、形式的には結論につながるかもしれないし、つながらないかもしれない。たとえば、ある子どもが「火星には小さな緑色の人々がいるとは信じない」と言ったならば、そのような生物の証拠がまったくないことを根拠として示すだろう。一方で、その子どもが（正しいかもしれないし間違っているかもしれないが）次のような主張をする可能性もある。

「地球の住人だけが人間である」
「火星人は地球の住人ではない」
「したがって、火星人は人間ではない」

これは論理的な主張の標準的な形をしている。というのも、この生徒の根拠は結論を裏づける前提を示しているからだ。この教室でのディスカッションは、したがって、問題となる最初の前提に移るだろう。

生徒たちに根拠を求めるとき、問いは公平ではっきりしていなければならない。

「……と言う根拠は何ですか」
「何があなたを……と考えさせるのですか」
「どのような立場から……と信じるのですか」
「……というあなたの主張を支持するほかの議論を提供してくれませんか」
「どうして……と言うのですか」
「なぜあなたは自分の意見が正しいと信じているのですか」
「あなたの意見を擁護するために何が言えますか」
「あなたの意見が正しいと証明するために、何か言いたいことはありませんか」
「どうしてあなたがそのように考えるのか、私たちに話してくれませんか」

意見を支持するための根拠を持ってくるのはなぜか。それはたいてい、意見よりも論拠の方が、異議が少なく受け入れられやすいからだ。つまり、もっともらしさを出すために私たちは根拠に訴える。次のやりとりを比べてみよう。

質問　なぜカリウムがミネラルだと思うのですか。

答え　科学の教科書にそう書いてあるからです。
質問　なぜ誰かがあなたを傷つけたときでさえ、仕返しをしないと言うのですか。
答え　なぜなら、二つの間違いから一つの正しさが作られることはないからです。
質問　どうして外国人が秘密主義だと考えるのですか。
答え　外国人はいつも私の分からない言語で話すからです。
質問　歌うのが大変だから、国歌はなくすべきでしょうか。
答え　美しく、独特であるから残すべきだという国歌への賛成理由は、あなたが反対意見として述べた理由を上回ると思います。
質問　どうして飲んでいるときにラジオを聞くのをやめたのですか。
答え　人々が、過度の飲酒がアルコール中毒をもたらすと話すのを聞くのにうんざりしたからです。

いま見てきた根拠のなかには、とてももっともらしく思われるものもあるが、そうではないものもある。というよりも、いくつかの論拠は、どれも本来であれば立証されると想定される確信より、もっともらしく思われないのだ。これが、子どもたちから根拠を求めるときに、よい根拠、すなわち高いレベルでのもっともらしさを強く主張しなければならない理由である。

当然、教師は、生徒たちが自分の立場と、自分の立場を擁護するために述べる根拠を区別できるよう助けてあげる必要がある。しかし、対話の礼儀作法はさらに、生徒たちが自らの立場にとっていちばんよい根拠を構成する手助けを教師に求める。教師が生徒たちの立場に対して、どのような評価を抱いたとしても、そうである。したがって教師は、生徒の弱い根拠を批判するのではなく、生徒がよりよい根拠を構成するための手伝いをするべきだということになる。だから、たとえば、教師が動物を狩ることを非難するとしよう。それにもかかわらず、『リサ』の第二章の議論のように、ある生徒が、「狩りが狩猟者に正確に撃つ能力を発達させる貴重な機会を与える」という意見に基づいて、反論すると仮定してみよう。確かに、この場合、必要なのは、この主張の弱い部分について時間をかけて考えることではない。それよりも、狩猟に賛成するためにはどのようなよりよい根拠を発展させるべきなのかを考えることが必要なのだ。そして、その方がより生産的となる。たとえば、「動物が肉食であれば人を襲う可能性がある」とか、「そうした動物が増えすぎると危険になる」といった根拠が考えられる。それでもなお、狩猟に反対する根拠の方が説得力のあるように聞こえるかもしれないが。

どうしてわかるのか、生徒に説明させる

「どうしてわかるのか」という問いは、子どもたちから幅広く説明を引き出すためにとても役立つ。主張を支えるための強い根拠を生み出すことにもつながるだろう。なぜなら、この質問を受けることによって、根拠が求められていると解釈する生徒もいるからだ。例を見てみよう。

「雨が降りそうだと思う」
「どうしてわかるのですか」
「天気予報が雨だって言っていたからです」

発言や主張を裏づけるために提供された観察やデータなどは、主張の証拠を述べるときに説得力をもたらす。

たとえば、次の例を見てみよう。

「雨が降りそうだと思う」

「どうしてわかるのですか」

「ええと、北の方に嵐雲が見えます。風が起こり始めていて、気圧計の値が下がってきています。そして、雨が降りそうなときはいつもそうなるように、私の足首が痛み始めているのです」

あるいは、「どうして分かるのですか?」という問いは、文字通りどうして分かるのかに関わる説得力のある説明を導くことにつながる。たとえば、次の例を見てみよう。

「雨が降りそうだと思う」

「どうしてわかるのですか」

「証拠をよく考えて、そして過去の経験を考慮に入れることによって、です」

子どもたちに「なぜ信じているものを信じているのか」と聞くこと――実質的には根拠を聞くこと――と、「わかることがどうしてわかるのか」と聞くこととの間には、はっきりとした違いがある。後者は文字通り、知るようになったプロセスを説明することを求めている。子どもたちが正しいと確かに感じるようになったときに、なぜそのように感じるのかと言うように求めているのだ。

別の可能性を引き出し、検討する

もしもある子どもが、「裕福になるためには不誠実にならなければならない」という意見を出したとする。そうすると、別の可能性があることを教えたくなるだろう。「多くの人々は不誠実にならなくても裕福になったし、多くの人々は裕福さとは違った人生における別のゴールを探っただろう」などという風に。選択はもちろん、なお子どもにゆだねられている。しかし、結果として、少なくともほかに複数の選択肢があるということを理解する手助けはできる。

たまに、子どもたちが、自分の物事を見る方法が物事を見る唯一の可能性であると主張することがある。そういった場合、子どもたちはいかなる別の可能性についても考えていない。なぜなら、考えるべきほかの方法が存在するとは思わないからだ。ここに、子どもたちを狭い思考回路から解放する余地がある。探究すべき別の可能性が十分あることをほのめかしたり、そのような別の可能性を認識し、検討する手助けをしたりすることによってそれはできるだろう。

したがって、もしある生徒が「すべての物体は地面に落ちるはずだ」と主張するならば、教師はクラスのメンバーに、「物体が地面に落ちないことはありうるだろうか」と聞くことになる。もしもある生徒が、「人が死後の世界に行くことはない」という視点を表したならば、教師はその視点に対して考えられうる別の可能性を探究したくなるかもしれない。「すべてがすばらしい」と真面目に信じる子ども（すべてが恐ろしいと信じる子どもも同じである）が、おそらくはほかの選択肢についてより綿密にじっくり考える必要があるのと同じように。

自分たちの意見には別の可能性があると気づかせるためには、次のようなコメントで後押しすることもできる。

「……と考える人々もいます」
「あなたはこの主題に基づくほかのどんな確信も起こりえると言うのですか」
「この問題はほかにどのように見ることができるでしょうか」
「誰かほかに違う意見を持っている人はいませんか」
「誰かがあなたの意見に反論したいとして、彼らはどのような立場を取りうるでしょうか」
「あなたの意見は、人々がこの話題について持つ唯一の意見ですか」
「あなたの意見が正しくないような状況はありますか」
「この問題を見るために、より説得力のある別の方法はありませんか」
「あなたの説明以外に、ほかの説明は可能ですか」
「それはまた……でもありませんか」
「もし誰かが……と提案したらどうですか」

子どもたちに代替可能性を切り開いてゆかせる目的は、混乱させたり戸惑わせたりすることではない。そうではなく、せまい思考回路や柔軟性のなさから、彼らを自由にすることにあるのだ。そのことを忘れてはならない。子どもたちがすでに持っているものとは別の信念を無理に選ばせるのでは決してない。あくまで、知的な選択肢を発見し、評価することを身につけさせることが目的なのだ。

話し合いの指揮をする

先に手本となる問いかけを挙げたので、教師はその全部を覚えておいて、クラスに一つずつ投げかけてもよい。しかしそれだけでは、真に哲学的な話し合いはできないかもしれない。その理由の一つは、問いかけをするときには、その場面にうまく適した問いを選ばなければいけないからである。たとえば、生徒の誰かがずいぶん唐突な意見を発表して、クラスのなかでも解釈がいくつかに分かれているような場面では、その意見を説明させる必要があるだろう。それは、生徒の見解を受け入れると長期的にはどんな帰結がもたらされるだろうか、という問いを出して探求するのには適さない場面である。というのは、生徒の見解の意味がまだ明確でないからである。同様に、生徒がクラスに向かってした発言がどういった帰結を含んでいるのかについて話し合うときが来ているというのに、その発言のなかの語句の定義は何かと言って、話し合いの準備段階の考察をしているようでは、逆効果になってしまうだろう。

教師は、どのタイミングでまさに何を問いかけるべきかを分かっている必要があるのだが、それは経験、哲学的洞察力、機転によるところが大きい。教師が経験を積むにつれ、問いかけのレパートリーは増えていき、さほどの自己反省や躊躇もなく、適切な問いかけを素早くすることができるようになる。また、最も経験を積んだ教師というのは、一つの問いかけをするのにも、話し合いのそのときの時点にぴったり合った言葉づかいで、巧みに問いかけることができる。教師が問いかけのリストを予め用意して使っていると、子どもたちはすぐに気づいてしまうだろう。そして、決まりきった問いかけには、決まりきった答えをするようになるだろう。唯一頼りになる方法は、普段の会話のような話し方をすることだ。そうすれば、形式張らずに臨機応変なやり方で、様々な問いかけをすることができ、対話の途中で機械的に割り込んでいるようには見えないだろう。その代わりに、対話を白熱させるありがたい技法を使っているように見えるだろう。おそらくその際、話し合いの持つ普遍性が一段高まるだろう。目標は、話し合いをより抽象的にすることではなく、より包括的にすることである。たとえば、投票できる年齢や映画館に入れる年齢といったように、大人と扱われる年齢がまちまちに定められていることは公正かどうかについてクラスで話し合っているとする。あるいは、お酒の広告が雑誌には出ているのにテレビでは放送されない、ということを話し合っているかもしれない。そのようなとき、話し合いが進むなかで、教師が「公正さって何かな」「一貫性って何かな」のように問いかけると有効な場合がある。そうすることで、生徒は深い満足感を抱くことができるだろう。話し合いのテーマに取り組むことができるようになり、最初は不可解に思われたことが、次第に分かってくるからだ。哲学の話し合いというのは、まさにこのようなやり方で、人間の経験において最も根本的なものを扱おうとするのである。

哲学を教えるための技法をどのように説明しても、見習い中の教師にとっては十分な説明にはならないだろう。第一に、哲学者たち自身、哲学を教えるときに何をしているのか、よく分かったためしがないということを認めなければならない。だから十分な説明をしようとしても、拠り所となるような完全な理解というものがないのである。第二に、十分な説明が得られたとしても、哲学者が優れたモデルとならなければならないし、それに加え、哲学対話をするとはどういうことかを教師が経験によって知る必要がある。これら三つの要素（説明、モデル化、経験）が、小学校の学年で哲学を教えるための準備をする際には不可欠となる。

子どもたちに哲学を教える技法は、すぐに身に付くものではない。教師たちは、目に見える上達もなく何ヶ月も過ごすことになるかもしれない。だが突如として、ごく自然に見えるやり方で教えられるようになっているのに気づくだろう。この経験によって、長いこと苦しんで努力することに価値があるという感覚を、教師は再確認できる。また、教師が何かしらの停滞期に入り、それ以上の上達が難しいと感じることもよくある。子どもが自分の経験についてどう考えるのかを聞き出し、ほかにはどういう考えがありうるだろうかと問いかけ、例を出して説明する。そういったことはうまくできるようになるだろう。それでもまだ、対話をさらに哲学的な段階へと運ぶ能力は十分にないかもしれない。たとえば、推論を導いたり、一般化したり、矛盾を指摘したり、根底にある前提を聞いたり、知的な一貫性が求められるということを強調したり、といったことをするときの能力である。生徒が自分の経験を説明する際には、さらに包括的な説明を探るよう仕向けるのがよい。そう仕向けるための問いかけの連鎖を考え出すということに関しては、哲学者は多くの経験を積んできている。プロの哲学者は、生徒の意見に応じるとき、生徒の成長をほめると同時に、生徒が提案した考えの欠点を指摘するのがうまい。哲学者はいつも不満足であるかのように生徒たちには見えるかもしれない。生徒がどんな意見を言っても、哲学者は必ずその意見のややこしいところを見つけ出し、生徒の発言の不可解な側面をちょうど狙って質問をしてくる。それに続いて生徒が意見を言っても、同じことが起きる。生徒の意見のどこが理解できるところなのかは確認されるが、不可解なところがあることが明らかになって驚くことになる。すると、探求をさらに続ける必要があると、教師と生徒の双方が感じることができるのである。このようにして、話し合いをしているテーマについて分かっていることの範囲が、どんどん広がっていく。とはいえ、その範囲のなかに謎がまったくなくなってしまうという意味では決してない。よい哲学の教師は、もう不思議がる必要はないと思えるような段階に至ることが決してない。世界はどこまでも不可思議なものである。この不思議がるという態度こそが、技術や策略や処方箋といったものを使って説明して伝えようと思っても、非常に難しい。不思議がるという態度は、そのふりをすることができない。その態度は、自分の経験から出てこなければならない。そのための経験をさせる方法として一番よいのは、教師が手本を示して、それに感化される形で一緒に経験するというものだ。この病気を移され、そのおかげで独断的な考えから自由になる経験をしたならば、自分の生徒が同じ経験に感染するまで、じっとしていることはできないだろう。

哲学の教室では、一次元の線上を辿るようにして、次々に新しいことが明らかになっていくということはありえない。一般に哲学では、新しいことが明らかになると、さらに深い謎が出てきて新鮮な感覚がもたらされるものだ。そうでなければ、哲学はとうに廃れてなくなってしまっていたことだろう。なぜならその場合、人を不思議がらせるような刺激が哲学にはなくなってしまうからだ。人が不思議に思って初めて、哲学は始まるのである。

哲学対話を始め、それを進めていくには、子どもに話をさせなければならない。先ではそのための方法を紹介してきたが、その大部分は戦略的なものだった。しかし教師は、弁証法的な手段のレパートリーを増やすことに加えて、もっと一般的な教育上の方策も覚えておかねばならない。

◆複数の考えをグループ分けする

たとえば、生徒が提案したいろいろな考えを覚えておいて、いくつかのグループやまとまりへと整理していくのが有効だと感じる教師もいるだろう。そのときのグループやまとまりというのは、具体的な立場や議論のパターンといったものをそれぞれ表すようなものである。そのうえで、そういった立場や議論の一つ一つを教師が要約してみせると、クラスの生徒にとっては大いにためになることがある。そうすることで、バランス感覚や、冷静に物事を見る目といった、生徒が自分だけでは獲得できなかったかもしれないものも、示してやることができるからだ。当然のことながら、話し合いによってクラスがはっきりと二分されていて、お互いの立場の違いに全員が気づいているようなときには、教師の要約は冗長で余分なものになってしまうだろう。そうした場合は要約をせず、要約が必要とされる場面を待ったほうがよい。

◆意見の収斂点や分岐点を探させる

教師が話し合いをうまく進められるようになってくると、自分が生徒にどういう問いかけをしたいと思うのかが、一定の方策上の考慮に基づいていることに気づくだろう。たとえば、生徒の出す意見の幅を広げようという考慮が働く場合もあるだろうし、話し合いのなかのいくつかの流れを引っ張ってきて、大きな収斂点でそれらをまとめようという考慮が働く場合もあるだろう。

話し合いを開始して、意見どうしの分岐点がもっとたくさん出てくるようにするには、話し合いのいくつかの重要な段階で、区別を設けるということをすると有効な場合がある。そうすることで、クラスの生徒たちのあいだにある違いを、鮮明にすることができる。たとえば、『ハリー』の第五章で、マークは「すべての学校は悪い」という議論をする。それに対してハリーは、「子どもを理解しない人たちが運営する学校だけが悪い」という議論をする。そうすることでハリーは、マークの大雑把な主張に対して区別を設けて、より緻密な分析を始められるようにしている。そのように、教師は区別をつけてやることで、教室の子どもたちが取ることのできる選択肢の数を増やすことができる。さらには、新しい観点をディスカッションに引き入れるために、「新しい選択肢を生徒から引き出して検討する」の見出しのところで挙げたような言葉を使うこともできる。

クラスの生徒たちが発表した意見が、互いに違うだけでなく、直接に対立していることを、教師が教えたほうがよい場合もあるかもしれない。これをする方法としては、二つの意見から出てくる帰結が最終的には矛盾し合うことを示してあげることによって、二つの意見が両立しないことを指摘するという方法がある。たとえば、クラスの生徒の一人が、「女子にはワンダーフォーゲル部に入っている人はいない」と主張したとする。一方、別の生徒が、「ワンダーフォーゲル部にも女子がいる」と主張したとする。すると、『ハリー』に出てくる論理学の知識を使って（つまり、一つ目のほうの発言の主語と述語を逆にすることで）、右の二つの発言が両立しないということを生徒たちにわかってもらうことができる。二つの発言からは矛盾し合う主張が導かれることを示すやり方である。

それから、生徒たちが気づいていないつながりを明らかにするという形で、教師が生徒たちをリードしたほうがよい場合もある。たとえば、生徒たちが別々だと思っていることについて、それらを同じグループに入れることにも一理あるということを指摘するとよい場合があるだろう。あるいは、二人の生徒が別々の議論を出したとき、二人の議論がだいたい同じことを言っているということ――すなわち一般性を持つ一つの立場へと収斂するということ——を指摘できる場合もあるだろう。このように、表現上の違いに惑わされず、生徒たちの発言をまとめていく役割を教師が果たすこともある。必要に応じて区別を設けることの意義を生徒が分かるよう手助けする役割があるように、これも一つの役割である。どちらのアプローチに重点を置くべきかに関して、確実なマニュアルはない。ただ、ディスカッションの進行役とは治療者の役割だと思えばうまくいくだろう。生徒たちの発言のまとまりであれ、多様性であれ、その時点のディスカッションにとって目立って不足している要素を補う役割である。

◆ディスカッションの一般性を一段高い水準へと運ぶ

本書の前の箇所で、子どもの質問がディスカッションの一般性を高める傾向を持つという点について触れた。たとえば、二つの数を足すように言われた子どもが、まず数とは何かについての説明を求めてきたり、自分の家の大きさを聞かれた子どもが、大きさとは何かについて問い始めたり、といったようにである。

「子どものための哲学」プログラムの小説には、人が自分を顧みるときに使う概念や言葉について、読んでいる子どもが立ち止まって考えるための場面がよく出てくる。それは、反省させることなく、子どもにそうした言葉や概念をさらに活用させるのとは対照的である。子どもたちの日常言語に含まれる概念や観念のなかには、子どもたちが当たり前のように使っているけれども、分析が必要なものがある。ディスカッションをそうした概念や観念を分析する方向へ進めるとうまくいくということに、教師は気づくだろう。

註1　ジュスタス・ブフラーの「議論とは何か?」『総合教育ジャーナル』(Ⅷ、1号、一九五四年八月、七‐十二

頁）を参照。

訳註 i 「ピーター・パン」の物語に登場する架空の国。

Ⅲ

実際の学校生活で思考スキルを生かすために

第8章　子どもが論理的に考えられるよう後押しする

論理という言葉は、「子どものための哲学」では三つの意味で使われる。一つには、形式論理という意味がある。形式論理では、文の組み立てに関する規則や、文と文とのつながりに関する規則を扱う。二つ目の意味は、理由を挙げるということである。誰かが言ったことやしたことについて、理由を探ったり、理由を検討したりといったことを行う。論理の三つ目の意味は、理性的な行動をするということである。合理的な振る舞いとは何か、ということの判断基準を考えるのがこれである。ここに三つのテーマがあるとすると、「子どものための哲学」ではそれらを通常とは異なった手法で扱う。

哲学的思考の補助をする形式論理

形式論理の規則は文の組み立てに関わる規則なので、これを使って一つの自己認識を育てる手助けができる。形式論理の規則を活用すれば、自分の考えを自分でとらえ、また吟味する際に、うまくまとめてすっきりと整理することができる。形式論理の規則には、日常生活で実際に使って役に立つというよりも、自分の考えたことをきちんと整理したうえで振り返ることができると子どもに気づかせる効果がある。実のところ、ふだん私たちが考えていることがこの規則に合っているということはあまりない。

だからこそ、「子どものための哲学」で形式論理を扱うにはそれなりの目的がある、ということをよく覚えておいてほしい。それは、自分の思考について整理して考えることができる、と気づいてもらうことである。

じっくり、よく考えないといけないディスカッションに参加することで、子どもは自分の力で考える能力に自信を持ってくる。その結果、子どもは自分自身だけでなく他の人の発言についても、前よりも念入りに検討するようになる。このようにして子どもは次第に自己を確立していく。いったんこのプロセスに入ると、子どもは実りある哲学的思考をするのが目立ってうまくなっていく。こうして子どもが自分一人の力で考え出し、また考え続けるよう後押しするのに役立つのが形式論理なのである。

◆形式論理はどのようにして子どもの思考を手助けするのか

大学で論理の講座をとったことがある人なら、形式論理を使って子どもが自分一人の力で考えるよう後押しすると聞いて、本当なのかといぶかるだろう。ふつう形式論理の授業といえば、無味乾燥な教科書を使用し、規則を覚えておよそ現実とは関わりのない練習問題に当てはめていくものと相場が決まっている。これでは、よく考えるのとは正反対の態度を育てるのではないかと思うだろう。しかし、「子どものための哲学」ではこんなことはしない。形式論理を教えるのに教科書ではなく小説を用い、また、子どもには規則を説明する具体的な例を自分で考え出すことがとりわけ求められる。この二つの変更によって、様子はまるで違ってくる。

形式論理を教える際には、『ハリー』『リサ』という小説を使う。この小説は、至るところで形式論理の規則を見つけ出して検証する仕組みになっている。また、実際に様々な場面に当てはめて使ってみて、規則の使い方が分かるようにもなっている。規則は、具体的な種々様々の場面において、一つ一つ見つけ出されていく。『ハリー』の終わり近くで、ようやく様々な規則が体系的にまとまることが初めて分かり、『リサ』のなかほどで、それがまとまる仕組みについていくらか分かるようになっている。小説では最終的に、それらの規則は形式論理という特殊な問題としてではなく、考えるときに実際に当てはめて使うためのものだと説明される。『ハリー』と『リサ』ではまた、形式論理以外の思考のスタイルもたくさん出てきていて、規則は様々なコンテクストが重なりあった中で提示されている。それによって、規則の使い方だけでなく限界にも気づけるようになっている。小説を使って教えるときには、規則が見つけ出されたり実際に使われたりするそうしたドラマティックなコンテクストを指摘し、また規則を具体的に説明する例を考え出すよう後押ししてあげよう。そうすることで、教師は大いに生徒の力になれるのだ。もちろん、規則を教えるにあたって、教師はある程度時間をかけて、教材に出てくる事例についてよく調べておく必要がある。とはいえ、「子どものための哲学」で形式論理を教えることの最終目標は、一人ひとりの子どもが、個々の規則に対して自分自身で例を考え出すことなのだ。この段階に達して初めて、子どもは、形式論理の助けにより自分自身の思考について整理して考えられる、と気づけるのだ。生徒に対して、小説のキャラクターを使うなどしながら、自分で考えた例を表現したドラマティックな場面を考え出すよう水を向けてみてもいいだろう。それによって、この作業を内容的により充実したものにすることができる。

教科書に出てくる規則や練習問題を用いる代わりに、哲学小説を読んで気づいたことについてディスカッションし、またその気づいたことを実際に自分でも使ってみることで、子どもたちの物の見方には単純ながら重大な変化が起こる。この変化によって、教室にいる子どもたちは自分の力で考えるよう後押しされる。子どもたちがグループになって、形式論理の規則をまったく自分たちだけで見つけ出すなどと期待しても、現実味はないかもしれない。とはいえ何よりも重要なのは、生徒が、規則は子ども――小説に出てくるのであくまでも架空のキャラクターなのだが――にも理解できるものだと考えて、規則を具体的に説明する例を自分自身で考え出すようになることなのだ。小説に出てくる子どもたちは、悪戦苦闘の末に発見と例外の規則を具体的に説明することに成功している。彼らは、生徒がそうした例を考案する際のガイド役になるだろう。架空のキャラクターがガイドとなって、子どもは、めいめい規則を自分で考えるよう後押しされる。おそらくこのとき、子どもたちは生まれて初めて自分自身の思考に注意深く耳を傾けるという経験をすることになるだろうが、この際にはちょっとした注意が必要だ。

子どもの作った例は、あくまで自分自身で考え出したものなので、問題となっている事柄にうまく合っていないものもなかにはあるだろう。しかし、それをはっきりと指摘すると、子どもがとても傷つくことがある。教師は、自分というものを意識しながら、整理して考えるようになったこの最初の成果を、さしたる考えもなしに批判して壊してしまわないよう注意しなければならない。教師は、子どもの作り出した例を吟味する前に、教室にいる生徒たちのあいだに、また生徒と教師のあいだに、信頼関係やお互いの意見を尊重し合う関係を築いていなければならない。小説に出てくる架空のキャラクターが行っている規則の具体的な説明や検証についてのディスカッションを初めて行う際、教師は注意深く司会進行する必要がある。そうすることで、先に述べた信頼や敬意を育てていくことができるのだ。

うまくまとめて考えてみようとするとき、子どもは失敗に敏感であるが、そのぶん成功したときには大いに喜ぶ。子どもが、形式論理を学ぶことに対して、ずいぶんと熱心な、「おませな」反応を示すだろうことは、かんたんに想像できる。何といってもそれは、しっかりと自分のものにし、頭のなかに入れて持ち歩き、一人でいじくって遊ぶことができるものなのだ。それに、形式論理には言葉に対してももともと感じていた魅力と結びついたところがあるなと気づけば、この論理は多くの子どもにとってまったく楽しいものとなる。とりわけ「子どものための哲学」のやり方で教わるとそうなのだ。心を働かせることが持つ純粋な喜びを楽しむよう後押しすることは、子ども自身がセルフイメージを形成する際に重要な役割を果たす。この重要性については、いくら評価しても評価しすぎということはない。

形式論理が整理して考えることを育てるのに役立つのは、形式論理の規則が文に関するものだからである。規則を身につけて実際に用いるところまでくれば、私たちはすぐに、自分や他人の発言について考えるよう子どもたちを後押しできる。形式論理のいいところは、その規則がはっきり、しっかりしている点であり、またすっきりとした思考を表している点である。この規則を用いれば、批判的な思考を養い育てる手助けができる。とはいえそうした思考も、この段階ではまだ哲学的思考と呼ぶことはできない。

形式論理だけで哲学的思考のレベルを上げられると考えるのは誤りだ。たしかに形式論理を使えば、子どもが、自分にも整理して考える力がある、と気づくのを効率よく手助けできる。だが、どんなときにその規則を使って考えれば適切で役に立ち、どんなときにはばかげたことにしかならないかということについて、形式論理は何の手がかりも与えてくれない。批判的思考が本当の意味での哲学的な思考となるのは、その思考自身の批判の基準が持つ限界に気づくときだけである。形式論理だけに頼っていたのでは、こうしたことは分からない。

◆どうして三段論法を使うのか？

ある形式論理の体系が整理して考えることを育てる手助けとなるためには、それは理解しやすくて使いやすい規則をそなえていなければならない。十歳から十四歳までの子どもなら、ふつう、自分のまわりで話されている言葉が持つおもな性質についてすでによく知っている。だから、この年齢の子どもに対してとくに役立つ形式論理の体系は三段論法なのである。三段論法は、主部と述部が名詞句でできた文に関わる。「子どものための哲学」で用いられる三段論法は、「……はすべて」や「……のなかには」「どの……も（～でない）」という形をとり、主語が複数で、「ある」「いる」「ない」で終わる文に対してのみ適用される。たとえば、「グリーンドラゴンはすべて、炎を吐く生きものである」という文がそれである。この文では、主部と述部はそれぞれ「グリーンドラゴン」と「炎を吐く生きもの」という名詞句であり、主部に「……はすべて」という語がつけられ、「ある」という語が最後にくる。それ以外の文型の例としては、「競走馬のなかには先行逃げ切り型のものもいる」や「どのネコもネズミでない」などがある。この体系の規則は、三段論法の文を否定したものもカバーする。つまり、三段論法の規則は「グリーンドラゴンのなかには火を吐かないものもいる」「どの競走馬も先行逃げ切り型でない」「ネコのなかにはネズミであるものもいる」といった文にも関わっている。「第一印象なんてあてにならない」のような文は、述部が名詞句になっていないためにそのままでは条件を満たさないが、こうした文でも規則に合うよう書き直せることがよくある（この場合であれば、「第一印象はすべてあてにならない経験である」とすればよい）。文を論理体系の規則に合うように書き直すことを標準化[1]と呼ぶ。

三段論法が適用される文の範囲はどこまでか。これについては、現在まで様々な意見が出されているものの、標準化することができない文がたくさんあるという点では広く意見の一致が見られる。すぐに思いつくのは、「ジェシー・ジェームズは無法者だった」のような主語が単数の文だ。他にも標準化できないものとして、関係を表した文がある。「ロナルドはジミーの右にいる」などがそれだ。数量を表す言葉が二種類入った「誰もがみな誰かを愛している」のような文、さらには「足を踏まないでください」、「そこに行くと約束する」、「今日は外に出ちゃダメ」のような記述的でない文も標準化できない。

慣れ親しんだ言語パターンを使用しているということが、三段論法を「子どものための哲学」における形式〔公式の〕論理として使用する一つ目の理由である。二つ目の理由は、三段論法の規則を使えば、すでに習慣となってしまった心〔思考〕の進行過程に意識を向けることができる、ということだ。たとえば、幼い子どもは分類する能力を高めていく。ところが、いろいろな分類が、自分が現にしているやり方でうまくまとまりを保っている理由について理解していることはほとんどない。実は、分類する際に使っている思考の流れは、その多くが三段論法の規則にしたがったものである。たとえば、「犬はみな哺乳類である、ビーグル犬はみな犬である、それゆえビーグル犬はみな哺乳類である」という思考の一連の流れ〔展開〕は、三段論法における推論の規則にしたがっている。したがって、三段論法の規則を使って子どもが分類パターンを理解する手助けができるし、また子どもが、理にかなったやり方で様々な分類を用いるよう後押しできる。

三段論法を用いる三つ目の、非常に重要な理由は、その規則がシンプルだということである。三段論法の規則は口にしたり覚えたりするのがまずまず簡単だし、規則の数もあまり多くないし、用いるにあたって論理学や哲学の知識をあらかじめ習得しておく必要もない。この三つ目の理由が、先に述べた二つの理由と並んで、「子どものための哲学」で使われる教材の開発に大きな影響を与えた。とはいえ、このように言ったからといって、三段論法が、自分は整理して考えることができると気づくよう子どもを手助けする唯一の手段だ、ということではない。

形式論理になじみのない教師であれば、小説を使って教える際に形式論理のことを強調するのにためらいがあるかもしれない。そういう人は、子どもに形式論理を手ほどきする目的についてよく考えてみるとよい。また、三段論法を使わないでおこうなどと思う前に、これまで、小説を用いる以外の様々なやり方によって〔内容的に〕同じ成果を挙げていたことを思い出して、そのことに自信を持てばよい。反対に、形式論理のことをよく知っている教師は、小説に出てこない三段論法の規則も教えるとか、あるいは三段論法に代えて何か別の論理体系を教えるとかしたくなるかもしれない。どちらの場合も、小説から離れたとたん、子どもを主人公にした小説中の話題とのつながりが失われる、というリスクが生じる。このリスクを確実に回避することができないようなら、まずは小説のとおりに教えるのがよい。

◆様々な形式体系に関連する特徴

論理の規則体系によって、整理して考えることを養い育てる手助けができる。というのは、論理の規則体系には、整理して考えることに似た特徴がそなわっているからだ。三段論法が持つおもな特徴のうち、そうしたものとして次の三つが挙げられる。首尾一貫していること（矛盾がないこと）、論理的な帰結（規則が示す、他の諸命題から一つの命題が帰結してくる論理の道筋）、整合的であること（体系的で統一された全体として諸規則がまとまること）である。

首尾一貫していること

三段論法の規則は、ある文とそれに反する文とを同時に主張することを禁じている。たとえば、「ネコはみな哺乳類である」という文と、それに反する「ネコのなかには哺乳類でないものもいる」という文とが、三段論法の規則のもとで両立することはできない。初めの文を正しいとすれば、規則からあとの文を正しいとすることはできなくなるし、その逆も同様だ。同様に、「ネコのなかには哺乳類でないものもいる」という文を正しいとするなら、「ネコはみな哺乳類である」という文を正しいとすることはできない。この規則からは、内容的にどちらの文が正しくてどちらの文が間違っているのかは分からない。しかし、ある文を正しいとしながら、それに反する文を同時に正しいとすることはできないと分かるのだ。

三段論法の首尾一貫していることとは、人々が毎日の生活のなかで互いに期待し合う首尾一貫性と同じようなものだ。仮に、誰かがあることを主張しながら何の説明もなしにそれを否定したとすれば、私たちはこの人が自分自身に矛盾したという事実にきっと驚くだろう。さらに言えば、本書の第4章で首尾一貫していることについて論じたところで見たように、そうした場面に出くわしたなら、この人は、以前に自分が言っていたことについては大して考えてもいなかったのだ、と疑ってよい。形式論理の規則が排除するのは、まさにこういった言葉の上で首尾一貫していない場面だけなのである。だから、その規則を学んで明らかにできるようになるのも、そうした場面だけである。

論理的な帰結

三段論法の規則は、形式的な理由づけに関わる。文と文のあいだの関係は論理的帰結の実例であって、一つの文から他の文を論理的に確実に導き出していく思考の流れである。そのいちばんの特徴は、正しい文から出発しながら、間違った文へたどり着くことは決してない、ということだ。

論理的帰結の規則を使って考えることで、子どもは思考の流れに対して、前よりもより意識的になれる。『ハリー』の第五章に出てくる次のような例について考えてみよう。

「ほら」。ハリーは、ポケットからキャンディーの入った袋を取り出して言った。袋は、たくさんのキャンディーでまだほとんどいっぱいだった。「さて、きみはこの袋のなかに入っているのが何色のキャンディーか知らないとしよう。次に、僕がキャンディーを三つ取り出す。すると、それは全部茶色のキャンディーだ。このとき、袋のなかには茶色じゃないキャンディーも入っていることになるかな？」

「袋のなかを見なくても、なかにあるキャンディーが何色か分かるかってことかい？　そんなの分からないよ」

「それが正解！」。ハリーは大きな声で言った。「袋に入っているキャンディーのなかには茶色のものがあったからって、茶色じゃないキャンディーもあるに違いないとは言えないんだ！」

ハリーが問題にしているのは、思考の二つの流れである。一つは「……のなかには」という形の正しい文から、「……はみな」という形の文へと展開する流れであり、もう一つは「……のなかには」という形の正しい文から「……のなかには～でないものもある」という形の文へと移る展開である。ハリーが指摘しているのは、どちらの流れも論理的帰結に反することだ。

論理的帰結に反していないかについて以前よりも意識的になることで、子どもは、正しくない文をあたかも正しい文であるかのように見せる、誤った思考の流れについてもより意識的になる。次も『ハリー』からの例。

リサは朝、学校に向かうバスのなかでフランに会えてうれしかった。二人の少女は少しのあいだ一緒におしゃべりをした。しばらくして、自分たちの前の座席に座っている二人の男性客がいくぶん大きな声で話しているのが耳に入ってきた。その口ぶりは怒っているようだった。彼らが政治のことを話題にしているのだと分かったのは、二人のうちの一人が次のように言っているのが聞こえてきたときだった。「この国は本当にダメになってきているよ。それもみんな、いつも市民の権利を訴える運動をしているヤツらのせいだ。新聞を読めば、いつだって法律家が急進的な考えの人たちを擁護する記事にお目にかかる。この国の法律家がみなどれくらい市民の権利に肩入れしているか、きみはこれまで気にしたことがあるかい？　それに、この国にいる急進的な考えの人がみな、どれくらい市民の権利に肩入れしているかってことも？　ってことは、法律家がみな急進的な考えの人だというのは火を見るよりも明らかだろう？」

フランは素早くノートを開き、そこに次のように書き込んだ。

法律家はすべて、市民の権利に肩入れしている。
急進的な考えの人はすべて、市民の権利に肩入れしている。
それゆえ、法律家はすべて急進的な考えの人である。

続けてその下に、フランは先日自分が使った例を書いた。

ヒメハヤはすべて魚類である。
サメはすべて魚類である。
それゆえ、ヒメハヤはすべてサメである。

ノートにこのように書いたのをリサに見せると、彼女は大喜びで言った。「そう、そう——私もそう思ったの。この場合、ヒメハヤがみなサメだということにはならないし、だからいまの場合だと、法律家はすべて急進的な考えの人であるということにはならないよね」。

このシーンは、もちろん架空の子どもが遭遇したものである。男性たちが、話のなかで当然のように持ち出す一般論に文句をつけたい人もいるだろう。とはいえ、このシーンから得られる教訓ははっきりしている。それは、「子どものための哲学」のスタイルで三段論法の規則を用いることによって、子どもは思考の誤った流れに対してより敏感になれる、ということだ。

整合的であること

三段論法の規則は整合的な体系のうちでまとまっている。それは、ジグソーパズルのピースがまとまって絵になったり、エンジンの様々な部分が一緒に機能することでエネルギーを生み出したりするようなものだ。『ハリー』と『リサ』では、三段論法の規則が整合的であることについて、三とおりの違った仕方で説明がされる。最初に、整合的であることは集合どうしの間の数学的関係を表したものだ、という説明がされる。次に、「……はすべて」「……のなかには」「～ない」「～である」という語が持つ論理的な意味を表したものだ、という説明がされる。最後に、思考の一定の筋道を示したものだ、という説明がされる。初めの二つの説明は、現代のスタンダードである形式記号論理学に大きく関係したものだ。それを扱うのは論理学上級コースになるだろう。それに対して、思考の特定のパターンに関連するという三番目の意味での整合的であることが、教室で実践される哲学に直接関係したものだ。

『ハリー』と『リサ』には、論理の規則を一つ一つ見つけ出す場面がちりばめられている。なるほど、より高次の観点から見るなら、それらの規則はみな三段論法に分類できる。だが、本のなかに出てくるキャラクターにとっても、またそれらキャラクターたちのストーリーを読んでいる現実の子どもにとっても、この高次の観点から見ることはプラスにはならない。そうした規則について調べていって、最終的に何かにたどりつくのかどうか知らないのだから。このような不確かさがあるために、キャラクターたちは、規則によって明らかにされた〔思考〕パターンに対して説明を求めることになる。

『リサ』では、二つの例が特に目立っている。第六章では、ハリーとトニーが三つのフレーズを取り上げ、そのなかから二つを取り出して一組にし、「……はすべて」という形の文を三つ作ろうとする。やってみるとすぐに、組み合わせてできた文がすべてうまくいっているとは限らないとわかり、驚くことになる。このことについて二人がフランとリサに話したところ、リサは次のように言う。「わかったのは、フレーズを組み合わせて作った文にはうまくいっているのもあればそうじゃないのもあるってことだけで、どうしてそうなるのか説明できないのね。さて、どうしてそうなるのかしら」。第九章で、トニーは説明をせがむ。「ねえへザー、正しい組み合わせの見分け方を僕たちに教えてくれるって前に言ってたよね？　その規則がどういうものなのか知りたいんだ。教えてくれないかな」。このように、小説のなかの子どもたちは、思考のパターンには規則によって妥当と確かめられるものもあればそうでないものもあると気づき、その理由を説明しようとする。こうした取り組みによって、彼らは整合的であることを求めているのだ。

整合的であることを要求しただけで、求められている種類の説明が手に入るなどということはないが、しかし、それがどのように要求されているかに着目することで、ここで問題になっている意味での整合性がどうしたものでなければならないかは分かる。ここで問題になっている整合性は、規則のすべてはなぜ一体的に機能するのかということ、したがってまた、それらの規則が関わった思考パターンは、どのようにして理解されるかに関係している。規則がここで問題になっている意味で整合的でなければならないとは、規則にはそれ自体で調べる価値があると説明ができるし、また実際に調べてみれば規則が関わった思考に対して納得のいく洞察が得られる、ということである。三段論法の規則を教える際には、基本的に子ども自身の思考パターンを使って説明してあげよう。そうすることで、自分の思考パターンが理解できるものであり、また念入りに注意を向ける価値のあるものだという子どもたちの思いは、以上のように整合性を求めることによって後押しされることになるのだ。

年齢と段階について――なぜ十歳から十四歳までの子どもに三段論法を教えるのか？

形式論理を適切に教えれば、哲学的思考を育てる手助けができる。とはいえ、実際に生活しているぶんには、形式論理の規則を当然使うべきなんていう状況にはまずお目にかからない。形式論理はあくまで一定のタイプの文にのみ適用されるものだから、というばかりではない。より重要なのは、そんなものが必要になることなどめったにない、ということだ。形式論理が整理された思考を育てるのに役立つといっても、それは形式論理の規則を実際に使うようになるということではない。それはむしろ、整合的でないことに敏感であるとか、論理的帰結を気にかけるとか、あるいは誰かの考えが本当につじつまが合っているかどうかを意識するようになるとかといった、〔思考における〕大切な習性を持つよう後押しするためなのだ。こういった習性は、形式論理が持つ射程をはるかに超えて、現実の様々な状況のなかで実際に活用されることになる。

形式論理によって、十歳から十四歳までの子どもが持つこうした習性を伸ばす手助けができる、と仮定してみよう。すると、「どうして、とくにその年齢の子どもに対してなのか」と聞きたくなるだろう。答えは簡単で、三段論法はこれまでこの年齢の子どもたちに対して効果を挙げてきたからだ。とはいえそれは、三段論法がその年齢の子どもたちにふさわしいただ一つの形式論理であることが証明された、ということではない。「子どものための哲学」はバラエティ豊かな哲学上の様々な主題が書かれた小説の形で教えられるが、形式論理も小説のなかで扱われる主題の一つにすぎない。だから、この年齢の子どもたちでもうまく三段論法を使えているのは、教材が形式ばった堅苦しいものではないおかげだ、と言った方がいいのかもしれない。本が持つこうした特徴が、この年齢の子どもたちの興味をなぜだか非常に強くひきつけるのだ。さらに言えば、教室の様子をビデオテープで見たり、あるいは実際に見学したりしたときに、私たちがよく感心させられることがある。それは、子どもたちが三段論法よりもはるかに洗練された思考の流れを使い、その際に複雑な理由づけまでしてみせることだ。もちろんだからといって、子どもにはそうした思考の流れを成り立たせている、三段論法以上に複雑な規則をうまく習得する力がある、ということではない。とはいえ、こうした観察結果から分かるのは、実際に子どもが用いる思考パターンは三段論法の規則だけから成り立っているのではない、ということだ。

子どもが用いる論理に関しては、これまで数多くの心理学的な研究がなされてきた。なかでも最も注目に値するのは、ピアジェの研究である。私たちの仕事は、彼の研究からこれまで大いに示唆を受けてきた。とはいえ、彼の研究を見ても、三段論法が十歳から十四歳までの子どもに扱うことのできる唯一の形式論理であると推定するだけの理由は、私たちにはまったく得られなかった。言うまでもなく、この論理を用いることで子どもたちにプラスになる部分があるということは、決して彼らにはそれ以外のどんな論理も使いこなすことはできないということではないのだ。

理由を挙げる――正当な理由のアプローチ

形式論理を助けとすることで、子どもは、自分は整理して考えることができるのだ、と気づける。とはいえ、形式論理だけを頼りとしたのでは、うまくまとまった思考をするよう本当の意味で後押ししたことにはならない。形式論理の適用できる範囲は非常に限定されているからだ。そこで、じっくりと考えてみる必要のある、種々様々の多様な状況を考慮に入れた第二の論理が必要となる。この論理は、よく適切な理由のアプローチと呼ばれている。

形式論理の規則とは違い、適切な理由のアプローチにはそれ特有の規則というものがない。代わりに、適切な理由のアプローチでは、ある与えられた状況についてその理由を探し、また、理由が挙げられていればその理由を検討することが強調される。探ってみることで明らかになる理由は、その理由を探るコンテクストに大きく依存している。したがって、ある理由が理にかなっているとか、適切であるとかいうこともまた、コンテクストに依存する。結果として、このアプローチは基本的に、どういった理由であれば適切と見なせるかという直観に依拠することになる。こうした感覚〔判断力〕を育てるには、適切な理由のアプローチを必要とする、種々様々の多様な場面に直面するのが一番だ。「子どものための哲学」の教育プログラムでは、教材である小説とマニュアルの双方において、そうした状況を非常に数多く提供している。

適切な理由の論理のおもな目的は、ある行為や出来事に関して自分や他人が考えたことを検討することである。「子どものための哲学」では、よくまとまった慎重な思考を生かせる場面が数多くあることに子どもが気づくのを手助けするため、この論理を役立てている。それに気づくことで、子どもたちは整然とした思考を用いるよう後押しされる。「子どものための哲学」ではこのように用いているが、しかしもともと適切な理由の論理それ自体は、考えられたことについてあとから振り返って考える際の様々なやり方に関する論理なのである。

◆様々なタイプの推論

理由を探究することはおよそどんな事柄に関してもできる。たとえば、好奇心、悩み、喜び、とまどい、興味、いらだち、たくらみなどがあるとき、そのもとになっているものを探る、というように。適切な理由の論理は、探るべき対象があるところで始まるのだ。理由を探し求めるということには、その探求が行われるコンテクストに含まれている知覚や言語や証拠が持つ含意に意識的になり、そうした含意を推論と呼ばれる思考の流れとして取り出すことが含まれている。ここでようやく推論の様々なタイプについて話すことができる。推論によって得られる理由は、その探求が何を目ざしているかによって変わってくる。この相関関係に基づいて、推論は帰納や類比、説明、行為を導くものに分けられることがある。(この四つが推論の主要なタイプであるが、それ以外にもたくさんのタイプがある。これら四つのタイプについて詳細に検討するには、広範な研究が必要である。とはいえ、)ここでは、この四つのタイプの推論が持つ主要な特徴について簡単に見ておくことで、適切な理由の論理がどういうものかについて、はっきりとしたイメージを持つことができるだろう。

帰納推論は個別の事例から一般論へと進んでいくのが特徴であり、個別のケースにおいて与えられる明証的な根拠を超えて一般性が取り出される。『ハリー』の第五章にいくつかの例が登場する。最初に、あるタイプの帰納が批判される。

マリアは考え込んでいる様子だった。「でも、人はいつだって結論を急ぐものだわ。たった一人のポーランド人やイタリア人、ユダヤ人や黒人に会っただけで、人はすぐに、ポーランド人やイタリア人、ユダヤ人や黒人ってのはみんなこんなふうなんだ、って結論づけるもの」

「その通りだね」とハリーは言った。「すぐに結論にジャンプするだけの人って、たしかにいるよね」

そのあと、マーク・ジェイホースキが、自分が学校でした経験、さらに他の学校の子どもたちが言っていることを引き合いに出して、「学校というものは、どこもひどいところだ」というみずからの一般論を裏づけようとする。マークが行う帰納は、たまたま出会った一人の人をもとにして引き出される一般論に比べれば、より広い範囲にわたる様々な証言に基づいている。とはいえ、どちらの場合も、個別の事例からより一般的な話へと考えを進めている点では変わりがない。

類比による推論では、異なる二つのタイプの物事の間に関連した類似点があることを前提にして、そこからさらなる類似点を結論づける。類比による推論は、『リサ』の第一章にまとまって登場する。問題になっているのは、人間と動物の類似点である。例として、動物を狩ることと人間を殺すことが比較されている——人間と動物のあいだには十分な類似性があるから、このように比較してもよいと言う子もいれば、そんなことはないと言う子もいる。「ランディは断固として首を横に振った。『人間と動物とはまるで違っているってことを思い出してみるだけでいいんだよ。動物に対しては何をしたって問題にならないけれど、人間に対してすべきじゃないことってあるでしょ』と彼は言った」。ここから話は動物に権利があるかという問題に進んでいき、そこでこの類比はさらに吟味されることになる。

説明的推論は、「なぜそれは起こったのか」とか「なぜこのことが生じるのか」といった質問に対する答えを目指すものだ。この推論では、自然が一定の規則性を示すことを前提としたうえで、説明されるべき出来事〔事象〕を規則性と結びつけて考える。たとえば、「なぜ照明は消えたのか」という質問に対しては、「ブレーカーが落ちたから」と言えば説明がつくだろう。ブレーカーと照明との関係を知っている人にとって、これは理由になるし、また適切なコンテクストにおいては適切な理由となりうる。説明的推論は『トニー』のなかに出てくる。

行為を導く推論は、誰かがした行いを正当化しようとするものだ。この推論が前提するのは、行為や振る舞いは一定のきまりや固有の規則に沿う形で行われ、そうでないときには、そのきまりや規則から外れるのももっともに思われる何らかの特別な状況が存在する、ということである。『リサ』のなかで繰り返し登場するテーマは、自分は肉を食べてもよいかどうかについて、その理由をリサがみずから探る話である。この探求を行うなかで、行為を導く推論を検討することになる。リサは、家族でこれまで習慣的に肉を食べてきたことに意識的になる。こうした習慣は、たしかに肉食を合理的に正当化しうる行為のきまりである。とはいえ、これが適切な理由であると言えるのか、彼女には確信がない。リサは先に出てきた人間と動物との類比を認めているので、肉食を続けていくには動物を殺さねばならないということに気づいて深く困惑する。彼女は、これは肉食という行為のきまりから外れることを正当化する適切な理由だと言って差しつかえないように思うのだが、では自分はどうすればいいかについては、依然よく分からないでいる。最終的に、彼女は次のような振る舞いの規則を思いつく。「もし私が本当に動物のことを大事に思っているのであれば、動物を食べたりしないだろう」。リサの考えでは、この規則によって肉食を控えることが正当化される。

帰納推論、類比による推論、説明的推論、および行為を導く推論を検討するには、整理してよく考える必要があることは分かりにくいことではない。たとえば、「学校というものは、どこもひどいところだ」というマークの帰納推論を取り上げてみよう。「この推論のために持ち出された証拠は、マークの一般論を本当に裏づけていると思う？」と尋ねることで、生徒がこの推論を検討するように促せる。一般論はどんな場合に適切で、どんな場合にそうでないか説明するよう、子どもを後押ししてみる。そうすることで、どんな帰納推論についても、生徒が、持ち出された証拠と一般的な結論とを比較するように促せる。帰納推論は、手もとにある証拠を越え出ていくのを特徴とする。そこから子どもは、帰納推論が適切であるかどうかは、その推論を行うときに手もとにある可能な情報に非常に左右されることに気づけるだろう。このような理解に到達するためには、帰納推論、証拠の比較、一般的な結論、さらに背景的な（コンテクストに関する）知識について、うまくまとめて考える作業をたくさんこなす必要がある。このことは、類比による推論や説明的推論、行為を導く推論、またそれ以外の推論にも当てはまる。

適切な理由のアプローチは、「帰納推論」「背景的な知識」「類比による推論」などといった専門的な表現を用いていても教えられず、その代わりに、帰納推論、類比による推論、説明的推論、行為を導く推論といった様々な推論が行われている実際のコンテクストを詳しく調べることが必要なのだということを心に留めておこう。こうすることで、整理して考えることは具体的にそれを使用する場面と結びつく。「子どものための哲学」のなかで適切な理由のアプローチについて専門用語を用いるのは、「それは、――の適切な理由ですか」という質問をする場合くらいのものである。

◆理由を探ることが持つ特徴

適切な理由のアプローチには、形式論理のようにはっきりとした規則はない。とはいえ、理由を探ったり検討したりすることのどちらにも、いくつかの一般的な特徴がそなわっている。適切な理由のアプローチが持つ特徴を、本書の第6章で述べた、哲学的ディスカッションを導く手がかりと比較してみるなら、読者もよく理解できるだろう。

理由を探ることとの特徴として、中立的であること、客観的であること、人に対する敬意、引き続き〔理由を〕探ること、の四つが挙げられる。

中立的であること　探求のプロセスでは中立的であるべきだ。問題となっている状況を見るにあたって、バイアスや偏見がかかっていたり、他の人からのコメントや意見を無視したりすることは避ける。理由を探ることは公正に行われるべきである。だから、その探求に関わるすべての人が探求の結果に対して発言権を持つことになる。

客観的であること　探求のプロセスでは、客観的であるべきだ。獲得されるべき結果について前もって考えられた見解を差しはさまないようにし、どういった帰結になるのであれ、問題となっているシチュエーションのうちに含まれている適切な意味のもとに留まるべきである。探求が客観的であるのは、参加する仲間みんなからの承認を受ける場合である。反対に、何を理にかなったものとするかについて仲間たちが持っている感覚と合わない探求は、客観的でない。

人に対する敬意　探求のプロセスでは、人を傷つけたり、人にばつの悪い思いをさせたりしないようにすべきだ。どの人からも重要な理由が提示される可能性があるのだから、クラスのメンバーを一人でもかやの外に置いて進んでいくようなことがあってはならない。そんなことをすれば、情報ソースとなりうる人が一人排除されることになって、探求のプロセスそのものが歪むことは避けられない。

引き続き〈理由を〉探ること　探求のプロセスでは、参加しているメンバーのなかに出てきた結果に満足しない人がいる場合には、その人に対して引き続き理由を探るよう促すべきだ。これには、どんな探求のプロセスも十分に開放的である必要がある。開放的であることによって、引き続き探るのを思いとどまらせたり封じ込めたりするのではなく、むしろそれを促すことになるのだ。

こうした特徴を用いるにあたっては、探求に参加している人が、何を理にかなったものとすべきかについて共通した直観を持っていることが前提になる。この直観をあまりにも精確に定式化しようとするのは間違いだ。とはいえ、それを何か神秘的な内的感覚のように考えてはならない。それについては、単純に、何が理にかなっていて何がそうでないかについての大まかな感覚のように考えるべきなのだ。実際の探求では、「それは上に挙げた四つの特徴のうちの一つに反する」、「いやそんなことはない」などと言って、みんなの意見が一致しないこともあるだろう。しかし、そういった不一致が起こるのは、通常はどっちつかずの微妙なケースに限られる。

みんなで理由を探っているときに、そうしたどっちつかずの微妙な事態が生じる例は、『ハリー』の第七章に出ている。デールが旗に敬礼すべきかどうかの理由を探っているとき、スーキは「敬礼すべきだ」と言う。理由は、「規則は規則なんだから」というものだ。このディスカッションを司会するホールジーさんは、スーキが挙げたこの理由を、「いったん規則を作ったら、それを守らなければならない」という意味まで含んだものと受け取る。スーキの意見に対して、ミッキーは次のように答える。「『そんなことはない』と彼は主張する。規則が作られたからには、それは破られることになる。『どんな規則にも例外はある〔例外のない規則はない〕』っていう言い回しを知らないのかい？　それで、デールのケースがこの例外ってやつに当たるんだ！　だから、したくないんだったら、デールはしなくてもいいと僕は思うよ」。ここでホールジーさんは、「どんな規則にも例外はある」というのはあまりにも手垢にまみれているから、理由を探るというここでの目的には合っていないことをそれとなく言って、この言い回しの使用を批判する。だが、それに続くのは、トニー、サンディー、マークの三人が、この言い回しが適切であるケースを示してみせる、というシーンである。振る舞いの規則が、その規則の対象となっている当人以外の人によって作られた場合がそうで、こうした場合には、人々がその規則に従いたくなければ例外を認めることができる、と言うのだ。しかし、この考えを進めていくと袋小路に突きあたってうまくいかない。つまり、読者には、「どんな規則にも例外はある」という理由でデールが旗に敬礼しなくてもよいことになるのかどうか自由に考える余地が残される形になっている。

このディスカッションは論理的な探求のよい例だ。こうした例は他にもまだある。いま取りあげたホールジーさん司会のものと並んで、適切な理由を探るディスカッションの最もよい例として挙げられるのは、『ハリー』の最終章に出てくるスペンスさんを交えたものと、『リサ』の最終章に出てくるパートリッジさんを交えたものの二つである。小説では、子どもがみずから進んで論理的な探求に参加することがよくあるのだが、そうした探求は、だいたいが一度に行われるのではなく、あいだに中断をはさんで何回かに分けて行われている。自分が人からされるのと同じように、人に対して振る舞うことについてのディスカッションもそうだ。このディスカッションの一部で、短く区切られた議論の一つが『リサ』の第十四章に出てくる。

実際には、理由を探ることと理由を検討することは、いつの間にか混ざり合っていることが多い。とはいえ、理由を探ることが持つ特徴を、理由を検討するための判断基準から区別しておくのは有益である。この二つの作業は、まず理由を探り、次により適切と考えられる理由をそうでない理由からえり分け、選び出された理由が本当に適切であるかどうか判断して、得られた結果を評価するという手順になっている。その際に気をつけなければならないのは、私たちはどんな理由でも適切な理由と見なしがちだ、ということである。人がある信念を持ったり、ある行為をしたりしているときには、何らかの理由に基づいてそうしているのだろう。その場合、どんな理由であれ、それは現実に理由の役割を果たしている。そうであれば、それは適切な理由となっていると考えられるからだ。だが、こうした考えは明らかに事実に反している。実際には、私たちはまったく何の理由もなくというよりも、むしろ適切でない理由に基づいて何かを行うこともあるのだし、また、様々な理由を比べて、ある理由が適切かそうでないかを判断することもできるのだ。

◆適切な理由が持つ特徴

適切な理由の論理は、理由を検討する際に以下のような五つの判断基準を用いる。

あくまでも事実をもとにする　適切な理由は、事実に基づいたものである。たとえば、「竜巻だ」という叫び声を聞いたという理由で避難するのと、テレビ番組でチキンリトル〔イギリスの寓話。頭に木の実が落ちてきたのを空が落ちてくると勘違いしたヒヨコの話。転じて悲観論者をさす〕が「空が落ちてくる」と叫ぶのを耳にして避難するのとでは、まるで違っている。事実に基づいているのは、「竜巻だ」という叫び声の方だ。つまり、誰かが近くで竜巻を目撃したのだ。もちろん、必要な事実がつねに手に入るとは限らないし、手に入ったとしても、問題となっている事柄に完全な決着がつかないこともあるだろう。しかしそれでも、事実による裏づけがある理由の方が、そうでない理由よりもより適切なのである。

関連性　適切な理由は、問題となっている事柄にはっきりとした関わりを持つ。たとえば、四十階建てのビルの一番上から地上まで飛び降りてもケガしない、という話が正しいと言われていたとしよう。この場合でも、長生きしたければ、その話を適切な理由と見なして実際にビルから飛び降りるなどということにはならないだろう。落下速度、着地点、人間の身体の脆さを考え合わせれば、どうしたって適切な理由があるのは飛ばない方だ、と判断するだろう。地上に降り立ったとき、自分の身に起こるだろう変化に関係しているのは、落下速度、着地点、人間の身体の脆さといった要因であって、ケガせずにすむという事前の知識ではない。もちろん、ある理由が当該の問題に関わりがあるかどうか、いつでも見分けられるとは限らない。それでも、関わりがあると指摘できるのであれば、そうした理由の方がより適切な理由であると言える。

裏づけ　適切な理由は、問題となっている事柄を理解可能な、「それももっともだ」と思えるものとすることによって、その事柄に裏づけを与える。たとえば、学校のある小部屋にポテトチップスの袋が五十個もしまってあるのを見つけたとしよう。これを説明するのに、ポテトチップスの品切れという、およそありそうにもない事態を乗り切ろうと思って買いだめしている、常軌を逸した人がいるということもできるだろう。しかし、「きっと学校でパーティーが行われることになっているんだ」と説明した方が、これだけたくさんのポテトチップスがあることに裏づけを与えることになる。最初の説明では、適切な裏づけは与えられない。それは、あとの説明の方がより「もっとも」と思える理由になっているからだ。問題となっている事柄を理解可能なものにしてくれる理由の方が、そうでない理由に比べてより適切なのである。

当たり前と考えられること　適切な理由は、問題となっている事柄を説明する際に、その説明を当たり前と考えられることに基づかせようとする。たとえば、小さな子どもが手にしている風船が急に空高く舞い上がっていった場合、風船がひとりでに糸から外れる事態を記述した複雑な方程式に基づいて説明することもできるだろう。しかし、単純に子どもが手を滑らせて糸をはなしたとする方が、より適切な説明になっている。この際注意すべきは、一般にわりと当たり前と考えられていることが実際には間違っている場合もある、ということだ。たとえば、ホラー映画を見て鳥肌が立つのは、恐怖のあまり身体に寒気が引き起こされるからだ、という説明がよくなされる。しかし実際には、鳥肌は、身体の防衛機構が働くことで身の毛がよだった状態なのである（ネコが毛を逆立てるのと同じである）。こうしたこともあるが、一般的には、当たり前と考えられることに基づいた理由の方が、言われたところでよくわからなくなるような理由よりもより適切な理由なのである。

理由が適切かどうかの最終的な判断をどう下すか　挙げられた理由が上に掲げた四つの判断基準のうちどれか一つでも満たしていない場合に、それを適切な理由とすることはできない。また、どの理由についても、探求を行うメンバーがそれを検討しようと思えばいつでもそうできるのでなければならない。この判断基準が、理由を検討するに際して最も上位に位置するものである。

　個別に見れば、これら五つの判断基準にはそれぞれ批判の余地がある。ちょっとした工夫で、これらの判断基準を適切な理由に基づいて打ち破ることができる。判断基準についての哲学的な考察を育てるには、その一つ一つについてこうしたシチュエーションを想像するのが役に立つ。この作業は重要だ。しかし、五つの判断基準が全体として持っている意味を見落とさないようにすることもまた重要なのだ。教室でのディスカッションの際に適切な理由のアプローチを用いることで、長い時間はかかるものの、生徒が、整理してよく考える様々な機会を少しずつ見つけていく手助けができる。

　理由を探る場合と同じく、これらの判断基準を用いる際にも、何を適切な理由であると見なすかについて、子どもたちが大まかな感覚を共有していることが前提になる。適切な理由のアプローチは、何か新奇なものを示すことなどではない。むしろそれは子どもたちが、理由を探っているさなかに、あるいは結果が出たときに示す数多くの反応のなかから、より有益でより適切なものを選び出すよう後押しすることの一つなのだ。

◆適切な理由の論理学を実際に教えるには？

子どもたちは驚くほど好奇心旺盛だ。子どもたちは、持って生まれた好奇心が完全にくじかれていない限り、哲学の手ほどきを受けるとすぐに自分で理由を探求する能力を伸ばしていく。適切な理由の論理学を教える際に教師がおもに努力すべきなのは、探求のプロセスを維持することと理由を評価するよう後押しすることの二つである。この二つの目標は、みんなで行う対話に参加する探求の共同体というコンテクストが成り立っているときに、最もうまく達成される。探求のプロセスは、ディスカッションというやりとり（意見交換）のなかで活発になる。ディスカッションという開かれた場のおかげで、理由を適切に評価するにはよく考える必要のあることが誰の目にも明らかとなるのだ。

原則的には、理由を評価するための基準や論理的な探求が持つ特徴についてディスカッションするのを避ける理由はない。とはいえ、教師がそれについて抽象的な説明をしたところで、子どもがよく理解してくれるなどと期待してはならない。子どもがこうした特徴や基準について考えるための土台を作るには、探求し評価するという取り組みに積極的に加わってもらうしかない。適切な理由のアプローチについて話せば、それで子どもはそれを身につけることができるなんてことはないのだ。子どもたちに適切な理由の論理を教えるいちばんの目的は、うまくまとまった慎重な思考を生かせる場面が数多くあることに子どもが気づくよう手助けすることであって、「適切な理由の論理」という単元があることなどではない。教師はこのことを心に留めておこう。

適切な理由の論理を教えるには、対話を後押ししながらその論理を実際に用いる必要がある。そして、対話を後押しするには、対話に引き込むことのできる題材を持っている必要がある。小説中に出てくる哲学的なテーマは、まさにこのためにあるのだ。本のなかに出てくるキャラクターの意見や行動についてよく考えることで、子どもは推論を行い、小説に出てくる意見や行動について比較し、対比するよう後押しされる。要するに、みんなで行う探求に参加するよう後押しされる。以上のことを効率よく行えるようになるために、生徒には探求の二つのモデルが示される。一つは、小説のなかでうまい具合に展開されている会話を具体的に説明することであり、もう一つは、自分たちの教室で実際にディスカッションすることである。

哲学的ディスカッションをうまく進めていくことについては、すでに第6章で多くを述べておいた。対話を後押しすることにそなわっている重要な特徴のなかには、適切な理由の論理を教えることに特に関係したものがある。だから、ここでそうした特徴を再度強調しておくのがよいだろう。

行為や意見の理由を評価するためには、そもそもその行為や意見がどういったものであるかをはっきりと理解している必要がある。だから子どもには、問題になっている事柄についてディスカッションをしているときに、自分自身の発言にも、互いの発言にも耳を傾ける態度を身につける必要がある。とりわけ必要なのは、提示された理由を理解したうえで、その理由について探求のコンテクストのなかで考える時間を持つことである。適切な理由の論理を教えるにあたっては、こうした必要を満たすことが強く求められる。子どもが自分の発言に耳を傾けるよう後押しするには、発言に耳を傾けたり、あとで振り返ったりする時間を教師の方でとってあげる必要がある——自分の発言に耳を傾け、また以前に自分がした発言を振り返ってもらうのが、自分の発言に耳を傾けるよう子どもを後押しする最も効果的な方法なのだ。

子どもが互いの意見に耳を傾けるようになるには、さらに多くの時間と、とりわけ忍耐とが必要になる。子どもは、他の子の発言を評価するとなると、また以前のように先生の方を向く状態に戻ってしまいがちだ。また、他の子の発言に対してすぐに賛成の意見が出てこない場合は、それを無視しがちである。こうした習性をなくしていくことで、子どもたちは「どんな意見でも構わないんだ」とすぐ頭を切り替えることになる。ディスカッションのテーマやクラスの他のメンバーの意見はひとまず脇において、自分の頭に浮かんだことなら何であれ発言できるし、また発言すべきだというふうに。生徒がこうした反応をするようになるまでに、かなりの忍耐を強いられることがある。こんなとき、いちばん頼りになるのが教師自身の記憶である。教師は、以前はどんなことがあってディスカッションが本題から逸れていったかを思い出しながら、生徒のコメントが直前の発言とどのように関係しているか尋ねるようにしよう。そうすることで、生徒がディスカッションの主題から逸れていかないよう後押しできるのだ。

みんなで行う探求の共同体において自分自身の発言にも他の人の発言にも耳を傾ける態度を身につけることが、適切な理由の論理の学習にとっては大事なことである。中立的、客観的であり、人に対して敬意を払い、引き続き理由を探ることというのが、理由を探ることにそなわった特徴であった。これらすべての根底には、他の人の考えばかりでなく、自分自身の考えにもよくよく注意するという態度がひそんでいる。こうして、自分も含めた誰かの意見を聞く力を十分に鍛えられたものにするトレーニングが進むことになる。それに対して、理由を評価するための基準を用いるには、自分自身だけでなく他の人の発言にも耳を傾けることのできる真の能力が必要である。適切な理由の論理をうまく教えるために、さらにその他のディスカッション・テクニックがどのように関連するかを述べることもできる。しかしそのためには、先にまず適切な理由のアプローチとそうしたテクニックの使用とのあいだのおもだった関係について明らかにすべきだ。

形式論理と適切な理由の論理のどちらも、哲学的なディスカッションを成り立たせるための規準として用いることができる。首尾一貫していること、論理的な帰結、整合的であること、この三つは探求が持つ特徴でもあるが、同時にまた哲学的なディスカッションの基礎でもある。また、適切な理由を探る際に用いる基準は、哲学的なディスカッションから導かれた結果を評価するための基本的な手引きにもなる。この二つの論理を最も効率よく教えるには、ディスカッションの司会をする際に、その論理の規範と基準とを意識的に使うことである。「それは、あなたが前にした発言と矛盾なく首尾一貫していますか？」。「先ほど言われたことから、どうしてそれが帰結するのですか？」。「あなたのコメントは、私たちのこれまでの議論とどのようなつながりがありますか？」。これらは教師が用いる基本的なタイプの質問だが、どれも適切な理由が問題になる場面でなされたものだ。教師がこのように質問することで、生徒は、自分にもきちんと思考する能力が十分にそなわっていると気づけるし、またその思考を実際に使うことのできる範囲はじつに広いと分かりもするのだ。

合理的に行為する

形式論理によって子どもたちは、うまくまとめてすっきりと考えることが自分にはできるんだと気づく。他方、適切な理由のアプローチによって子どもたちは、整理して考えることは日常生活の多くの場面で実際に使えることに気づく。形式論理と適切な理由の論理のどちらによっても、自分一人だけでよく考えるよう子どもを後押しできる。しかしどちらの論理も、このことをおもな目的としているのではない。そこで次に「子どものための哲学」では、合理的な行為の論理とそれが提示する合理的な振る舞いのガイドに取り組むことになる。というのも、この論理はよく考える能力を生活のなかで積極的に用いるよう子どもを後押しするのを、そのおもな目的としているからだ。では、この目的を果たすために合理的な行為の論理はどんなふうになっているのだろうか？　それを明らかにするために、私たちは以下、子どもに哲学を教える際に用いる教材の中身をくわしく見ていこう。

◆ロールモデル――様々な思考の仕方

『ハリー』と『リサ』にはいくつかの主要なテーマがあるが、その一つで、『ハリー』の終わりの数章で行われる議論に繰り返し登場するものがある。それは、「三段論法の論理の規則にしたがって考える人はごく一部だし、その規則が当てはまる思考のタイプも限られている」という考えである。『ハリー』と『リサ』のどちらにおいても、三段論法にはっきりと対比させる形で、他の種々様々な思考の仕方が示されている。思考の仕方のこうした多様性は、次のような互い違いする二通りのやり方で示される。

子どもたちはそれぞれ、初めにその子の基本となる思考タイプを示す。それは、その子がおもに使用する思考タイプである。次に、状況に応じてそれとは異なる別の思考スタイルを使う場面が登場する。つまり、子ども一人ひとりに、その子の基本となる思考タイプが一つずつ割りふられ、そのうえで、ある子に特徴的な思考タイプを別の子が用いることもある、というようになっている。その結果、思考の様々なタイプが入り混じった複雑なマトリクスができてくる。そのマトリクスのある要素には形式論理が適切だが、他の要素には明らかにそうでなく、それらには適切な理由の論理を用いるのがよい、といった具合である。子どもに対して論理を教えるのは、このことに気づいてもらうためなのである。それが、哲学の見地から見た場合にいちばん大事なことなのであって、それによって子どもの注意力は確実に精緻になり、細かなところにまで及ぶようになる。

具体的に見てみよう。『ハリー』の概説によれば、本のなかで子どもたちは少なくとも八十六種類に及ぶ様々な心の活動を行っている。この心の活動の範囲は、自分が誰かに見られていることに突然気づいたり、祖父がサッカーボールを買う約束を守ってくれるだろうかと思ったりすることから、特別なひらめきを友達と共有したり、形式論理の規則を組み立てたりすることにまで及ぶ。子どもたちがよく示す（同じ子どもが、少なくとも五つの異なる状況において用いている）心の活動には、次のようなものがある。こっそりと心のなかであることを思う、自分自身について考える、思い出す、確信がない、形式論理の規則を用いる、意識的に意見を述べる、提案された規則に対する例を考え出す、あることを理解しようとする、（～だろうか、どうして～、どうやって～、何が～）と思う、決心する。

主要な登場人物の間では、〔一定の心の活動〕とくに論理的な心の活動が繰り返し行われる。こうした考え方の一定のクセのようなものから、思考の様々なスタイルが形作られる。形式的に演繹する傾向のスタイルもあれば、適切な理由のアプローチのやや変化したものを含むスタイルもある。とくに目立つものとしては、不思議がる（ハリー・ストットルマイヤー）、形式論理のパターンで思考する（トニー・メリーリョ)、直観的・直感的に思考する(リサ・テリー)、自分で説明を探り、また説明するのを楽しむ(フラン・ウッド)、他の人の感情に敏感である(アン・トーガーソン)、クリエイティブに思考する(ミッキー・ミンコフスキー)といったものがある。以上は、『ハリー』のなかで具体的に示されている心の活動やそれに関連する思考の仕方の一部でしかないが、これだけでもすでに、心の活動が非常に広がりのあるネットワークを構成していることがわかるだろう。心の活動と思考の仕方とは、どちらもほぼすべて個人のものとして描かれている。心の活動は何百回も出てくるが、そのうち子どもの集団(だいたいは学校のクラス)のものとして描かれているのはわずか四つだけである。このように、心の活動を個人と結びつく形で具体的に示しているからこそ、読者は思考の仕方の多様性に気づけるのだ。

思考の仕方の多様性は、異なるスタイルどうしがときどき部分的に重なり合うことによって、さらに具体的に説明される。たとえば、リサは直感や突然のひらめきによって結論に達するのが特徴だが、それに対してハリーはよく考え抜いた推論を行うことが多い。とはいえ、どちらも瞬間的に判断を下してあとで間違いだったと分かることがあり、その点は共通している。だが、そのあとにとる対応については、両者のあいだで再び違いが見られる。リサがすぐに自分の判断をみんなに明らかにするのに対して、ハリーは、新たな証拠が見つかって判断を変えることになるまで自分の判断を誰にも言わず秘密にしておくのだ。同様に、ハリーとアンの二人は人の気持ちを見抜く能力を持つ点は同じなのだが、ハリーが言葉を大きな手がかりとするのに対し、アンは視覚情報を頼りとする点で異なる。つまり、リサとハリー、ハリーとアンのあいだには、たしかに違いもあるけれど似ているところもあるということだ。リサとアンのあいだには、こうしたはっきりした対比は行われていない。ここから、様々な種類の思考のマトリクスがすべて完全に細かく区別して分類されているのではない、ということがわかる。読者には、キャラクターやその思考の仕方のあいだにある類似点と相違点について自分なりの考えをつけ加える余地が与えられているのだ。

一つひとつの思考の仕方は、それぞれ合理的な振る舞いのモデルを表している。実際、読者にとって、本に登場するキャラクターの多くはそのまま合理的な行動のモデルとなっている。とはいえ私たちは、単に本のなかのキャラクターのまねをするように子どもを促している。これらのキャラクターは、積極的によく考えることで人の言動がどれほど違ってくるかを示すためにいるのだ。架空のキャラクターは、あくまで限定的なロールモデルでしかない——先に指摘しておいたように、本のなかでは対照的なところや類似したところがすべてはっきりと区別して分類されているわけではない。現実の子どもたちは、頭のなかでキャラクターの肉づけもするだろうし、また同時に、みずからの思考プロセスと心の活動のタイプをキャラクターのそれと混ぜ合わせもするだろう。こうして、架空のキャラクターと現実の子どもとのあいだの境界線は曖昧になる。子どもがストーリーのなかにどんどん入り込んで行けば、しめたものだ。それによって、彼らは合理的に考え、行為するよう後押しされることになるからだ。また、自分自身のなかにあって、キャラクターとかぶっている思考の仕方を育てるよう後押しされることにもなる。とはいえ、その場合でもキャラクターの思考の仕方とまったく同じになることはない。そこには必ず類似点もあれば相違点もあるのだ。

◆合理的に振る舞うための指針

形式論理と正当な理由のアプローチのどちらも、それ一つで子どもが積極的によく考えるよう促せるものではない。ところが、小説のなかでキャラクターがそれらを実際に用いているのを見ることで、それが可能となる。小説のなかでは、どちらの論理も抽象的なトピックとしてではなく、キャラクター自身の思考の仕方の一部として具体的に示される。形式論理や適切な理由の論理を話題にするときでも、キャラクターたちはごく簡単に、「考える」「他の人の考えを認めて尊重する」「十分に考えようとする」などと言うだけである。

形式論理と適切な理由のアプローチとが、よく考え、行為するための指針としてどれほど役立つかを知るには、小説を構成しているドラマティックな場面を見るとよい。たくさんの例があるが、『ハリー』からの二、三の例が具体的に説明するのに役立つだろう。

第十六章で子どもたちは、形式論理における二つの論理的帰結のパターンと間違った思考の二つのパターンの両方をあわせて確認する。形式的なパターンの一つはモーダスポネンス（構成的仮言三段論法［modus ponens］）であり、これは以下のようなパターンをしている（以下に出てくるPとQは文を表す記号である）。

大前提　PならばQは真である
小前提　Pは真である
〔結論〕　したがって、Qは真でなければならない

もう一つは、モーダストレンス（破壊的仮言三段論法［modus tollens］）である（PとQは文を表す記号である）。

大前提　PならばQは真である
小前提　Qは偽である
〔結論〕　したがって、Pは偽でなければならない

間違ったパターンの一つは、後件肯定である（PとQは文を表す記号である）。

大前提　PならばQは真である
小前提　Qは真である
〔結論〕　したがって、Pは真でなければならないと考える——しかし、実際には結論は帰結しない

もう一つは、前件否定である（PとQは文を表す記号である）。

大前提　PならばQは真である
小前提　Pは偽である
〔結論〕　したがって、Qは偽でなければならないと考える——しかし、実際には結論は帰結しない

子どもたちがこれらのパターンに取り組んでいるときに、彼らはある知らせを耳にする。ある生徒（ジェーン・スター）が、財布が入った自分のブリーフケースがなくなっているのに気づき、別の生徒（サンディー・メンドサ）がそれを盗んだと決めつけていたというのだ。それを聞いてハリーは、ジェーンに質問する。ジェーンから返ってきた答えと自分で見つけた証拠とを合わせて、ハリーは次のことを立証する。午後二時の時点では、教室にいたジェーンがまだブリーフケースを手もとに持っていたこと。そして、ジェーンが初めてブリーフケースがなくなっていることに気づいたのが午後二時四十五分なのだが、それまでのあいだサンディー・メンドサは教室を出ていないこと。以上のことからハリーは、モーダストレンスを用いて次のように推論する。「さて、サンディーがブリーフケースを取ったのなら、それはまだこの教室のなかにあるはずだ。だって彼は、ブリーフケースがなくなったことが分かるまでのあいだ教室を出なかったんだからね。でも、それが見つかったのは教室の外にある噴水の裏だ。だから、サンディー

がブリーフケースを取ったんじゃないんだ」。それを受けてリサが、「私は別の生徒、ミッキー・ミンコフスキーが取ったと思うの」と発言する。リサはまず「直感的にそう思うの」と説明し、それに続けて「だって、ミッキーなら噴水の裏なんて場所に隠したりしそうだからよ」と主張して、自分の考えを正当化しようとする。リサのこの主張に対して、トニー・メリーリョは、それが間違った後件肯定のケースに当たることを示す。「犯人がまさにミッキーであれば、それを噴水の裏に隠しただろう。後半部分は真だ。つまり、ブリーフケースは噴水の裏に隠されていた。だけど、そのことから何が帰結するのか。何も帰結しないんだよ。後半部分が真だというだけで、前半部分も真であるとは証明できないってさっき確かめたじゃないか」。このあと被害者のサンディーは、ミッキーが犯行を認めたと言って、彼を現場に引っ張っていくことになる。犯人はミッキーだったのだ。

この箇所では、形式論理の規則が具体的な場面に即して示されるとともに、それに対比させる形で直観的な思考による推論が並べられている。子どもたちが形式論理の規則についてディスカッションしているときに、この事件についての知らせが初めて届く。内容は、ジェーンがサンディーを犯人だと決めつけているが、サンディーは犯行を否認している、というものだ。彼は、以前ブリーフケースを取っちゃうぞと彼女をからかったことがあるのは認めたが、しかし実際にやってはいないと言っている。つまり、ジェーンもリサと同じく直感によって犯人を決めつけていたのだ。はっきり対比させると、次のようになる。ジェーンの直感（内容は間違い）に対して、ハリーによるモーダストレンスの使用（犯人の絞り込みに関わる）があり、リサの直感（内容は正しい）に対して、トニーによる後件肯定の誤まりの指摘（犯人の絞り込みには関わらない）がある。このエピソードは、最後に適切な理由のアプローチに基づくアドバイスが示されて終わる。リサは、自分の考えが単なるフィーリング、直感に過ぎなかったと認める。そこで先生は次のように言う。「そうね、リサ、あなたの推測は洞察力に富んでいたわ。それにたまたまだけど、あなたの推測は正しかった。でも、もし間違っていたら、サンディーのように無実の人が他にも傷つけられることになったでしょうね。あなたは、『誰ならこんなことをするだろうか』と推測してみて、実際に間違わなかった。でもね、推測は注意深く探ることの代わりにはならないのよ」。もちろん、犯人を決める場合に、演繹によるのではない理由を裏づけに使うのも無理はない。ジェーンにはサンディーを疑うべき理由があったし、リサの直感には帰納による裏づけがあった。

さて、もう一つの例は『ハリー』の第二、第三章に出てくるものだ。トニー・メリーリョは憂鬱そうにしている。ハリーが尋ねると、トニーは次のように答えた。「父さんは、僕が大きくなったら父さんと同じエンジニアの仕事に就くだろうって当然のように思っていて、『僕は大きくなったら何か別の仕事に就くかもしれない』と言うと怒るんだ」。そこでハリーは、どうしてお父さんは君がエンジニアになると思っているんだろう、と尋ねる。するとトニーは次のように答えた。「僕はいつも数学の成績がいいんだ。父さんは、『エンジニアってのはみんな数学が得意なんだ。そして、お前は数学が得意だ。そしたらどういう結論になるかはお前にもわかるだろう』って言うんだ」。ハリーは、このような推論によってトニーがエンジニアになるという結論を下すのは、以前に発見した形式論理の規則に反していると気づく。「お父さんは、『エンジニアってのはみんな数学が得意なんだ』って言ったんだよね？　でもそれって、逆にできない命題の一つだよ。だから、そこから数学が得意な人はみなエンジニアであるということは帰結しないんだ」。このあと、次の第三章でトニーは父親と会話をするが、そのなかで彼はハリーが示した結論をそのまま繰り返すことしかできない。父親から、どうしてそういう結論になるのか説明するよう求められると、トニーは、ハリーがしてくれた説明を度忘れしておろおろしたあとで逆にできないという規則のことを思い出す。しかし今度は、どうしてその規則が成り立つのかと父親からさらに質問される。結局トニーは、どうして成り立つのか説明できないことを認める。そこで父親は、「エンジニアはみんな数学が得意な人である」という命題を二つの同心円で図示して説明してやる。その結果、トニーは次のような結論に至る。「これが、『すべての』という形の文を逆にできない理由なんだ……。エンジニアという小さいグループの人やものを、それより大きい数学が得意な人というグループのなかに入れることはできるけど、その反対はできないんだ」。

初めのうちは、形式論理の規則をこのように用いたり検証したりするのは比較的簡単なことのように見える。しかし、くわしく吟味していくとそれほど単純ではないことがわかる。さて、この例でトニーの思考は明らかに改善している。彼は思考の間違いを見つけるようになっていくし、その過程でいくつかの不安や困惑にうまくうち勝ってもいる。だが、より広いパースペクティブから見れば、この改善にも限界がある。トニーは逆の規則について父親がした説明に納得しているが、その説明に用いられた規則については尋ねない。彼の思考で進歩したのは、どうしたらいいかわからない居心地の悪い状況を、規則によってすっきりと説明される心地よい状況に置き換えるというにすぎない。規則によって説明がつけられる思考それ自体にも限界があることにはまったく気づいていない。たとえば、彼はエンジニアになるよう迫る父親のプレッシャーのせいで困惑していたのであるが、感情面でこうした困った状況をもたらした原因についてはうまく扱えていない。いずれにせよ、彼は父親と紛れもなくまったく同じスタイルで問題を解決したのであり、その意味では、いまや前よりもなおいっそう父親そっくりの考え方をするようになってきていると言えるだろう。たしかに、大きくなったら父親と同じ仕事に就くのだろうという考えに直面してトニーは嫌な気持ちになっている。とはいえ、その嫌な気持ちになる理由が形式論理の逆についての規則やその説明から解きほぐされるということにはならないし、また、かなりはっきりしてきているものの、まだまだ曖昧なところもある感情と、規則によってすっきりと説明される推論という、思考の対照的な二つのモードはいぜんとして対立したままになっている。

例は他にもたくさんある。『ハリー』のなかだけでも、十八個の形式論理の規則が発見され、用いられている。加えて、適切な理由のアプローチの事例が出てくることで、形式論理の原理に基づく思考と適切な理由の基準に基づく思考とのあいだで、じつに種々様々の比較・対照を行うことになる。それ以外にもまだ、形式論理の演繹も適切な理由の思考も用いないタイプの、言語的、非言語的な多くの心の活動、およびそれに関連した思考の仕方が出てくるのだ。[2]

この章の結論

「子どものための哲学」のプログラムで使用されるそれぞれの本が基本的に目指しているのは、読者に対して、自分自身の思考について、また思考しよく考えることが生活のなかでどのような役割を果たすかについて注意を払うための手段を与えることである。小説では、規則の関わる思考を見つけ出すことを通じて、また非形式的なタイプの種々様々な思考を具体的に説明することによってその目的を果たそうとしている。論理の規則について述べるのは、単に読者に暗記してもらうためではない。そんなことよりも大事なのは、本を通して規則や探求のテクニックを具体的に提示することで、規則を自分自身でも用いるよう読者を後押しすることなのだ。

規則の関わった思考は、形式論理を見つけ出し、発展させていくことによって具体的に示される。しかし、よく考えることについては、形式論理だけを問題にしたときよりもはるかに多くのことに言及する必要がある。形式論理には明示的な規則があるのに対して、適切な理由のアプローチには明示的でない手順があると言える。この手順は、実際に理由を探ったり、人の意見を聞いてその人が言おうとしていることを考え抜いたり、自分で考えたりすることに関係したものだ。

思考には規則が関わった種類のものがあると気づくことで、子どもはそれとは対照的な想像、夢想、空想といった、論理の規則がほとんど、もしくはまったく力を発揮しない思考のモードのことも意識するようになるだろう。思考の種類がこのように種々様々に多様であることを理解し、またそれを楽しむようになれば、子どもはそこからさらに、自分たちの思考が論理という形式をとることもよくあるし、ときには論理的であるべきときにそうなっていないこともあるが、しかし思考の大半はその形式をとっていないし、またとる必要もない、ということに気づける。これが、子どもに対して論理を手ほどきし、そこからさらに内容的な理解を深めていってもらうにはどうすればいいか、という問題を解決するための鍵なのである――つまり、論理を教えるにあたっては、決して公式の無味乾燥なセットとしてではなく、つねに、よく考えるというコンテクストのなかで、それも特に思考それ自体についてより明快に思考するという努力を行うなかで教えなければならない、ということだ。

註1　三段論法および標準化の規則についての詳しい記述は、『ハリー・ストットルマイヤーの発見』『リサ』『トニー』の教師用マニュアルにある。『リサ』のマニュアルの第五章の終わりにはまとめがある。

註2　これまでに述べた題材の様々な部分は、以前、『哲学を教える』第一巻第四号（一九七六年冬号）で発表したものがもとになっている。

第9章　道徳教育は哲学的な探求から切り離すことができるのか

人が理性的だという推定

人間は様々な場面で「推定する」ということをしている。法律によると、被告人であっても有罪が確定するまでは無罪と推定することになっている。科学の探究では、何か起こったことには原因があると推定される。原因があるという証拠がない場合であっても原因があると推定されるのだし、統計による説明しかできない場合であっても原因があると推定される。

倫理の探究でもそれは同じである。大人と子どもの違いは、経験が多いか少ないかということにある。幼い子どもが、ただ知らなかったというだけの理由で、愚かなことやしてはいけないことをしてしまったという場合に、その子どもを咎めるのはあんまりだろう。たとえば、よちよち歩きの子どもが、マッチがどんなものなのかを知らなくて、マッチで遊ぶのがいけないことだとわかっていないとする。その子がマッチで遊んでいたとして、その子を責めるのはどうだろうか。その子には正しい判断をする能力がまだないのだから、それはお門違いというものだろう。

その一方、子どもがまだ小さすぎるからという理由で、理性的に振る舞うことを子どもに求めないことも多い。しかし、それが子どもにとってよいわけではない。それどころか、非常によくないことをしている。というのも、子どもとの関係のなかに道徳が含まれているのなら、子どものことを一人の理性的な人間だと推定すべきだからである。そう推定しないとしたら、それは子どもに対する道徳的な敬意を忘れていることになり、非難に値することとなる。

子どもは行動するけれど論理的に考えない、推論しない、と推定する心理学者がいるかもしれない。この推定は不適切というわけではない。しかし、子どもに対して道徳教育をほどこす場面ではこのように推定すべきではない。ピアジェによれば、「子どもの思考には論理的必然性が欠けており、また子どもは自分が考えていることが本当は何を含意しているのかを分かっていない。子どもの思考は、私たち大人の思考よりもむしろ行動に近い。それは、心のなかで何かを思い描くという一つ一つの作業だけから成り立っており、これらの作業は、突拍子のない動作のように、必然的なつながりをまったく持たずに相互に生じる」[1]。ピアジェは、子どもに見られる「推論もどき」についても語っている。この推論もどきは、「論理にまったく縛られることなく相互に生じる一連の直観的判断から成り立っている」[2]。そしてピアジェは、実はこれと同じような推論もどきは大人のうちにも見いだされるかもしれない、とほのめかしている。そうなってくると、「子どもの思考についての論理学が取り組むべき課題は、いつの日か、子どもの思考でもって大人の論理を説明することになるだろう」[3]。これは「子どもの思考を大人の思考の型に基づいて再構成すること」[4]とは逆のことである。

こうして、ピアジェは次のような仮説を立てても構わないことになる。単に子どもの推論だけではなく、すべての人間の推論が、「心理学的法則に従って相互に動かし合う一連の態度から成り立っているのであって、……論理的に相互に含意し合う一連の概念から成り立っているわけではない」[5]と。しかし、ひとたびこのような仮説が道徳的経験の世界に持ち込まれたらどうなるか。もはや、子どものことを理性的だと推定するわけにはいかなくなる。そしてそれに伴って、道徳的判断をうまく行うことを子どもにまったく期待できなくなる。というのも、もし子どもには、原則に基づいて道徳的に振る舞うこと、ちゃんと理由に基づいて行為すること、自分の行いについて理性的に対話すること、そして論理的な推理の型を用いること、これらのことがどれも無理だと考えるのであれば、子どものことを下等な動物と同じように、あるいは単なるモノとさえ同じように扱うしかないからだ。

科学者としては、厳格な決定論者であってもなくてもかまわない。しかし道徳教育家としては、どちらを選ぼうかと贅沢に悩んでいるわけにはいかない。子どもは理由や原則に基づいて振る舞うことができないのだと推定してしまうと、子どもを道徳的存在者として扱うことができなくなる。それは道徳的とも教育的とも言えない。このような理由で、発達段階説と哲学は両立できないのだ。というのも、一方の側が他方の側を劣ったものと見なす、それも単なる先入観に基づいてそう見なすのではなく、原理的に劣っているはずだと考えてそう見なす場合、まともな哲学的ディスカッションができなくなるからだ。

道徳的に成長するための舞台を設ける

親と社会は教育に対して何を期待しているだろうか。まず、子どもの基本的なスキルを養うことを期待している。しかしそれだけではない。子どものことを道徳的に豊かな人間にすることも期待している。今日ではほとんどの教師がそのことを分かっている。しかしそれを実現するためには、教師はいわば親にならなければならない。これはもちろん、親が教師になることと同じように、簡単なことではない。てみじかに言えば、どのようにして教師は道徳的になるように子どもを後押しすることができるのかということがここで問題になり、これは現代の教育において最も厄介な問題の一つなのである。

子どもというものはどのような道徳的本性を持っているのか。これについて教育理論家たちは非常に多種多様な理論を教師に提示してきており、その結果、理論間で厳しい対立も起きている。一方では、子どもは飼いならし手なずけなければならないちっちゃな野蛮人と見なされる。だが他方では、子どもはすでに道徳的な欲求を持ったちっちゃな天使と見なされ、よって、必要なのは、子どもがありのままでいることができるような適切な環境を整えることだけだと考えられる。この二つの見解は極端すぎる。むしろ次のような考え方のほうがより穏当で筋が通っている。つまり、子どもには数えきれないほどの傾向性が生まれつき備わっていて、それらの傾向性のうちどれかを発展させることによって、子どもは善い人間にも悪い人間にもなりうるし、実際なっていると考えるのだ。この場合に胸に刻んでおきたいのは、子どもにとって成長に役立つような行動は促すが、そうでない行動はとることができないようにする環境でこそ子どもは成長する、ということである。この考え方を次のようなロマンティックな見解と一緒にしてはならない。つまり、教育のためにすべきことは、子どもの成長のために適切な環境を整え、子どもが「自然本来の善良な」自分になれるようにセッティングすることだけだ、という見解と一緒にしてはならない。教師は単に環境を整えるだけではなく、もっと積極的な役割を果たさなければならない。つまり、生徒が明らかに自分のためにならないような振る舞いはしないよう、むしろ自分のためになるような振る舞いのみをするように取り計らう責任が教師にはあるのだ。教師は、それぞれのケースでどのような行動を促したり、やめさせたりする必要があるのかを、それぞれの子どもがどういう子どもなのかを考えたうえで決めなければならないだろう。ある子どもは秘められた才能を引き出す必要があるかもしれない。別の子どもはセルフ・コントロールの力をもっと養う必要があるかもしれない。とはいえ、目標はあくまでも、子どもの創造的な思考力、行動力そして製作力を解き放つことだ。ではこれらを解き放つためにはどうしたらよいか。子どもの諸々の潜在能力を、それらが相互に邪魔し合い打ち消し合うようにではなく、むしろ相互に支え合い強化し合うように引き出してあげればよいのだ。

それぞれの子どもは個人である。そしてそれと同時に学級の一員である。教師はこの二つの事実を忘れてはならない。ただし、この二つの事実は切り離されているわけではない。子どもは個人としては独自の存在である。だからこそグループ内で自分にしか果たすことのできない役割を持つことができ、その役割の観点から自分に固有の能力を養うことができる。個人の独自性が目に見えて明らかになるのは、その個人が教室のなかでどのような影響を及ぼすのかということのうちでだ。そして教室にいる子どもはみな、教室のなかで影響を及ぼすべきである。となると、ある意味で教師の役割は、それぞれの子どもが自分には学級に影響を及ぼす力があるのだと感じ、毎日それを分かったうえで行為できるようにすることにある。教師はそれぞれの子どもについてこう自問しなければならない。「この子がいなかったら、教室のなかではっきりした違いが生まれるだろうか」と。この問いに対する答えが「生まれない」というものであるならば、教師はその子どもに対して教師としての役割を果たせていない。どこか間違っているところがある。教師は、自分の独自性を積極的に追求するように子どもを後押しし、自分自身の能力を学級へと積極的に生かすように促し、学級へと積極的に貢献するように促してこそ、教師の役割をまっとうしていると言うことができる。

　教師にそのような大きな責任を負わせるのは酷であるように思われるかもしれない。だが、強い責任感を持つことを子どもに期待することができるのは、ただ次の場合だけ、つまり、子どものまわりにいて、子どもが手本として見習おうとする大人つまり教師自身が、教師としての責任をきちんと果たしている場合だけだ。責任というものを考えるうえで重要になるのは、次の区別である。つまり、あるもの（X）は、単に原因であるという意味で「Xのせいでこうなった」と言われる場合と、責任があるという意味で「Xのせいでこうなった」と言われる場合があり、この二つを区別しなければならないのである。よって、子どもの基本的衝動と生まれつき備わった傾向性は、行動の際に原因として働くのであるが、そういった衝動や傾向性は、その子どもの行動に対して責任を負うことはできない。しかし、もちろん子どもはそうした衝動をコントロールする責任を持つ。

他方で、学校の環境は社会がコントロールしているものであり、子どものそのような傾向性を促進したり阻害したりする以上、社会は適切な学校環境を作る責任を大いに負っていることになる。だから、子どもがどのくらい道徳的に発達しているのかを判定する際には、その社会がどれほどの責任を果たしているのかということを考慮に入れなければならない。子どもの道徳的成長を促す学校環境を重んじていないような社会があるとしたら（重んじているかどうかは、教育にどれだけの金額を投資しようとしているのかでまさに表現される）、その社会は、子どもが道徳を無視して振る舞った場合に、社会にも一定の責任があることを素直に認めるべきなのだ。

子どもの家庭環境は、道徳的な振る舞いを促すかもしれないし、促さないかもしれない。教師はそうした家庭環境に頼る代わりに、教室の環境に意識を向けなければならない。すでに述べたとおり、教師には、子どもの成長につながるような傾向性だけ残るようにする責任や、個々の子どもと学級の環境全体とが相互にますます影響を与え合うようにする責任がある（ちなみにほかの子どもたちと同様に教師自身もそのような環境の一部である）。当たり前のことだが、かつて学級のなかで見下され軽蔑されていた子どもは、いま自分自身のことを尊重していないだろう。もちろん、この子どもを見下していた子どもたちには、そうしていたことについて責任がある。しかし教師にも、このように扱われていた子どもが学級にいる以上は、次のような責任がある。それは、この子どもが、自分が尊重されサポートされる環境を見つけることができるように取り計らうという責任である。このように取り計らうことで、この子どもがかつて受けたひどい扱いのゆえに自分のことを尊重できなくなってしまう、という事態を防ぐことができるのだ。またほかに、想像力や好奇心を示さない子どもがいるかもしれない。これは、家庭か学校のいずれかで、人を無感覚にさせるような環境のもとに置かれた結果だと考えられる。この場合、教師には、この子どもの日常の基盤が問いただされるような環境を作り出す責任がある。それによって子どもは、以前自分が置かれていた環境のせいで陥ってしまった無感覚と無関心の状態から抜け出ることができるのだ。そのほかに、他人に対して暴力に訴える子どももいるかもしれない。これはおそらく、この子どもが家庭のなかでしばしば暴力をふるわれてきた結果だと考えられる。この場合に教師の責任となるのは、この子どもが自分の人格が傷つけられないようにするために、あるいは人格を修復するために暴力に出る必要がないような環境を用意することである。

「他人を傷つける子どもは、他人から傷つけられてきた子どもだ」とよく言われる。しかしこの決まり文句は不正確である。というのも、子どもをそのような行動に至らせた状況が病んでいるのだと診断するのではなく、むしろその子どもが病んでいるのだと診断してしまっているからである。だからまず教師は責任を持って子どもをサポートし、自尊心と自制心を形成するのに役立つような環境を積極的に作り出すべきだ。それこそが、道徳教育の最も大切な一歩なのである。教室で一人ひとりの子どもが相互に信頼され尊重されるような環境が作り出されないかぎりは、子どものための哲学であろうとほかのものであろうと、どんな教育プログラムも、子どもが一人の道徳的な人間になるのを手助けすることはできないだろう。

道徳教育のなかでの社会化と自律

子どもというものはややこしくて扱いにくく、言うことを聞かず、道徳を気にしないと思い込まされていることが非常に多い。その場合、道徳教育が難しいのは子どものせいであると考えられている。しかし実のところ、道徳教育の問題がややこしくなっているのは、いくつかおかしな前提を持っているからなのだ。次のことははっきりしている。もし私たちが、子どもに対してどのくらいの自律を認めるつもりなのか、子どもをどのくらい支配してどのくらい自由にしておくつもりなのかをもっとよく考えていたのであれば——もし私たちが、子どもにどのような人間になってほしいのか、そして子どもはどういう人間になりたいのかを選ぶうえでどのくらいの権利を持っているのか、ということについてもっとよく考えており、自分にもっと正直でいたならば——子どもを道徳的に成長させることはそこまで厄介なことではなかっただろう。

道徳教育は社会の価値観や慣習に子どもを従わせる方法として理解されなければならないのか、それとも、そのような価値観や慣習から子どもを解き放ち、そうすることで子どもが自由で自律的な一人の人間になれるようにする方法なのか。子どもの道徳発達に関する問題はしばしばこのような形で提示されてしまう。これはとても残念だ。なぜならこの場合、教育はある種の観念論的な論争にかかずらうことになるからだ。だが本来教育というものはそういう論争から人類を救い出さなければならない。道徳的成長に関する問題をこのような形で提示してしまうと、個々の人間にそなわる非建設的な傾向性や性癖の多くを覆い隠し、また人間社会の有益で役に立つ側面の多くを覆い隠すことになる。もし、自分自身で判断するように子どもを促すことが目標であるならば、社会と個人をそのように決めつけて評価するのは逆効果である。個々の人間は生まれつき善いとか悪いとか、あるいは社会はもともと善いとか悪いとかと考えるのはよくない。というのも、そう考えてしまうと、一体何のせいで自分はいまこういう状況にいるのか、どうやったらこの状況を打開できるのか、といったことについて探究し、その探求に基づいて決断することができなくなってしまうからだ。個人の本性や社会について独断的に考えてしまうと、そのような探究を打ち切ることになってしまう。自分が住む社会を自ら作っていこうと責任を持って積極的に努力するのではなく、むしろ受動的で無責任な傍観者へとなりさがってしまう。

真の道徳教育は、社会が子どもに対して期待するものを子どもに身につけさせなければならない。それに加えて道徳教育は、そのような社会の期待がまっとうであるかどうか批判的に評価するためのツールを子どもが発展させることができるようにしなければならない。親と子どもの関係と同じように、社会と子どもの関係にも相互の義務と権利がある。義務や権利を一方的なやり方で与えるとしたら、それは教育ではない。一部の人はこう考えてしまいがちだ。社会制度というものはそれ自体で抑圧的なものなのだから、そんなものはなくなってしまうのが理想的だ、と。そうすれば社会制度によって苦しめられることが完全になくなるというわけである。しかしこれは大きな誤解だ。問われるべきなのは、私たちは社会制度を持つべきなのかどうか、ということではない。むしろ私たちが持つ社会制度は理性的でみんなが参加できるような仕方で作られるべきなのかどうか、ということが問われなければならない。もしそのような仕方で作られていないのであれば、確かに個々人はその制度の意のままになってしまう。だが、もしそのような仕方で作られているのであれば、その制度はもはや強制的ではなくなる。むしろ個々人の関心事や目標を実現するための建設的な手段となるのだ。

社会が子どもに期待する行動を身につけさせるということは、責任ある道徳教育にとってとても重要である。しかしそれはあくまでも道徳教育の一部でしかない。そのことに加えて、子どもに自分の頭で考える力を身につけさせることも必要なのだ。そうすることによって、子どもは創造的に成長することができるし、それと同様に、自分が住む社会を必要とあれば創造的に改善していくことができるのである。

社会が子どもに期待する振る舞いが本当に正しいものなのかどうか、批判的に吟味して判断するのに必要なツールを子どもが発展させること、これを可能にすることが教育には求められている。ただし、教師がすべきことは生徒の批判的な判断力を育成すること以外には何もないというわけではない。目標は、批評家だらけの学級を作ることではない。むしろ目標は、世界と自分自身を客観的に評価する能力を持ち、そしてさらに流ちょうにかつ創造的に自分自身を表現する能力を持った人間を育て上げることだ。批判的態度を身につけさせることは、教師の役割の一部でしかない。確かに生徒は、自分を取りまく社会制度を一歩下がって客観的に見つめることが必ずできるようにならなければならない。だがそれだけでは不十分であることも自覚できるようにならなければならない。批判的になる気があるならば、同様に、何かよりよいものを新しく提示しようと挑戦すべきだ。だからこそ、対話は教室で役に立つ。つまり、対話を通して子どもは提示されたアイディアを批判することだけではなく積極的で建設的なアイディアを生み出すことができる。教師は、生徒が論理的に推論することができた場合に褒めてあげなければならないが、ちょうどそれと同じように、生徒が創造的な洞察を行った場合にも褒めてあげなければならないのだ。

批判をきっかけにして、哲学的ディスカッションを始めることができる場合がよくある。たとえば『ハリー・ストットルマイヤーの発見』のなかに、マークという男子が学校なんてどれもだめだと批判し始める場面があるが、このときにマークは教育の目的に関するディスカッションを開始したことになる。そして、その教育目標の観点から、マークのクラスメイトは学校がその目標を達成することができるかどうかを判定することができる。そして最終的に、その教育目標がよりよく達成されるように学校を運営するために、別のいくつかの方法が考え出されることになる。

学級のなかには、あるアイディアに対する批判から始めるのではなく、そのアイディアへの対案となる想像力豊かな別のアイディアを提示することから始める生徒もいるかもしれない。ただしそのアイディアは、残念なことに、その具体的な実現方法については何も示していないかもしれない。だが、その場合に教師がすべきなのは、そのようなアイディアはただの理想論であって役に立たないとだめ出しすることではない。むしろそのアイディアの具体的な実現方法を提案するよう、学級のほかの子どもに促すべきだ。

ところで、教師はどういうアイディア——たとえそれが創造的なものだったとしても——を非建設的だと判断すればよいのか。たとえばある子どもが、「よりよい社会を作るための第一歩として、少数派Xを排除しよう」と提案するとしよう。そのようなアイディアに対して最もすぐれた返答をしてくれるのは、いつも、学級のほかの子どもたちに決まっている。もしそのアイディアが本当に非建設的だとしたら、ほかの子どもが批判的能力を発揮してくれるはずだ。こうして、そのアイディアの欠陥が見つけられ、指摘される。しかし、どの子も欠陥を見つけられないとしたらどうだろうか。教師が介入すべきだろうか。なるほど教師はいつでも、それが許される状況ならば、介入し自分自身の意見を述べる権利を持っている。では教師はどういう対応をしてはならないのか。それは、最初に提示されたアイディアについて検討して応答する機会を子どもに与えずに、まっさきに自分自身の意見を紹介してしまうことだ。そんなことをしたら、対案がないかどうか子どもが真剣に考察できなくなってしまう。ではそれに対して、この子たちは自分自身のアイディアを自分なりに十分に発展させることができていて、そのアイディアに確信を持っている、と教師が感じているときはどうだろうか。こういうときは教師は、自分自身のアイディアをためらわずに提示し、子どもたちのアイディアに欠けている視点を補ってあげるべきだ。この場合、子どもたちはこう理解するはずだ。先生は一時的に司会の役をおり、同じ参加者として僕たちといっしょにディスカッションをしてくれるのだ、と。

さて、さらに一歩進めて問題を考えてみよう。もし教師が、自分の見方を提示したあとに、子どもたちからこう返答されたらどうしたらよいだろうか。「でも、そんなのただの一つの見方でしかありません！　僕たちは賛成しません！」と。まさにここで、哲学のユニークな性格が浮かび上がってくる。哲学はもともと対話のプロセスである。だから、その日の授業のうちに特定の結論に至らなくても構わない。教師はこう答えればよい。「じゃあ、その問題については明日もう少し話そう」、あるいは「先生が君たちの意見をじっくり考えてみるから、今度またみんなで話すことにしよう」と。

私たちがいままで述べてきたことをまとめればこうなる。何が非建設的なのかというと、それは、教師が道徳教育やそのほかの領域で、子どもに個性的な人間になるよう変に促して、社会の価値観に対してやみくもに反抗的な子どもをつくってしまったり、あるいは逆に子どもを社会の価値観にひたすら服従させたりすることだ。教師は、社会と子どもの間の媒介者なのであって、調停者なのではない。教師の役割は、子どもを社会に適応させることなのではない。その役割はむしろ、子どもがいろんなことにもっと敏感になって最終的に社会を形作ることができるように、子どもを教育することなのだ。もし社会が一般参加型の形で持続していくべきだとすれば、重要になってくるのは、教育者が社会の柔軟性、個人の柔軟性を認め、そして共同体が自ら新しくなっていく必要があることを認識することである。社会は、個人の創造的な考えと行動に関して柔軟でなければならない。社会からこの柔軟性を最も奪ってしまうのは、社会は個人の創造性に関して柔軟ではないと子どもに教えることなのだ。

道徳教育の場面でしてはならない二分法

教師は今日、道徳教育に関して途方もなく多くの選択肢があるせいで、困惑している。道徳的であるということはうまく推論できることでしかないと言って、知性のみを重んじるアプローチがいくつか存在する。ほかには、道徳的であるということは規律を受け入れて従うことなのだと理解する人々もいる。この場合、道徳は知的な推論の問題ではなく徳性の問題だということになる。また、子どもはもともと善良なのだから、その情動が妨げられたり抑圧されたりされず、他人に対する感受性が高められさえすれば、子どもは自然と品行方正になるだろうと考える人々もいる。このようにいくつもの立場があるのだが、困ったことに、教室での経験に基づいて言えば、どの立場もある程度の妥当性を持っている。道徳教育には推論の要素もある。同様に徳性を形成するという要素もある。また、情動を解放して感受性を訓練するという要素もある。となると、ここで課題となるのは、これら三つのうちの一つのことだけを行うようなプログラムではなく、これら三つすべてを行うようなプログラムを考え出すということだ。

もし道徳的であるということが単にルールを知ってそれに従うということでしかなかったとしたら、道徳教育は、ルールを疑うことなく気楽に遵守できるようにする良心を子どもに身につけさせることでしかないだろう。しかし、道徳はそんなに単純なものではない。あらゆる状況で妥当するルールが存在するのかどうかはさだかではないし、また、妥当するかもしれないルールを子どもが無批判的に受け入れることが、子どもの成長のためによいのかどうかもさだかではない。それゆえ、明確な指針が与えられていない状況にも対処できる力を子どもに身につけさせなければならない。そのような状況であっても、選択を行いその選択に対して責任を持つことが要求されるのである。

　私たちが強調してきたのは、教師は道徳教育の領域では、社会のなかで支配的な価値観と道徳観を子どもに身につけさせるだけではまったくもって不十分である、ということだ。子どもは、自分自身で考えることができるようになり、ほかの人々が何に関心を持っているのかを知るためにその手がかりとサインを訓練によって読み取ることができるようになり、そして自分自身の情動的ニーズを自覚できるようになることが望ましい。教師は、これらのことを可能にするプログラムに子どもを参加させなければならない。もし、ある状況である行動をとったことについて子どもに責任を負わせる、それも、そのような状況に出くわしたときにうまく対処できるようになるための練習をまったく子どもにさせてこなかったにもかかわらず、責任を負わせるとしたら、子どもに対してむごいことをすることになる。これが、道徳的な思考ばかりを重要視する道徳教育のプログラムが不十分なものとされる理由の一つである。必要なときにすばやく道徳的に振る舞えるようになるためには、建設的な行動の習慣を身につける必要があるのだが、こういったプログラムではそれが身につかないのだ。前もってそのような行動の習慣を身につけていないと、子どもは、道徳的葛藤が新たに生じてきたときにうまく対処できない。なぜならこの場合、子どもは道徳的実践のための準備ができていないからである。道徳教育は、単に何が正しいのかを知ることができるように子どもを手助けするだけでは不十分だ。正しいことをどのようにして行うことができるのかを子どもに示してあげなければならない。そして道徳が問題となる状況で選択可能ないくつかの行為を行う練習もさせなければならない。そのように行う練習を設けなければ、道徳教育は失敗する。理論と実践、知ることと行うことの間の結びつきが最も重要になるのは、まさにこの道徳教育においてなのだ。もっとも、この結びつきが無視されることが最も多いのも道徳教育においてなのだが。

子どもは一日のなかで自分が様々な状況に置かれていることに気づく。そのなかには、何らかの行動が求められる状況もあれば、そうでない状況もある。しかし子どもは、どのような行為や決断が求められているのか、適切なのかが分かるためには、それぞれの状況が持つ特徴や複雑さ、様々なニュアンスや小さな違いに気づく力を身につけておく必要がある。子どもは、ある状況で何が要求されているのか、その状況ではどのようなチャンスが与えられているのかということに気づけるようになれば、その状況に適切にそして効果的に対応できる。それゆえこう強調しておきたい。子どもは人生のなかで様々な状況に直面することになるのだが、それぞれの状況がいったいどういう状況なのかということに注意を向けること、このことこそが重要なのであって、その状況に知的に対応するために必要なのだ。その状況がどういうものなのかを把握できれば、自分が何をしたいのかがもっと分かるようになる。

しかし、もし子どもが様々な道徳的実践を通して、その場の状況に対応するための準備をしておくことができなかったとしたら、その状況に効果的に対応することはほとんど期待できない。子どもが機転をきかして行動することに慣れていないとしたら、そのような機転が求められる道徳的状況で実際に機転をきかして対応するのは難しいだろう。状況によっては、子どもは別の子どもを勇気づけたり、慰めたり、ありがとうと言ったり、アドバイスしたり、仲直りしたりすることが要求される。しかし子どもは、そのように行動する練習をしてこなかったとしたら、いやそれどころかそのように行動するさまを想像する練習さえもしてこなかったとしたら、そうした要求に自ら積極的に答えることができないかもしれない。それゆえ道徳的実践の練習はとても重要である。この練習をするからこそ、子どもはそれぞれの状況の道徳的な側面に敏感になれるのだ。

しかし、このように思考と行動の二分法を批判して、この二つは道徳教育がうまくいくためには不可欠だと認識するだけでは、不十分である。思考と感情の間にもしっかりとしたつながりがあることを忘れてはならない。誰のことも心配していない、ましてやみんなのことなど心配しているわけがない子どもがいるとする。そんな子どもに対して、どういう行為が一定の状況で例外なく正しいのかを教えたところで、意味はほとんどないだろう。他人が何を感じているのかに関心を持たない子どもは、他人のニーズに共感することはないだろう。また他人の立場に身を置いて考える習慣を持たない子どもは、道徳的ルール——たとえその子どもがこのルールを理解していて受け入れていたとしても——に従って行為することにまったく関心を持たないだろう。さらに言えば、道徳的に行動するために必要な感情は、この人やあの人といった特定の人間に対する特定の共感に制限されるものではない。なぜなら、自分自身がその一部となっているような状況全体に対して敏感になる感受性も、同様に不可欠だからだ。そのような感受性を身につけるためには、非常に細かな差異に気づきそれを識別する能力が必要になるだろう。また、ある状況で何が要求されていて、その要求に応じるためにはどうしたらよいのかを理解する能力も必要になる。さらには、自分の振る舞いがどういう結果をもたらすのかをできるだけ考慮する能力も必要になる。私たちが不道徳だと非難する振る舞いはたいてい、単に自分がいまいる状況がどういうものなのかについて鈍感である結果でしかなく、そして自分を全体との関係のなかに入れて考える能力が欠けている結果でしかないのだろう。道徳的に思いやりがないと思われている人が、実はすべてのことをきちんと考慮に入れずに早まって行動してしまう人でしかない、ということはよくある。学級のなかに機転をきかして行動することができない子どもがいたら、それはたいてい、単にその子どもにある種のバランス感覚が欠けているだけかもしれない。個人のニーズと感情は全員のニーズと感情との関係のなかでバランスよく考慮されなければならないが、そのバランス感覚が欠けていると、自分のニーズと感情を絶対的に優先させてしまうのだ。

さて、教師はこう問うかもしれない。「どうやって生徒にこの種の機転と感受性を身につけさせることができるのか」と。まさにここで、美的感覚を高めることが重要になる。そうすることで、よりしっかりとした道徳的意識とバランス感覚が養われるのだ。たとえば、ミーティングで何が行われているのかよく把握できないためにうまく参加できない子どもがいるかもしれない。また、どのようにしてグループのなかで自分の才能と洞察力を自分のためにではなく、むしろみんなのために生かすことができるのかが分からないという子どもがいるかもしれない。このような子どもはまだ、他人に対する自分の関係を社会的な意味ででではなく自己中心的な意味で捉え続けている。ここで、感受性、共感、そして「何が起こっているのか」を感じとる感性を養うことが必要なのだと子どもにながながと説教し続ける、それもこれらを養うためのツールをいっさい与えずに、ただただ説教し続けるのはやめた方がよい。その代わりに、キネティクスと呼ばれるタイプのダンスを踊らせたり、他人の出す音を聞いてそれと調和した音を出すことが求められる音楽（ハンドベルの演奏や合唱など、グループで行う音楽のなかから少なくとも一つ）を行わせたりした方がよい。これによって子どもはしばしば、自分に必要なバランス感覚を養い始めるのである。

子どもの知性は教育可能であるが感情はそうではないと想定する人が多い。人間の情動は原始的で非理性的なものであり、それを手なずけ飼いならすことはできても、それを養ったり洗練したりするのは無理であり、ましてやそれを認識活動に用いることなど絶対に無理だ、というわけである。情動は単なる野蛮な勢力でしかなく、知性のあらゆる策略や謀略を駆使してしつけ、支配しなければならない、と考えている。これは非常に奇妙な考え方である。もし私たちの欲求と感情が教育不可能だとしたら、私たちはよりおいしい食べもの、よりすぐれた芸術や文学、よりよい友達や共同体を欲することはありえないということになる。人間の感情と欲求は教育不可能であるというこの理論は、人はもっと自覚的にもっと理性的に欲求することができるようになる、という事実に反している。教育者は、知性を感情と戦わせることばかりに執心していてはならない。欲求をもっと知的にして、知的経験をもっと情動に近づけることに集中すべきなのである。

道徳教育において感情的なものと認知的・知性的なものを切り離すのは実は危険なことで、学習の何たるかを誤解することになる。私たち自身、知性を「心のうちでの」ものとしては考えていない。私たちは知性を何か「心」のなかで生じているものとしては理解していない。むしろ、知性は人間のどのような活動においても、たとえば行為や芸術的創作、反省や言語表現においても示すことができるものである。

今日では、教師は「感情的」という言葉を聞いたときには、あらゆることが推奨されている。感情教育の領域では、自分の感情を表現することや打ち明けること、心のうちを明かすことや気持ちをあらわにすることなどは、ほんの一部にすぎない。そのようなアプローチでほのめかされているのは、人間の情動を自由に手なずけようとする態度である。ここで念頭に置かれている人間は、過剰な情動的圧力に苦しんでいたが、情動を吐き出すことでなんとか逃げ道を見つけ、その圧力から解放されたという人間である。このようにして情動は発散されてなくなり、子どもの建設的な活動に力を与えていたかもしれない情動は失われるのである。

その一方で、感情教育に関してはいま述べたものとは別の見解もあり、これも同じく有害なものだ。この見解によれば、感情は認知能力よりも優位に立っており、感情こそが道徳教育をつまり価値教育を含んだ全教育の第一の関心事であるとされる。このような見解は、いま述べた正反対の見解と同じように、知性と感情を協力させようとはしない。子どもに認知スキルを磨かせていない学校では、子どもは理性的な分析が求められる人生の局面に自分では対処できなくなってしまう。結果として学校は、自分が住んでいる社会に影響を及ぼしたり自分が生きている世界に働きかけたりするために必要不可欠なスキルを子どもに身につけさせることなく、感情を伴った振る舞いについて無意味にくどくどと話すことになる。子どもの認知スキルを養うことに失敗したのであるならば、子どもに自分の振る舞いの責任を負わせるべきではない。

これとは別に、多くの道徳教育プログラムで前提となっている二分法が存在する。それは、事実と価値の二分法である。この二分法が前提とされるせいで、しばしば教師は次のように信じてしまう。私たちは何らかの方法で、価値教育を教育課程のほかの科目群から切り離してそれだけで成り立っている分野として扱うことができる。そして、あたかも「事実」と「価値」は二つの異なったものであって、事実は「客観的」であるのに対して価値は「主観的」であるかのように、「事実」を「価値」から切り離すべきなのだ、と。

もしそうだとしたら、どういったものに価値があるのかを探究して明らかにする時間（これは個人的で主観的な作業となる）と、どういったことが事実なのかを探究して明らかにする時間（これは客観的で社会的な作業となる）という二つの時間が一日のうちに存在することになる。だが教師は、このように価値を事実から切り離して価値をそれだけで取り扱うことになったとき、しばしば次のことに気づく。価値というテーマは妙に生気のない抽象的な領域であり、さらに言えば、価値に関する授業は「何が自分のしたいことなのか」や「何が自分の望んでいることなのか」といったことについて延々とディスカッションするだけの時間であって、そこでは「何が自分にとって本当に重要なのか」ということが問題となることはない、と。

たしかに、子どもがたまたま遭遇する個々の状況にはそれぞれの特徴や意味がある。だから、そういった個別的な特徴や意味を正しく読みとることができるように子どもを練習させることが必要になる。しかし、こう言ったからといって、決して、道徳的価値が単に主観的であると断言しているのではないし、ある状況ではどのような対応も別の対応と同じくらい正しい、という意味で道徳的価値が単に相対的である、と断言しているのでもない。価値に関しては「すべては相対的である。あなたにとって正しいことも私にとっては間違っているかもしれず、それ以上の何ものでもない」などという教説がはやっているが、これは残念である。このように言い張るということは、何でもありだと言うのと同じである。

論理学と探究を重視したのは、子どもにいくつかのツールを提供することでこの主観主義に対抗しようとしたからである。子どもはこのツールを用いることで、自分が遭遇する状況を分析し、健全で信頼できる結論にたどりつくことができる。子どもは、自分たちが持つ感情について他の子どもと議論し合う機会が与えられれば、その感情を分析して、もっと客観的に理解できるようになる。子どもは、慎重にかつ批判的に考える習慣を身につけるにつれて、より体系的に事実的証拠を得ようとするようになり、そして単にうわさや第一印象、「主観的感情」に基づいて判断するのではなく、別の選択肢がないかどうか検討し始める。

事実と価値は分離していると前提することは、この前提が道徳教育について含意することを考えると、実は危険である。もし分離しているとしたら、自分がいま置かれている状況の事実を変えることなく自分の価値観を変えることができる、と考えるのは簡単だ。しかしこれは幻想である。もし「価値」という言葉で意味されているのが、実際には主観的な事柄でしかなかったとしたら、つまりその一人の子どもにとってだけ重要である、あるいは重要であるはずの事柄でしかなかったとしたらどうだろうか。道徳教育に携わっている教師にとって、「価値」と呼ばれるふわふわしたものを追い求めることは無益になるだろう。また、価値というものを自分自身で何とかして手に入れるようにその子どもを後押しすることも、無益になるだろう。自分にとって何に価値があるのか明確にするよう子どもに促してみると、その子どもはたいていの場合、自分が何をしたいと思っているのか話すだけで終わってしまう。自分がしたいと思っていることに本当に客観的な価値があるのかどうかということはほとんど考えない。たとえばある子どもが、ぼくは教室で勉強するよりも校庭で遊んでいたほうが楽しい、と言ったとしよう。哲学的なディスカッションで明らかにすべきなのは、校庭で遊ぶことと教室で勉強することの間にはどのような客観的な違いがあるのか、ということだ。これを明らかにすることによって、子どもはその二つのことがどのような意味で重要なのかを評価でき、そしてどのような場合には一方を他方に優先したほうがよいのか判断できる。「価値のあること」は「したいこと」とまったく同じだと思ってはならない。むしろ、しっかり反省して探究したうえで重要であると分かったことこそが、価値のあることなのだ。このようにして、探究は主観的なものから客観的なものへと移っていくのである。

硬貨を例にして考えてみると、どのように目に見えるのかという観点から言えば、これは銅製の円盤状の物体であるという「事実」だけがある。だが経済的な視点から見れば、この同じものは一セント硬貨である。——それゆえ経済的な「価値」を持つ。いまあなたがこのページを読んでいるということは一つの事実である。だが、もしあなたがこのページを読むことに価値を見いだすのであれば、読むということは単なる事実ではなく、価値のあることになる。あなたがある店でリンゴを買おうと思っているとしよう。そのリンゴの存在は一つの事実である。しかし店はそのリンゴを「高級品」としており、そうすることによって「価値」を格づけしている。だから事実と価値は、もともとは同じものであり、それが異なる視点から見られることで事実と価値になる。

分析するという目的で、「事実」だけを取り出すことはできるし、同様に「価値」だけを取り出すこともできる。しかし、私たちが関わる問題はつねにこの二つの混じり合ったものだ。「事実」と「価値」という二つの異なるものがそれぞれ別個に存在しているのではない。事実でありながら同時に価値を持ったものが存在しているだけなのだ。教師はこのことを必ず理解しておかなければならない。なぜなら教師は、子どもが道徳的理想を実際の道徳的振る舞いから切り離さないように取り計らわなければならないからだ。事実と価値はしばしば次のようなときに切り離されてしまう。それは、あたかも価値が事実の世界から独立していて、切り離されているものであるかのように語るよう子どもに促すときである。むしろ本当は、そのように二つを切り離すのではなく、勇敢な振る舞い、公正な振る舞い、礼儀正しい振る舞い、正しい振る舞い、そして特定の状況に適した振る舞いといったように、価値と具体的な行動が組み合わさったものについて話すようにしなければならない。

その一方で、子どもたちは道徳について抽象的に論じることができないと想定すべきでもない。子どもは、道徳的問題を分析できるのだとすれば、「公正さ」や「正しさ」といった抽象的な倫理学的概念についても議論できるはずである。というのも、子どもは実践的レベルだけではなく理論的レベルでも活動することができるからだ。

何をすべきなのか子どもに理解してもらうために何をすべきか

教師の役割は、価値観や道徳観を提供することにあるのではない。むしろ価値づけの作業つまり何に価値があるのかを決めていく作業をファシリテートし、明確化することにある。多くの道徳的状況がどれも一回かぎりのものであることに気づいた子どもは、何をすべきなのかをいつでも教えてくれるような道徳的ルールなど存在しない、と悟るだろう。こう悟った子どもは、以前に受けた教育のなかで経験したことから、道徳的ルールが与えられていない状況でも何をすべきか臨機応変に考え行動しなくてはならないことを分かっているだろう。そのかぎりにおいて、臨機応変に対応する能力は、その子どもにとって大いに役に立つだろう。とはいえ、子どもの行動が適切なものとなるかどうかは、ほとんど次のことによって決まる。それは、価値づけの作業自体がどういうものなのかをその子どもが理解していて、自らその作業にせっせと取り組んできたのかどうか、ということだ。だから子どもは、ある道徳的状況で新しい解決策を考え出さなければならないかもしれないとしても、自分の動機や社会の期待、自分の行動に伴うと予想される結果について関心を持つことを忘れてはならない。

教師が価値づけの作業をファシリテートし明確化するときにすべきなのは、ある行動が道徳的かどうかを判断するための基準を子どもに紹介することだ。子どもは、その基準を用いることで、次のことをじっくり考えることができるようになる。それは、この行動は自分にどのような影響を与えるのか、自分の習慣の構造や人柄の構造にどのような影響を与えるのか、自分の人生の方向性にどのような影響を与えるのか、自分の周囲の人々にどのような影響を与えるのか、自分が住んでいる社会の制度にどのような影響を与えるのか、ということである。教師がその基準を行動の指針として提示することによって、子どもは、それぞれの行動がどういう影響を与えるのか、正しいものなのかどうか、ますます理解していくことができるようになるのだ。

しかしながら、次のことを頭に入れておかなければならない。つまり、道徳的状況は必ずしも、型どおりの解決策が適用されるような型どおりの状況ではないのであって、だから道徳的基準をつねに評価し直さなければならず、その基準をそれぞれの状況に合わせて作り替えなければならない。「哲学志向のある」教師は、基準と道徳的行動それ自体についてこのようにオープンな態度をとるからこそ、より優れていると言える。しばしば道徳的状況が新しいアイディアを生み出すためのチャンスとなる（そしてそのように新しいアイディアを生み出すためには、単に義務の呼び声に従って生きるのではなく、その呼び声を越えていくことも必要になるだろう）ということも、つねに頭に入れておかなければならない。だからこそ教師は、道徳的推論を自分で行うことができるように子どもを手助けしなければならない。単に社会の価値観や教師自身の価値観をその子どもに伝えるだけではだめなのだ。

べつに私たちは、個人が直面する道徳的状況のすべてが一回かぎりのものなのだと言おうとしているのではない。それぞれの状況に多くの共通点が見られる場合もある。そのような場合は、同様のケースで一般的に使えたルールが再び使えるのでは、と期待できる。私たちはいまこう言っているのである。同じような状況を同じではない状況から区別し、よくある状況をめったにない状況から区別し、典型的な状況を典型的ではない状況から区別する能力を子どもに身につけさせるべきなのだ、と。子どもは、いままでとは違った状況つまり前例のない状況に対して勇敢に、臨機応変に、想像力を働かせながら立ち向かう心構えができていなければならない。いつもとは違う状況にいつもと同じルールを押しつけたところで、うまくはいかないだろう。

子どもは、似たような状況（この場合はいつも同じルールを適用できる）とそれとは似ていない状況（この場合は新しく独自の解決策を考え出さなければならない）を区別することができなければならない。もしできないとしたら、道徳的に振る舞う際にルールは何の役にも立たないということにもなりかねない。様々な状況のうちで、似ているものと似ていないものを敏感に見分けることは、子どもの道徳発達にとってきわめて重要である。それぞれの状況を相互に比較し対比してみると、そこにはいつでも非常に多くの複雑で細かい特徴――道徳的側面のほかに形而上学的、美的、認識論的側面――があることが分かる。だから子どもはそういった様々な特徴を考慮に入れることができなければならない。私たちは、人格とは何であるのかということを子どもに理解させることによって、初めて、人格を尊重するように子どもを後押しすることができるだろう。そして人格とは何であるのかを理解させるためには、哲学が必要になる。また子どもは、「自然」というものがどういうものなのかを哲学的にいくらか理解することによって、初めて、自然をますます愛し、その環境を守っていこうと思えるだろう。これと同じことが、「社会」や「事物」、「豊かさ」や「真理」といった言葉、そしてほかの無数の言葉やフレーズについて言える。私たちはこれらの言葉をいつも用いている。だが子どもは、一般的に言ってこれらの言葉についてきちんと理解していない。哲学――ただし広い意味での――をすることによって、私たちは物事についての包括的な理解、すなわち包括性を手にすることができる。それに対して従来の道徳教育――ルールを教え込むという伝統的な意味での、もしくは「意思決定」や「価値の明確化」をさせるという同じく伝統的な意味での――では、まさにこの包括性をもたらすことができないのである。

想像力と道徳教育

多くの人にとって、道徳的推論は論理的推論でしかない。つまり、前提からあるいは事実的な証拠から結論を導き出すことでしかない。だがこれは間違っている。道徳的推論をそのように狭く定義すべきではない。道徳的推論においては想像力の規則がきわめて重要である。

たしかに、もし、算数の問題をコンピューターを使って解決するのと同じように、道徳的問題を純粋に機械的なやり方で解決することができるのだとしたら、道徳的推論は論理的推論でしかないと言ってもよいかもしれない。しかし非常に多くの場合、不正な行為はその人の悪意の結果なのではなく、単に、困難な状況に対処するための建設的もしくは創造的なアプローチをその人が想像することができなかった結果でしかない。たとえば、アメリカで一九五〇年代にポリオが大流行し、親たちは相当なパニックに陥った。ポリオワクチンが開発されたと発表されたときには、多くの親が安堵したものである。しかし保健社会福祉省は、比較的少量のワクチンしか発注しなかったことを打ち明けて、すぐさま激しい批判を受けた。批判に対して保健社会福祉省の役人はこう答えた。「いったい誰が、ポリオワクチンに対する国民の需要がそこまで大きいと考えただろうか」。責任ある立場にいる役人がそのような発言をするというのは残念である。道徳的想像力をきちんと働かせなかったとしか考えられない。

道徳的問題は人間に関わる問題全体の一部である。まずい状況を打開するにはどういう方法があるのか思い描くためには、想像力がなくてはならない。これをしたら、あれをしたら、あるいはまったく何もしなかったらどうなるのか、思い描くことができなければならない。別の言い方をすれば、想像力がなくては、個人および共同体が道徳的にどのような目標を追求しているのかを予想できない。

それと同時に、想像力がなくては、どのような選択をすればそうした目標を達成できるのかも検討できない。どのようにすればよいのだろうか。何を使えばよいのだろうか。誰を参加させなければならないのだろうか。最初に何をして、その次に何をして、またそれから何をしなければならないのか。そしてそれぞれの選択肢を選んだ結果として、どのようなことが起こるのだろうか。これらのことをすべてあらかじめ思い描いておくためには、鮮明に想像する力が必要である。ところで、道徳は行動のプランを立てることである以上、道徳には、成功するプランに共通して見られる特徴とちょうど同じものが見られる。想像力なくしてプランを立てることはできない。想像力なくして、ビジネス・ベンチャーのプランを立てることはできない。それと同じように、想像力なくして、自分の行動のプランを、それが成功するように立てることはできない。さて、私たちが子どもにしてもらいたいと思う行動を子どもが実行するよう促すべきなのは当然である。同様に次のように期待することも当然であろう。つまり、子どもは道徳的想像力を訓練することによって、想像力がない場合には複雑で厄介だと思ってしまうかもしれない状況に対して、想像力を働かせて創造的で迅速に対処する力を立派に身につけることができる、と期待することである。

道徳的想像力の訓練は主に二種類の訓練から成り立っている。第一に、様々なタイプの目的 - 手段関係について想像する訓練がある。第二に、様々なタイプの部分 - 全体関係について想像する訓練がある。問題の状況をいくつかのパーツへと分解し、どのようにしてその状況を改善することができるのかを想像する練習を子どもにさせる場合、この二種類の訓練を組み合わせることになる。道徳的問題の解決のためには、子どもはこの二種類の関係がそれぞれどうなっているのか想像しなければならず、私たちは子どもを後押ししてそうした想像の訓練をさせなければならないのだ。

◆目的と手段がどうつながっているのか想像する

目的 - 手段関係について道徳的想像力の練習をする場合、共同作業として進めることができる。たとえば、学級で以下のような練習に取り組むとする。

1　あなたが行きたいと思う場所を想像してみよう。その場所の名前を紙に書き、その紙をとなりの人と交換しよう。それからとなりの人に、どうすればその場所へたどり着くことができるか考えてもらい、思いつくことをぜんぶ書いてもらおう。その間あなたは、どうすればとなりの人が行きたいと思っている場所へたどり着くことができるのか、思いつくことをぜんぶ書いてみよう。

たとえば、となりの人がこう言ったとしよう。「私は、二千キロ離れた都市にいるおじいちゃんおばあちゃんのところに行きたい。そして一週間そこにいたい」。

そんなときは次のように書いてみよう。

まず、君はどういう交通手段で行くかを決めなくちゃいけない。飛行機で行こうと思うなら、飛行機のチケットを手に入れなくちゃいけない。チケットがいくらするか調べよう。お金は足りる？　足りないようなら、たぶんもっと安い交通手段で行かなくちゃいけない。

次に、おじいちゃんおばあちゃんのところでどんな服を着るのか決めなくちゃいけない。服を持っていくためのバッグが必要だし、持っていく服も用意しなくちゃいけない。などなど。

2　これと同じ練習をしてみよう。ただし今回は想像するだけでかまわない。こんなことを想像してみよう。

a　将来どういうふうになりたいと思うか。

b　明日何をしたいか。

c　自分がほしいと思う「親友」とはどういうものか。
d　どういう人たちと一緒に生活したいと思うか。

3　自分がいま持っているもののなかで、変えたいとはまったく思わないようなものはある？　いくつか名前を挙げてみよう。

a
b
c

この説明の1の部分では、子どもは、想像の練習として、自分がどこに行きたいか考えるように促される。それから、となりの人に指摘してもらい、それが目的として実現するためには、何らかの手段が必要になると分かる。となりの人は、何が必要になるのかを紙に書く。となりの人がこの課題をどのくらいうまくこなすかは、再び、とるべき手段を思い浮かべ予想する能力をその人がどのくらい持っているのかで決まる。このように教師はこの練習のなかで、どういう目的を想像したのか明確に述べるよう子どもを促し、それからみんなで協力しながらその目的を達成するための手段を想像してもらうことができるのだ。

◆部分と全体がどうつながっているのか想像する

道徳的想像力を鍛えるためには、目的と手段がどうつながっているのか想像する練習が必要なのだが、これと同じく、次のことをよく考えるように子どもを促すことも必要である。それは、どのようにして全体をいくつかの部分へと分解し、どのようにしてそれらの部分から全体を組み立てることができるのか、ということだ。言うまでもなく、教師がどのようにしてこのことを行えばよいのか知らないとしたら、その技術を子どもに伝えることなどできるわけがない。たとえば教師が、学級の秩序を乱した子どもを戒めるために校長かカウンセラーのところに行かせようかどうか検討しているとしよう。この状況をいくつかの部分に分解して考えたとき、一面では、その教師は単にほかならぬその子どもを戒めているだけだと言える。しかし、自分の行動をより大きな文脈のなかで検討することも必要である。つまり、この行動が学級全体からどのように見られるのか、そしてこのような行動をとった場合に学級でその後何か困ったことが起きないだろうか、と問うべきである。このように、この行動は単にその教師と問題生徒にだけ関わるのではない。学級内の相互関係全体に影響を与える。

部分－全体関係についての道徳的想像力の練習としては、以下のような例が考えられる。

次のように想定してみよう。ある人があなた（学校新聞の編集委員を務めている）に、学校のなかで誰が一番かわいい女子なのかを決めるために、美少女コンテストを開催しないか、と提案してきた。あなたは、ほかの編集委員とこの件について話し合うことにした。話し合いのなかで、一人の委員が、この企画のおかげで新聞を読んでくれる生徒が増えるだろうから、この企画はよいのではないかと言った。しかし別の委員は、この企画は学校という共同体全体にどのような影響を与えるだろうかと問うた。さて、この件について考えるために、あなたはこの議題を自分の学級に持ち帰り、ディスカッションすることができる。問題になるのはこういうことだ。「かわいいということで何が意味されているのか」「なぜそのコンテストは女子限定なのか」「コンテストが終わったとき、負けた人たちはどういう気持ちになるのか」「少なからぬ人が嫌な気持ちになる可能性があるとしたら、コンテストを行う価値があるのか」「こういう形で促される競争は健全なものなのか」。つまり、一つの活動をより大きな枠組みの一部分として考えようとするのである。

私たちは前の箇所で、相手を信頼し、相互に尊重し合い、そしてみんなで協力する環境を教室に作り出す必要があると述べた。このような環境があってこそ、道徳教育は意味のあるものとなる。教師は、何らかの共同活動に学級の子どもがみんな参加できるように、それもそれぞれの子どもがほかの子どもとは異なったユニークな形で参加できるようにしなければならず、そうすることで相互に尊重し合える環境を少しずつ作り出していくことができる。では、教師はどのような活動にみんなを参加させればよいのだろうか。教師は、学級を一つの共同体として考える必要がある。それゆえ、その共同体のうちでどのように作業を分担できるのかを想像し、それぞれの子どもにユニークな役割が与えられるようにしなければならない。一方では、部分から全体を作ることができなければならないのだが、他方では、部分を全体のなかで見なければならない。

子どもの道徳的想像力を刺激するために最も有効な方法とはどういうものだろうか。それは言うまでもなく、創意に富んだ行動——これはとくに道徳的なものでなくてよい——が求められる状況に子どもを置くという方法である。そのような状況を作り出すものとして、まず科学の発見型の授業が挙げられる。だがそれよりも優れたものとして、一人ひとりの子どもに創作を促すようなタイプの演劇やダンスが挙げられる。たとえばバレエで、一人が新しい動きを思いついたら、グループ全体はそれに対して各人各様に応答するよう触発される、というふうに。もっとも、各人各様と言っても、組織的なあるいは協調的な動きがあってはならないというわけではない。また、子どもが絵を描くときはいつでも、部分から全体へと筆を進めていき、かつ全体を部分に分解していく必要がある。同じことが、詩作やほかの芸術作品の創作についても言える。教師は、子どもの道徳的想像力を養おうと思うのであれば、想像力を刺激するこれらの活動を子どもが相互に関連づけることができるように手助けしなければならない。教師はこう指摘することができる。文学や歴史の授業のなかで語られる英雄的行為は、創造的な行為であり、この行為のために必要となる想像力は、芸術において新たにすばらしいアイディアを考え出すときに必要になる想像力と同じなのだ、と。私たち全員が偉大な芸術家になることを求められているわけではない。それと同じように、私たち全員が英雄であることを求められているわけではない。とはいえ、どの道徳的問題も、その解決のためにはある程度の想像力が必要になるのだ。想像力があるからこそ、その問題に対して、みんなが納得できるような対応を考え出すことができる。

◆道徳的想像力と手本の役割

子どものための哲学プログラムでは、子どもは『ハリー・ストットルマイヤーの発見』や『リサ』といった小説を読むことになるのだが、これらの小説は実際に子どもの共同体の手本を提示してくれる。このことは、子どものための哲学が持つ長所の一つである。これらの小説は、読者の子どもがその登場人物に自分を重ねることができなくなるほど理想化されてはいないのだが、その一方で同時に、子どもどうしでの、そして子どもと大人の間での知的なディスカッションの手本を提示してくれる。

こういった小説はまた、探求や共同作業、そして思いやりのある人間の手本も提示してくれる。この手本を用いることで、そのように理想的な子どもの共同体――そこでは子どもはみんな知的にも情動的にも健全で、生き生きと積極的に参加している――が実現可能であることを生徒にはっきりと示すことができる。生徒は、これらの小説で描かれているような仲間どうしの交流が可能なのだと考えるからこそ、反省し協力しディスカッションしようと思うのだ。子どもはしばしば、口数が少なかったり無口であったり、さらには閉じこもりがちだったりする。その一つの理由はおそらく、自分の力を建設的に使うことは無理だと思ってしまうから、というものだ。子どもはしばしば恐れ、不安がり、そして悲観的になってしまう生き物である。

手本となる共同体は、たとえそれが架空のものであったとしても、そのような恐れを希望へと変えてくれる。手本はこう教えてくれる。たとえそれが想像上の世界でのお話だとしても、みんなと関わり合うなかで、一人ひとりの創造的な可能性を引き出すことが可能なのだ、と。したがって、手本は子どもの道徳的想像力を刺激する。子どもは、自分が何を欲していて何を求めているのかを、いままでまったく知らなかったかもしれない。だがこの手本のおかげで、子どもは自分に必要なもの、自分が欲するものが何なのかを理解できる。子どもはこの手本を通して、物事がどうありうるのかということを理解し始める。そして、ほかにとりうる手段がないか真剣に考え始める。手本がちらりと見せてくれた理想を実現しようと努力していくなかで、どういう手段があるのかと探求し吟味する。

ただしその理想は、子どもが自分自身では何も考えずにおとなしくそれを模倣するために提示されるのではない。レンブラントのようになりたいと願っている若い芸術家がいるとする。この人は、レンブラントの絵画を盲目的にコピーすることが自分の人生の課題であるなどとは考えないだろう。むしろ、レンブラントがそうであったように、自分がいま置かれている状況に対して誠実に向き合おうとするだろう。手本を見習うということは、それを模倣したりコピーしたりすることではない。むしろ、その手本を使って、自分のうちにある希望や勇気の感情、信念を刺激することである。上で挙げた小説に登場する子どもはユニークで創造的な生き方をしていた。生徒も、手本からそうした感情や信念を刺激されて、小説と同じくらいユニークで創造的な生き方をすることができる。だから、手本というものは子どものうちにある道徳的想像力を大いに刺激することができる。そして今度はこの道徳的想像力が、建設的な感情やエネルギーを解き放ち、道徳的行動のための活力を与える。

どこから始めればよいのか

おそらく「道徳化」ということについて少し述べておいたほうがよいだろう。教師は、子どもが道徳的に成長するのを手伝うとしても、さすがに、可能なかぎりいつでも、自分の行為が道徳的にどのような意味を持っているのかを子どもに指摘してあげる必要はない。子どもは、いちいち教師がそのように指摘してくるとしたらいらだたしいだろうし、それはもっともなことだ。教育の視点から見て、それは生産的ではない。というのも、子どもは、教師がそのように指摘してくるのを受け入れてしまうと、次のように教師が考えることも認めたことになるからだ。それは、子どもの道徳的能力というものはまだまだ未熟であって手取り足取り面倒を見てあげなければならない、と考えることである。そこで子どもは自分のプライドをまもるためには次のような戦略を、つまり教師の指摘に異議を唱えるもしくはその指摘が本当に正しいかどうか検証する方法を探し求めるという戦略をとらざるをえなくなる。こうして子どもと教師の間で戦いが始まってしまう。

道徳教育のプログラムは、それが満足のいくものとなるためには、次のことを可能にしなければならない。つまり、子どもが理性的に考えること、建設的な行動の習慣を身につけること、自分自身の感情と他人の感情に気づくようになること、人間どうしの関係に配慮できるようになること、そして自分自身の欲求・願望と他人のそれとをバランスよく考慮できるようになること、これらのことを可能にしなければならない。これは明らかにどの教師にとっても非常に大きな課題である。たぶん教師はお手上げのポーズをとってこう言うだろう。「こんなの私の手には負えないよ。一体どうやってこの課題に取り掛かればいいんだ」と。

この課題に取り掛かるにあたってまず教師はどうしたらよいだろうか。子どもが論理的、批判的に考える習慣を身につけることができるように手助けすること。哲学的対話に取り組むように子どもを促し、その対話のなかで子どもが自分の意見と感情についてほかの子どもとディスカッションし、それと同時にほかの子どもの価値観や視点についても学ぶことができるようにすること。そして何らかの探求に一人でまたはみんなと一緒に取り組む機会を子どもに与え、子どもがその探求のなかで、哲学的な営みに本来そなわる客観性、公平性、包括性の価値を正しく理解できるようにすること。これらのことを教師はすればよい。道徳的実践に取り組むよう子どもを後押しし、子どもに対して教室、校庭、そして学校全体のなかでますます多くの責任を与え、そしてさらに哲学が持つほかのすべての側面に触れさせる。そうすることによって、子どもが世界の道徳的次元を少しずつ理解できるよう、手助けすることができる。

ところで、どの程度の自律性を子どもに認めればよいのか。認めすぎてもよくないし、認めなさすぎてもよくない。教師は責任を持って、子どもがどの程度のことをこなすことができるのかをつねに評価・再評価しなければならない。そしてそれに基づいて、子どもに自分の能力を何度かためす機会を与えなければならない。「責任」という言葉はたいてい、子どもにとって好ましくないニュアンスを帯びている。なぜなら子どもはその言葉を、自分が本来すべきことをしなかった場合に非難される、という考えと結びつけてしまうからだ。これはとても残念な理解である。というのも子どもは、自由をわずかでも手に入れようと思うならば、自分の行動に対してどんどん責任を引き受けていかなければならないからである。自由というものは責任と正反対のものではない。正反対のものだと考えてしまう子どもは、自由とは単に本来すべきことをしなかったとしてもおとがめなしになることだ、と誤解している。親でさえもこのような誤解をしている可能性があるが、このような誤解をしてしまうのは、未熟さの表れである。自由と資格はまったく同じものではないはずなのに、その二つを一緒にしてしまうのだ。間違ったことを教えられた子どもは、自由を、大人が望むことをしないことだと考えてしまう。ある状況下で何をしたいのか十分に反省し探求したうえで「したい」と思ったことをするということ、これこそが本当の自由なのだが、この子どもはこれが分からない。このことを理解してもらうにはどうすればよいだろうか。たいていは次のようにするのが最も効果的である。つまり子どもに、自分がどういう理由でどういう振る舞いをしたのか、いくらか説明する機会をどんどん与え、そして自分が属するグループ内の意思決定プロセスに対していくらか意見を言う機会をどんどん与えることである。

したがって「子どもの権利」とは、子どもの視点から言えば、子どもが次のように主張する権利のことだ。「ぼくは、自分の行動に責任をとる能力に応じて、もっと多くの責任を持ちたい。どういう行為が正しいのか自分で判断する機会、自分自身に対して責任を持つ機会を与えてほしい。それを与えないというのは、ぼくを永遠に子どものままにしておき、どういう行為が正しいのか示してくれる法則とルールをほかの人に決めてもらうようにすることだ。ぼくに、責任を持って自由に行動する経験をさせてほしい。こういう経験を積まないと、ぼくはいつまでも自分で道徳的に考えて振る舞うことができない」。子どもは、責任を引き受ける能力を少しずつ獲得していく。この獲得のペースとタイミングを正確に測ることこそが、教師の役割である。

なぜ道徳教育は哲学教育と切り離せないのか

さて、こう尋ねる人がいるかもしれない。「以上述べられてきたことはすべて、子どものための哲学とどのような関係を持つのか。子どものための哲学はどのようにしてこの道徳教育を実現するのか。現在教師が利用することのできるほかの教育方法とどのように異なっているのか」。まず第一に、哲学は思考能力を養うための方法を提供してくれる。哲学を学ぶことで子どもは、ある状況の論理的側面をどのようにして解明すればよいか学び、そしてそのような状況に立ち向かう際に客観性、首尾一貫性そして包括性が必要になることを理解することができる。このようにして子どもは、道徳的状況が持つ論理的側面に対処することができるようになる。

第二に、哲学をするときには必ず、理論に関しても実践に関しても様々な選択肢を絶えず探し続けることになる。その結果として子どもは一般的に、哲学と出合うことによって、それぞれの状況においてどういう選択肢があるのか、もっとオープンで柔軟に考えることができる。

第三に、哲学は、人間というものが多くの側面を持った、とても複雑な存在であることを忘れないよう要求する。そして子どもにこのような人間が持つ多くの側面を体系的に説明しようとする。それによって、子どもは自分の経験についてのバランス感覚を身につけ始めることができる。哲学が強調することによれば、問題になる状況はしばしば単に道徳だけが問題となるわけではなく、むしろその形而上学的、美的、認識論的、およびそれ以外の側面も問題になる。したがって子どもは、生きていくなかで遭遇する状況を十分にそして徹底的に考察する練習――つまり、その状況が持つ多くの側面を表面的にではなくしっかりと考慮に入れる練習――をたくさんこなさなければならない。たくさんこなせばこなすほど、そのような状況が持つ複雑さにもっと注意を払うようになり、そして、その状況が持つ多くの側面をできるだけたくさん考慮に入れようと思うようになる。

　第四に、子どものための哲学は、どのような振る舞いが道徳的に正しいのかを理性的に考えるよう促すだけではなく、道徳的に振る舞うための練習の機会を作り出す。このような機会を作り出すプログラムは、子どもの意思決定もしくは選択を重視するプログラムと対比される。前者は、後者とは異なり、子どもがしようと思っていることを実際にするために必要となる能力を身につけさせることができ、そうすることで、道徳的に生きることができるよう子どもに訓練させる。道徳的実践の練習は、子どものための哲学のプログラムにとって、なくてはならない。この練習のなかで子どもは、道徳的な意味合いをしばしば持つ行為――たとえば人を慰める、ケアする、助言する、称賛する、分かち合う、といった行為――をいつもどのように行っているのか、実際にやってみせる機会を与えられる。子どもに、実際に思いやりのある行動を練習してもらうことによって、「思いやりがあること」がどういうことなのかを学ぶチャンスが生まれる。そして、こういうことを学ぶことによって初めて、思いやりのある人間になることができる。道徳的実践の練習はまず、子どもが実際に行為するように計画されなければならない。人をケアし、思いやりを持つようにと子どもに熱心に勧めることは可能だし、どういう理由で勧めるのかを示すこともできる。しかしこのように勧めたとしても、もし子どもが、具体的にどのように行為すれば人をケアし配慮したことになるのかが分からないとしたら、ほとんど意味はないだろう。さらに言えば、思いやりのある具体的な行為は、思いやりの精神を持った人から自然に出てくるものではない。むしろどちらかと言えば、そのような行為を自発的に遂行することで、その人のうちに思いやりの精神が養われていく。

この洞察はとても重要である。というのも、この洞察から、教師は教室でどういう役割を果たさなければならないかが分かるからである。教師の役割は、思いやりやケアやそれ以外の道徳的徳についておしゃべりをすることではない。子どもはいままでに、思いやりやケアやそれ以外の道徳的な性格がどういうものなのかを示してくれる経験をしたことがあるだろう。そういう一人ひとりの経験をほかの子どもと積極的に分かち合えるように取り計らうこと、これが教師の役割なのだ。また子どもは、思いやりといった感情を持った人が具体的にどのような行動をとるのか目にしたこともあるだろう。そういった経験も分かち合えるようにすべきだ。というのも、道徳の本質は感情それ自体のうちにあるのではなく、その感情と結びついた行動のうちにあるからである。

第五に、本書ですでに述べたように、道徳教育のプログラムは、それが十分なものとなるためには、他人の感情に気づく力を養うようにしなければならないだろう。哲学は決して対話と切り離すことはできない。なぜなら、哲学には問うということが本質的に含まれており、そして問うということは対話の一側面だからである。子どものための哲学が教室で始まると、教室は多種多様なアイディアを提示するためのオープンフォーラムとなる。とはいえそれは、あらゆるアイディアが批判されることなく投げつけられる単なるブレインストーミングの場ではない。子どもは哲学的ディスカッションを通して、どのグループにも非常に様々な見方が見いだされることを知り、そして意見・信念の間に同じく様々な違いがあることを知るようになる。教室でのディスカッションで自分の意見を提示するためには、数学の正しい解答をするときのような学力は必要ではない。だからこそ子どもは、自分の意見をクラスメイトと交換し合い、自分はほかの人とは違う見方をとっていると表明したとしても、それを危険なこととは考えず、むしろ魅力的で安心できることだと考える。

しかし教師は、このように子どもが安心して意見を言えるようになっただけで満足してはならない。責任を持って、ディスカッションを哲学的なものにするための基準（つまり公平性、包括性、そして首尾一貫性という基準）を導入しなければならない。そして必ずディスカッション自体がふくらみ、子どもにとって「プラスになる」ようにしなければならない。あまりにも見当違いな考えが許容されてしまうと、生徒は当然いらだってくるだろう。同様に、そのディスカッションがあまり発展していかないようだと、生徒はディスカッションに飽きてしまうだろう。さらに教師は以下のことを心に留めておかなければならない。ディスカッションの司会者は、たとえある生徒によって表明された特定の意見を支持することが本当は妥当であったとしても、それを支持したいという気持ちに駆られてさらなるディスカッションと探究を打ち切ることがないよう、細心の注意を払わなければならない。

首尾一貫した内容の提案を行うよう生徒を促すことは、教師の仕事である。だが教師はそれを様々な形で促すことができる。たとえばあるケースでは、「君がいま言っていることは、君がさっき言ったことからは帰結しない」と生徒に指摘する必要があるかもしれない。また、生徒の言いたいこと自体は明確だったのだが、その言い方がうまくなかったというケースもあるかもしれない。この場合、教師はその生徒の立場をもっと理路整然と分かりやすく言い直したほうがよいだろう。簡単に言えば、哲学的ディスカッションを通して、子どもはお互いの信念・意見がどういうものなのかに気づき、そしてその信念・意見を哲学的な基準に見合ったものとする。そうすることで子どもは、相手も自分と同様に考え感じる一人の人間なのだと意識し合えるようになるのだ。そのような哲学的対話がなければ、子どもは、相手も自分自身の経験の意味を理解しようと努める一人の人間なのだとお互い気づくこともなく、ただ何年もの間、教室で並んで座っているだけかもしれない。その場合、残念なことに、多くの子どもが知識そのものについて誤った理解を持つことになる。知識というものは単に自分だけの問題なのだと考えてしまい、その知識をほかの人と共有しようとしたり、それが本当に正しいものなのかどうか話し合ったりすることがなくなってしまう。それに対して、哲学的対話に取り組んできた子どもは、正しい理解というものはたいてい、共同の探求を通して獲得されるものだということに気づく。

　第六に、子どものための哲学は、その教科書となる小説を、形而上学や論理学、美学や認識論の教育のための手段としてだけではなく、道徳教育の手段としても使用する。哲学的テキストとしての小説は、子どもの自由をある意味で保護できる間接的なコミュニケーション方法を提供する。どういうことかというと、子どもは、自分自身のことや自分の家族の経験、自分の個人的な人生経験が直接学級の関心の的になることに抵抗を感じてしまう。だが小説を用いれば、学級の関心を小説の登場人物へと向けることができる。フィクションを用いることによって現実との隔たりが生じ、それによって子どもは、どの哲学的見解が自分にとって最もしっくりくるかを自分で自由に考え、そして最終的に判断することができる。その際、道徳的に「正しい」答えを見つけ出すのに失敗するかもしれないと恐れたり、ディスカッションのプロセスは実は素人セラピストによる洗脳まがいの治療あるいは心理療法の一種なのではないかと恐れたりする必要はない。

　道徳教育のプログラムは、それが十分なものとなるためには、認知能力と感情能力の両方を養成しなければならない。その際、一方を他方に対して優位に立たせてはならない。思考と感情は対立するようなものではなく、むしろお互いを補強し合うことができる。哲学的な考えや概念に生徒を触れさせるための手段として小説を使用することには利点がある。生活や人生の感情的次元と認知的次元とはいつでも織り交ざっているのだと示すことができるのである。小説のなかの哲学的な考えが教室で議論されるときには、その哲学的な考えを聞いて子どもが自分でどう感じるかが重要になる。教室で対話をするなかでアイディアがどんどんと作り上げられていき、そうして経験の認知的次元と感情的次元は織り交ざっていくことになる。たとえば、哲学のプログラムの論理学の部門を学び終えると、認知面でも感情面でも得るものがある。つまり、自分の経験の意味を理解する能力が高まり、そして自信が持てるようになる。哲学のプログラムのなかで提示されるアイディアは、賛成と反対で大きく意見が分かれるときがある（たとえば、教育の目的がテーマとされたとき）。このようなとき、子どもは、ほかの子どもの意見に耳を傾けることで、自分自身の見方がどういうものなのかを理解し始める。子どもはまた、別の子どもがその子自身の観点に基づいた考えを熱心に説くのを見て、その考えがどのようにして聞いている人を強く魅了できるのか、あるいは逆に嫌悪を抱かせるのかを理解する。

また子どもは少しずつ次のことに気づいていく。まともなアイディアとまともでないアイディアとを区別することができるようになるにつれて、まともなものを好み、まともでないものを嫌う傾向が自分のなかで強まっていく、ということである。つまり子どもの感情は、知的な理解を追求することに協力するようになる。そのうち子どもは、あまりしっかりと根拠づけられていない主張よりもしっかりと根拠づけられた主張を、あまり美しくないものよりも美しいものを、悪い振る舞いよりも善い振る舞いを強く欲するようになる。そのような段階にまで到達したのであれば、啓蒙された感情と知的な欲求を持つまでに成長したと言える。道徳教育の理想的な教育課程では、子どもに哲学的概念を紹介することになるのだが、教師はその際、何らかの感情を伴った行動のなかでその概念を具体的に示さなければならないだろう。またそれとは逆に、そのような行動と感情すべてに正しい認知的内容を与えようと努めなければならないだろう。

私たちは過去十年、感情に関わるテクニックを教室へと導入してきたが、その際に次のことに気づいた。多くの場合子どもは、教室でみんなが見ているときに、いわば「心を打ち明ける」ことをとても嫌がるのだ。そもそも打ち明ける必要もない。子どもは、「むきになっている」と思われることを恐れて、自分がどういう感情を持っているのか話したがらないときがあるが、そんなときでも子どもは、自分の感情について話すようにと大きなプレッシャーをかけられているとしばしば感じてしまう。子どもが無口になっているときに、教師は、無口になるのではなく何か話すように子どもに強く促さなければならないと感じるかもしれない。だが、そうしてはならない。それはセラピストのやることであって教師のやることではない。そもそも教師はセラピストには不向きである。心を打ち明けるよう強く促すと、結局のところ生産的でなくなる可能性がある。

それに対して小説をディスカッションの題材として用いる場合はどうだろうか。子どもは、いま読んでいるのは架空の人物についてのお話なのだと分かっているとき、どう感じるだろうか。小説の登場人物が抱いている感情についてであれば、安心してディスカッションできる。なぜならそのディスカッションは、その登場人物がどのような人柄の持ち主なのかという知的な探求につながるのであって、ディスカッションしている当の子どもたちのことが話題になるわけではないからである。そしてその探求のなかで子どもは、推論の規則を学んでいき、それを用いて自分自身が経験してきたことを理解することができる。この推論の規則を身につけるにつれて、子どもはもっと自信を持ってその小説を読み進めていくようになり、そして自分自身を、自分のアイディアを、そして自分の感情を示すことに抵抗感がなくなっていく。

だから教師はおそらく、オープンな対話が教室で行われるにつれて、生徒が自分自身に対する自信と同級生に対する信頼をますます深めていくことに気づくだろう。この推論の規則を身につけたという自信と同級生に対する信頼は結びつくことができる。そしてこの哲学的ディスカッションは満を持して、小説の登場人物についての話からその外部へと進むことができる。つまり、子どもはその登場人物についての議論を自分自身へと適用し、自分自身がどういうことを経験してきて、どういう人柄をしているのか、ということに話題を移していく。ただしこれはあくまでも、子ども自身がそうする必要があると感じ、かつそうしたいと思っている場合に限られる。たしかに教師は、授業のなかで紹介した理論的概念と人生のなかで生じてくる実践的問題との間に存在するつながりを発見するように子どもを後押ししなければならない。とはいえ、哲学の授業のなかで、生徒の個人的な感情や個人的な人生経験を詮索することは決して許されないし、それについて話すよう生徒を強制することも決して許されないのである。

哲学小説によって、間接的なコミュニケーション様式がもたらされるだけでなく、そのほかの様々なことが可能になる。たとえば、哲学小説は、教室の子どもたちにとって、哲学対話のモデルとなりうる。また、何かを発見するプロセスが始まるきっかけにもなりうる。つまり、哲学小説からは、いろいろな哲学的発想を引き出すことができる。そうした発想について詳しく話し、中身のある哲学的考えを作り上げていくために、教室で対話や活動を行うことができる。それを通じて、子どもたちは、論理的思考と非論理的思考の違いを、比較的苦痛のないやり方で学ぶことができる。そして、どういうときに論理的思考が適していて、どういうときにそれ以外の思考が望ましいのかを、子どもたちに対して示すことも可能かもしれない。そのほかに哲学小説の本質的な役割がありうるとすれば、それは道徳に関わる状況の複雑さと曖昧さに対する、子どもたちの感受性を育てることにある。ときにはそれは、適切な道徳的な振る舞いを、自分で考え出したり生み出したりする必要性への感受性であることもある。このような役割に、哲学小説はとくに向いている。どのような行為をすべきか、行為の適切性や道徳性をどのように判断すればよいか、といったことを学ぶのに、道徳哲学の本を読んで論じるよりも、小説を読んで論じるほうがよいということは、誰もが認めるところかもしれない。道徳に関わる状況と選択は、多面的で複雑である。それを具体化するのに、また、選択がもたらす帰結が何であるかを明らかにするのに、小説という形式は非常に向いている。このように、哲学小説は、道徳的感受性の育成のための手段を与えてくれるのである。子どもたちは、物語のなかに入り込み、登場人物たちのすることを批判的に振り返る。そのとき、登場人物たちにとっての状況の複雑さと、彼らの行為がもたらす帰結が、考慮に入れられる。そうすることで、子どもたちは、道徳的感受性を高めるためのプロセスに入っていく。これは、人間の行為が適切かどうかを感じる際の感性を高めるためのプロセスである。さらには、哲学小説それ自体に、子どもと教師のあいだだけでなく、子どもどうしのディスカッションを促すような側面がある。そのため、哲学小説を使えば、教室のなかで起きている昔ながらの集団力学を、変化させることができる。つまり、子どもたちが、教師からだけでなく、お互いから学ぶことができると気づき始めるような状況への変化である。そうすると教師も、子どもと視点を共有することで多くを学べるということを、発見できるようになる。

今日の教育のアプローチ法には、教室でのディスカッションを推進しようとするものが多くみられる（とくに道徳教育の分野で）。もちろんそのなかには、「子どものための哲学」のアプローチ法も含まれる。子どもたちが、日常で出くわす問題に取り組もうと意欲を持つことで、あとは互いを信頼し尊敬する雰囲気さえ作れば、教室のディスカッションは非常に簡単に、また自然に、展開していく。「子どものための哲学」プログラムを行っている教室と、それ以外の道徳教育プログラムを行っている教室とを見比べた場合、ほとんど差は感じられないかもしれない。見比べてみると、子どもたちは同じように、自分の考えたことや感じたことを発表しているだろう。たとえば、深い確信とともに発表したり、ただ教師を喜ばせようとして発表したり、仲間が発表した考えに同調するために発表したりするだろう。だが、見る人が見れば、そこには二つの違いがあることに気づく。第一に、「子どものための哲学」のアプローチでは、子どもたちの生活のより大きな文脈の内側に、道徳的観点を丁寧に位置づけるということが目指される。そして、形而上学・美学・論理学・認識論といった哲学の分野に関わるディスカッションも取り入れ、道徳的観点とのバランスを取るということも、慎重に目指される。だからといって、子どもにとっての道徳の重要性を低くするわけではなく、ほかの領域に対する意識を強くする。そのようにして高い意識を持つことで、子どもたちが道徳的問題に対して高めうる洞察力に刺激を与え、それを豊かにし、人間的なものにしていけるのである。第二に、見る人が見れば、子どもたちが哲学のテキストについてディスカッションするとき、より効率的で批判的な思考へとつながるような論理的な技法を、繰り返し使っていることに気づくだろう。プログラムが進むにつれ、教師はそうした論理的技法を説明する必要も出てくる。そして、練習をさせる必要も出てくるが、それは、論理的技法をマスターするだけでなく、子どもにとって意味のある状況で論理的技法を応用するための練習なのである。教師と子どもたちの双方が、論理的技法を理解し、活用できるようになり始めたら、教室のディスカッションには、客観的な進歩が目に見えて増えてくるだろう。見る人によって評価が異なったり、ディスカッションが硬直したりといったことは少なくなるだろう。

哲学小説を使えば、自分の思考や振る舞いのスタイルがあるということを、子どもたちにわからせることができる。哲学小説のなかの子どもたちは、子どもが単なる小さくてあやふやな生き物ではないという考えを強めるための、見本としての働きができる。子どもはそれぞれ、哲学小説のなかでも現実世界のなかでも、生き方のスタイルと、それに向かう基本的な方向性を、何とか理解して組み立てようとし始めた人間だというわけである。このことは、すべての子どもの教育にとって本質的なことである。なぜなら、子どもが自分の人生の基本的な方向性を見て取ることができたならば、具体的状況での自分の選択を評価するための、基本的な基準を得たことになるからである。そのような方向感覚のない子どもは、個々の状況に対して、行き当たりばったりの対処をする。これは、思慮のない経験主義の最悪の形である。子どもたちの行動が、生きるために自分で見つけつつある基本的な方向性に沿って導かれている限り、行動がうまくいったときの成果は、積み上げられ、蓄積し、子どもの成長を助けることができる。道徳教育は、子どもが自分のエネルギーと能力を結集し、まとめ上げるのを手助けする。そして、自分自身が決めた成長の方向へと向かわせてやる。子どもにとっては、ほかの子どもたちとのつながりもあるし、大人たちとのつながりもある。また、生きている限り抜け出すことのできない、習慣や組織とのつながりもある。そうした無数のつながりを見きわめるための方策を、教師は子どもに示してやれるのだが、健全な道徳教育であれば、そうした方策を用意できなければならない。そのようなつながりに気がついていなければ、人間の経験が持つ道徳的側面を、子どもが理解できる見込みはなくなってしまう。すると、そうした理解に基づいて、効果的に行動する見込みもなくなってしまう。

論理と道徳の関係

『リサ』を読んでいると、それが推論と道徳についての本だというだけではなく、論理と道徳の相互関係という問題に深く関わっていることに、すぐに気が付くだろう。第一章では、リサが、ローストチキンが大好きで、動物も大好きだと言う。だが、リサは、そこに問題を感じることになる。本当に動物が大好きなら、鶏肉を食べることは、首尾一貫したことだろうか。この問いは、他の人間に対する義務の問題ではない。単純に、リサが自分の人生のなかに求める一貫性についての問いである。自分が持っている複数の考えの間にも、考えと行動の間にも、一貫性があってほしいと思っているのである。

『リサ』の後半部分では、子どもたちが、自分たちの間で話していることのプライバシーが侵害されていると、不満を言い始める。校長先生が誰かと話しているのを偶然立ち聞きして、そのことに気づいた。すると再び、子どもたちにとって一貫性というものが問題になってくる。自分たちのプライバシーを要求しながら、他人のプライバシーを否定してよいのだろうか。

こういう場面もある。ミリーの考えでは、男の人が自分より若い女の人と結婚してもよいが、女の人が自分より若い男の人と結婚するのはいけない。リサは、どうしてそう言えるのだろうと不思議に思う。リサには、ミリーの立場に一貫性がないように見えるのである。

もう一つ例を挙げてみよう。子どもたちは校長先生に向かってこのように言う。校長先生が本当に教育というものを信じているのなら、子どもたちに自分自身で考えるよう励ますはずだ。ところが、校長先生は、子どもたちに自分自身で考えるよう励まさない。だから、教育を本当には信じていないのだ。

ペットが好きなことと、動物を食べるのが好きなこととの間に、リサが不一致を見いだすケースは、大切だが見落とされがちな視点を浮き彫りにしている。それはつまり、道徳のきわめて重要な側面というのは、人が持つ価値観の一つ一つに関わるのではなく、価値観どうしの間に成り立つ関係に関わっているということだ。リサがペットに愛情を持っているからといって、ほかの人までがペットを好きにならなければいけないということはない。リサがローストチキンが好きだからといって、ほかの人までが鶏肉を食べるのを好きにならなければいけないことはない。ところがリサは、一貫しない価値観を持って生きていくのは不安だと思ってしまっている。本当に動物が好きなら、それを食べることはしないと彼女は思っている。けれども、自分は動物を食べている。だから、自分が本当には動物が好きではないのだと、結論せざるをえなくなっている。ここでの道徳的問題は、一つのことだけに関するものではなく、二つのことのつながりに関わっている。

道徳性というものは、具体的な問題について個人が持っている具体的な価値観をめぐるものにすぎない、というふうに教えられてきた人もいるかもしれない。そのような人は、おそらく、ここでの私の主張にあまり意義を見いだせないだろう。この人は、嘘をつくことは正しいのか正しくないのか、と問うだろう。盗みをすることは正しいのか正しくないのか、と問うだろう。しかしこれらは、あまりにひどいケース、どぎついケースについての問いである。つまり、人が強い不安をおぼえるようなケースである。そうしたケースについて、合理的に論じるのはきわめて難しい。したがって、嘘をつかないことが正しく、盗みをしないことが正しいと私たちは信じているが、それが一体なぜなのかを子どもに教えるのは、きわめて難しいと感じられるかもしれない。一つの行為だけに注目するのは、望遠鏡を逆さから覗き込むようなものだ。行為は急に途方もなく大きくなったように見え、バランスがおかしくなったように見え、それを文脈に位置づけて見ることもできなくなってしまう。その人のほかの行為や考えとのつながりを度外視して、嘘をつくという行為だけに注目する。その人の行為を、孤立していて、文脈を外れたものとして考える。すると、私たちの話は、急に抽象的なものになる。しかし、問題に対する私たち自身の気持ちが強いために、嘘をつくことが間違っているということをどんどん激しく主張する以外に、それを論じる方法がないように思われてくる。残念ながら、子どもを道徳的に教育しようとしているのに、これではどうにもならないだろう。

私たちの持つ価値観どうしの関係を無視するほど、簡単なことはないだろう。だが、そうしてしまえば、道徳の基本的な構造を無視することになってしまう。ハリー・ストットルマイヤーと彼の父親が、二人で話し合うなかで、このような指摘をする。残虐行為に終わるような、大規模な社会的出来事があったとする。その出来事の前には、その要因となったような行為がたくさんある。そうした行為は、すべて分けて考えることができる。つまり、個別的で、単純で、道徳的には中立的な行為へと、分離することができる。道徳に関わる事実として大規模なものを、細かい破片もしくは断片に砕いていくと、世界の持つ道徳性は、事実上失われてしまう。個々の行為を独立に見ると、より深い意味を明らかにするようなつながりから、行為が切り離されてしまう。そうすると、一つ一つの行為には、非難すべきものも賞賛すべきものもなくなる。それぞれの行為がどのようにして残虐行為へとつながったのかを見ないようにすれば、人の行為は責任を免れてしまうだろう。言うまでもなく、偉大で英雄的な出来事の場合にも、要因となる行為がたくさんあり、それらをバラバラの「道徳的に中立的」な行為がただ集まったものと見てしまえば、道徳性が疑われるようなプロセスが辿られることがある。

子どもたちが道徳性について知りたがっているとき、それに対して効果的に答えるのは非常に難しく思われる。というのも、問題が巨大で、捉えどころがないように見えるからだ。疑いなく信用できる権威の言葉を引用しようにも、それを誰にすべきなのかが見当もつかないし、疑いようのない倫理的原理が何なのかも見当がつかない。良心を引き合いに出しても、さほどうまくいくようには思われないし、「価値観の明確化」の作業をクラスでやらせても、私たちが道徳的に荒廃した地に生きていることが分かるだけのように思われる。かといって、正直であることや、他人を尊重することなどの大切さについて、よい理由を言うこともできない。言おうとすると、浅くて表面的な理由を言っているように聞こえてしまう。だが、最終的にどういう理由で正当化することになっても、それよりもよい正当化があるに違いないと私たちは思うのである。

リサは、自分がなぜ嘘が嫌いなのか、不思議に思っている。というのは、嘘はよくないと親に言われた瞬間があったことを、ちっとも思い出せないからだ。しかし、子どもが統一性のある生き方をしていて、考えや行動に一貫性があれば、それまでの自分と一貫しない行動をとるのを嫌がるだろう。それどころか、自分が普段やっていることとかけ離れた行動には、ショックを受けたり嫌悪感を持ったりするだろう。そうすれば、親の命令がなくても、嘘をつくことはなくなる。パンをナイフで切るときに、指を切らないよう何度も言われなくてもよいのと同じである。

文法を学ぶときにも、これと同じことが起きている。子どもは、文法規則とその実践を学ぶ。その結果、それは習慣として身についた「第二の天性」となるのである。私たちが何かを言おうと思ったとき、それが文法的に正しいかどうか、考える必要はない。正しい文法を使ったり、文法のいい加減な人がいることを嘆いたりといったことを、習慣的にやっているのである。それでも、文法規則を破ってよいと認められるような場面があれば、私たちは簡単にそうしている。文法規則は硬直したものではないし、柔軟性を欠いたものでもないからである。道徳の実践に関してもそうである。道徳の実践も、個々人のなかで、一貫性を持って発達し、統一のある全体を形成すべきものである。こうした道徳性が有効であるためには、その全体性・一貫性・統一性を不当に破ることについて、それは自分の統一性を破る自己破壊的な行為で、それだから間違っている、と本人が見なすのでなければならない。

子どもが、自分自身の統一性に価値を置くようになり、正直さというものを、その統一性のなかに一貫してあるものとして実践するようになったとする。そのような子どもは、嘘をつくと自分に亀裂が入るような感じがする。だから、公正さを守るためだけの場合に比べ（それも同時にあるかもしれないが）、嘘をつくことをはるかに真剣に避けようとする。それから、合理的な推論が何であるかを学んだ子どもは、健全な推論をずさんな推論から区別することができる。すると、何が自分の統一性と両立するかしないか、何が自分の人生の基本的な方向性と両立するかしないか、ということについて、惑わされることが少なくなるだろう。だからこそ、合理的推論を学ぶことは、道徳性にとって本質的なのである。子どもが合理的推論を勉強すると、ほかの子どもや親と口論になったときに、論理的なスキルを使って解決ができるようになるということではない。そういうこともときにはあるかもしれないが、それよりも、自分の関心に関連するものが何なのか、関連しないものが何なのか、ということが分かるための基準を、子どもが手に入れることが期待できるのである。自分の人生の基本的な枠組みに、何が適合して何が適合しないのかを、うまく判断できるようになる。

私たち著者が本当にこの点を強調していることに、疑いがないよう、繰り返しておきたい。ここで合理的推論を子どもに教えることを勧めているのは、道徳に関わる問題が、実は見かけに反して論理的問題にすぎないからだという理由のためではない。論理的問題であれば、すぐさま論理的な分析へと移ることになる。こうした出まかせの前提は認知主義者のものであり、著者はこれを受け入れることはできない。重要なのは、子どもの生き方の成り立ちが、一貫性のある構造を作っていくように大人が促してやることである。子どもたちは、大人がそう言っても、何のことを言っているのか分からない。それが分かるには、複数の考えどうしが一貫していないとか、両立しないとか、矛盾しているといったことが、よく理解できなければならない。子どもは、もちろん論理学を学ばなくても、統一性を持った生き方ができる。しかし論理学は、生き方に統一性を与えるものと、その統一性を崩すものとの違いを理解する助けとなる。

私たちが言いたいのはこういうことである。子どもの生き方に、全体性・一貫性・統一性が表れていれば、たとえば嘘に対する不快感というものも、その子どもにとっては当然のこととして受け入れられる。子どもにとって嘘が、統一性をバラバラにするものを表している限り、そう言える。習慣や信念が一貫性を持った形で統一されていれば、子ども自身が、自分の美徳の最良の守護者となる。だから、私たちが子どもの美徳に価値を置くならば、子どもの自己の統一性の形成を手助けするのにできることはすべてするべきである。

それと同時に、次のことも強調しておきたい。正直であることをまさに実践している子どもは、嘘をつくのを避けるが、それは嘘をつくことがその実践と一貫しないからだけではない。嘘をつくことが、子どもの生き方の全体や統一性と、不調和をきたすからでもあるのだ。その意味で、道徳教育では、部分と全体の関係を意識することは、論理的一貫性を意識するのと同様、本当に訓練のためになる。リサは、正直であることを実践しているので、嘘をつくのは気持ちが悪い。それは、リサにとっては、ドレス用手袋をはめてジーンズをはくのが気持ち悪いのと、同じようなことなのである。

このように、自己の統一性は、実践の統一性に基づいている。実践の統一性とは、考えと行動とが一貫していることである。また、個々の行動が、自分の行いが持っている個性全体に沿っていること、それらに矛盾がないことである。そうした実践が、日ごとに、少しずつ、学ぶたび、時間を追うごとに、強くしっかりとした構造をなしていくのでなければならない。そうでなければ、個人は強い道徳的基盤を持てないだろう。このような実践は、嘘をつかずに本当のことを言う「もっともな理由」があるとか、他人を傷つけない「もっともな理由」があるとか、そういったレベルに落とすことができない。もっともな理由というものを持ち出しても、そうした実践の持つ力を伝えるにはまったく不十分である。もっともな理由というものが出てきそうなのは、どうしようもなく切迫した状況で——つまり何か緊急の事態があって――普段やっていることから――もっともな理由で――逸脱しなければならなくなるような場面である。通常、もっともな理由によって正当化されるのは、例外的な行為であって、ルールではない。なぜなら、ルールは、一つの原則や、ひとまとまりの原則では、説明できないようなものだからである。ルールは、子どもが生きているなかで出てきた考えや行動が、生きた縦糸と横糸になって織りなすものである。

子ども自身がこのような実践を育むようになれば、それはきわめて重大な成果である。その実現がいかに難しいかを十分に知ったならば、道徳教育の名のもとに、表面的なスローガンがあちこちで掲げられるのに、ほとんど耐えられなくなる。「子どもたちに話し合いで解決させよう」「道徳的価値は本当は一つだけだということを子どもたちに気づかせよう。それは正義という価値だ」「子どもにははっきり言おう――ルールを教え、従わなければぶん殴ろう」

倫理教育が有効であるためには、とてつもない忍耐、継続性、綿密さが必要である。本当にケアと優しさのあるやり方で行う必要がある。そして、矛盾するのではなく一貫したやり方で行い、子どもが自分で考え、感じ、行動し、創造するのを手助けするやり方で行う必要がある。現在に至るまで、私たちの文明は、そのような保護をするような手段をちっとも考案してこなかった。唯一の例外として、家族というものがある。今日では、家族というものに巨大な圧力がかかっている。家族の機能には疑念が向けられていて、家族の構造も変わってきている。そのため、家族が持っていた道徳的な機能を果たせる、ほかのものを探そうという努力が見られる。とくに、学校に、その機能を移していこうという努力がある。こうして道徳的な責任が移ってくることを学校が受け入れるなら、何を引き受けることになるのかを学校はよく知っていなければならない。親にとっての子どもの人数は、一人の大人に対して二十五人の子ども、ということではなかった。家族では、二人の親につき二人の子どもから、せいぜい七人の子どもまでだった。そのため家族には、一日中いつでも道徳教育に専念できる状態にあるようなものだった。そして親の知性が高くない場合があるとしたら、社会は親のほうにも気をかけていた。いま、学校があえて倫理教育に足を踏み入れるなら、体系立った方法と、綿密な注意が求められる。つまり、幼稚園から高校修了までのあいだ、倫理教育にきちんと取り組まなければならない。また、学校がある一日の全体を視野に入れながら取り組んでいかなければならない。長い一日のうち、道徳のお話にあてられた時間だけのことを考えていてはいけない。さらに言えば、このような取り組みのためには、教師は中立でなければならず、主義主張を押しつけるようなことがあってはならない。その一方で、子どもが道徳に関わる振る舞いをする際に、論理的で創造的な振る舞いをする努力を育んでいけるようにしなければならない。「子どものための哲学」は、そうした取り組みのきっかけとなるようなものだ。

論理と道徳教育の関係についての注意点として最後に一つ。自分の考え方と行動を比べたときに、それらが首尾一貫していることが大事だと本書では強調してきた。すでに論じたように、「子どものための哲学」プログラムに含まれている「論理」という要素によって、そのような首尾一貫性に対する子どもの意識を呼び覚ますことができる。そして、首尾一貫した習慣や性向を形作っていくことができるのだ。また、すでに主張したように、「子どものための哲学」プログラムのもう一つの要素として、自分の考え方が正しい理由をきちんと説明することの大切さに気づけるということがある。いつもの行動パターンから外れるときには、そうするのが正しい理由をきちんと説明することの大切さである。「子どものための哲学」はそうした二つの要素を持つが、一方だけを文脈から切り離して誇張してしまう危険性がつねにつきまとう。子どもが日々いろいろなことをするなかで、それを自分で整理して理解するのに、論理というものが役に立つことがある。場合によっては、自分のしたことが、視点を変えると、自分の意図や行動を裏切りかねないということが分かることもある。しかしだからといって、論理とは意思決定のためのテクニックだ、ということにはならない。論理というメカニズムにデータをインプットすれば、自動的に正解がはじき出されるということではない。論理をそうしたテクニックやメカニズムとして考えると、ひどい誤解に陥ってしまう。たとえば、数年前、高校生を何人か集めて、哲学は何に役立つかというテーマで、何度かディスカッションをしたことがあった。そのうちの一回のなかで、私たち著者は、論理的な推論をするといかにすばらしいメリットがあるかということを、大げさすぎるくらいに話した。たまたまそのとき、高校生たちは、毎年恒例のキャンプの行事について激しく討論していた。キャンプへの薬物の持ち込みがあるかどうか、それをめぐるルール作りをどうすべきかという討論である。驚いたことに、そのとき、三段論法を無理に使おうとしている高校生がいた。三段論法だけが、ルールが正しいことを最終的に証明できると言わんばかりにである。私たちは、「どんな議論であっても、そこに含まれる論理を吟味することはできるが、論理だけで自分たちの問題を解決することはできない」ということを伝えようとした。すると、高校生たちは少しムッとしたように見えた。誇大宣伝をされて、あとから裏切られたと思ったようである。

教師の方には、生徒たちにこのような誤解をさせないでほしい。そのために一番有効なステップは、「子どものための哲学」プログラムの全体がまだ存在しないなかで、プログラムの個々の要素が役に立つといっても、その一つ一つには限界があるということをはっきりと認識しておくことである。論理は哲学の一部にすぎない。道徳教育が教育の一側面にすぎないのと同じである。教師は、論理の倫理に対する関係を頭に入れていなければならない。同時に、哲学を全体として見て、それが教育課程全体にどう関係しているのかも頭に入れていなければならない。教育課程全体が、子どもの人生全体に対して何をしてやれるかを頭に入れておかなければいけないのと同じことである。

道徳的な判断力を育てる

道徳的な判断力を若者が育てていくために、何をしてやれるか。この問題は、社会に課せられたほかの問題と同じく、複雑なものだ。「この問題に取り組む責任は、普通は親にある」と言われる。もちろん親たちも、それくらいは引き受ける覚悟で、親になることを選んだ。ところが、「教師も少しそれを分担して引き受けるよう頼まれるのではないか」と教師たちが心配するとしたら、その心配もごもっともである。

もちろん、この問題についてのアドバイスは世にあふれている。「どうしたら道徳的な子どもを育てられるか」ということについて、そのやり方を具体的に説明する専門家は数多くいる。子どもに道徳を教え込むべきだと言う専門家もいれば、そうすべきでないと言う専門家もいる。道徳的原則が存在すると言う専門家もいれば、そんなものはないと言う専門家もいる。また、「道徳的な感情」「道徳的な性格」「道徳的な直感力」「道徳的な感覚」といったものを育てようと言う専門家もいれば、そんな努力は無駄だと非難する専門家もいる。そういうわけで、教師にしてみれば、きわめて居心地の悪い立場に立たされていることになる。一方では、「教師は、生徒たちが道徳的判断力をうまく育んでいけるよう指導するものだ」という社会的圧力がある。しかし他方では、そうした指導をするうえで頼りになるはずの教育学では、玉石混交の理論が反目し合っていて、混とんとしているような状況なのである。

さらにこうも言える。子どもの道徳的判断が優れたものになるよう伸ばしていくためのアプローチがいくら提案されても、関係者のほとんどには説得力があるようには見えない。それは事実であるが、そうしたアプローチのすべてがまったく考慮に値しないと決まったわけでもない。一つくらいは、考慮すべき点があるかもしれないのである。たとえば、習慣の形成が重要でないと決まったわけではない。ルールや原則のようなものが重要でないと決まったわけでもないし、美的な観点が重要でないと決まったわけでもないし、論理が重要でないと決まったわけでもないし、感情というものが重要でないと決まったわけでもない。ほかにも例はたくさんある。そして、何かが重要でないと将来証明されることも、どうやらなさそうである。

そのようなわけで、教師たちは、たくさんのアプローチのなかからどれを採用するか、また、どれに重点を置くかを、自分で決めなければいけないことになる。そして、選んだアプローチの使い方も、自分で決めなければいけない。教師たちは明らかに、これまでよりもはるかに、助言が必要な立場に置かれているのだ。教育プロセスのなかに、道徳という側面を明確に組み込むとなると、巨大な問題が生じ、教師は途方に暮れてしまうのである。教師はそのような問題にうまく対処しなければならないのだ。「子どものための哲学」というアプローチは、その点で役立つものとなる。

子どものための哲学における倫理的な側面は、子どもの認知能力や推論能力を高めること（それによって情動をコントロールできるようになること）にあるのだと捉えてしまうと、私のアプローチをはなはだしく曲解することになるだろう。仮にたとえ人間の感情が原始的で野蛮なものであって理性が洗練されたものであると思っていたとしても（私はまったくそう思っていないが）、理性とは情動を手なずけて、飼い慣らす一種の道具なのだといった考え方は、実際には何の役にも立たない。合理的に考える人は頭をクールに保って完璧な計算をするが、情動はすべてをかき乱してしまうといったイメージは、もう随分前に時代遅れのものになった心理学説の名残である。[6]

古典的な哲学者は、非常に優れた洞察力で実に簡潔にまとめていて、ある情念を征服できるのは理性ではなく他のもっと強い情念だと言った。ここから分かることは、子どものなかで伸ばしてあげるべきは――非合理なことをしでかす傾向を抑制させたいのなら――合理性への衝動、意味のあるものを自然に求める傾向、理解したいという欲求、全体を捉える感覚、そして、自分の意識の道筋をどこまでも辿っていきたいという情熱なのだということである。現在、哲学者たちは「合理的な情念」という概念に強い関心を持っているが、これは、情動を押し殺して知性を強化するという不健全で不毛な努力に対する健全な解毒剤である。

実際に、情動の教育可能性ほど明らかなものはないように思われる。とはいえ、これほど熱心な批判に晒されてきた考えもほとんどない。道徳教育で最優先すべきことはまさしくこの情動の教育可能性に関係している。というのも、もし情念を修養することができて、それによって子どもがもっと理性的になるのだとすれば、これこそがまさに道徳教育の第一の目的であるはずだからだ。それは、いわゆる「普遍的な道徳的真理」に子どもを従わせる訓練や、「批判的思考」というあからさまに知性や認知を重視した何かを子どもに教えることよりも優先されるべきなのである。

実際に、私たちの感覚や欲求や欲望がなすことが、より鋭敏になり、よりよく知るようになり、よりうまく選択できるようになること、つまりは、より思慮分別に富むようになることは、否定しがたい事実であるように思われる。私たちの「知性」が、未熟で無教養な欲求に対して、よりよい芸術作品、よりよい友人、よりよい仕事、より立派な行いを好むように強いる、というのではない。むしろ、こうしたことが好まれるとすれば、私たちの欲求そのものの思慮分別が向上したからなのだ。もし私たちが子どもに下劣な行いよりも立派な行いを好むように仕向けたいのならば、私たちは口先で道徳の説教などをしていないで、子どもたち自身の趣味や選択を陶冶させることに、子どもたちの芽吹いてくる欲求や欲望を導くことに専念する方がよい。もし子どもがより知的な形で欲求を持ち、もっと合理的な選択ができるようになるとともに、より洗練された趣味や欲望を持つようにできたなら、私たちは、子どもたちを道徳的存在にするのに随分と前進するだろう。それは、私たちが子どもに単なる生半可の論理を与えて、互いに愛し敬うように戒め、自分の好みの説教やイデオロギーを従順に受け入れる態度をとるように子どもを誘導するよりも、はるかに前進するのである。

子どもの道徳的傾向性の陶冶と道徳的判断の改善は、私たちが子どもたちのなかに次のようなことを促した結果として生まれる。すなわち、製作したり会話したり行為をしたりするときの無数の形と場面において、趣味、分別、反省、分析といった子どもが自然に持っている力を、様々に独創的で新しいやり方で発揮するように促した結果として生まれるのである。しかしそれにもかかわらず、教師は、道徳的成長にとって生徒が何をするのが適切で、何をしないようにすべきなのか、その基本的な区別をはっきりと言っておく必要がある。この点において、教師が内容と手続きを区別して、生徒にその区別を示し、生徒がそれを自分でも身につけて、自分で考えるときに使えるようにするのは非常に有益である。

すでに述べておいたが、学級で指示を与えるときに、内容に関することと手続きに関することを区別するのはとくに有益である。前に指摘したように、価値観が大きく関わってくる内容について生徒どうしで話し合いをさせているときには、司会をしている教師は、通常、内容については中立的でなければならない。しかしそうした話し合いのときでも、教師は、話し合いを進行させるための手続き上のルールはしっかり示して、生徒に守らせなければならない。これらのルールそのものが話し合いのテーマにのぼることがあるかもしれないが、そのときには、教師はそれについて再び中立的な態度をとるように努力すべきである。たとえば、話し合いのなかで一人の生徒の発言できる時間を制限している場合もあるだろう。しかしこの手続きを生徒たちが批判して、哲学的な話し合いのテーマになっていくことがあるかもしれない。こうした場合には、問題の決着がつくまで時間制限は一時取り下げておくべきだと思われる。

やはり先に見ておいたことだが、ケアする意識を持たず、道徳的な関心を持っていない子どもに思慮分別のある道徳的な振る舞いを期待するのは非現実的である。この場合、道徳判断を行っている人のなかで生じるケアする気持ちについて、最も重視すべきなのは、内容についてのケアではなく手続きについてのケアである。道徳判断とは、ケアする気持ちに満ちた良心的な判断のことである。その反対が、ケアする気のない、気遣いの欠けた手続きである。手続きなど重要ではないと思われているからである。したがって、適切な道徳判断とは、探求の手続きについてケアする態度のなかに表れるのであって、道徳に関する特定の内容が正しいのだと固執する態度のなかに表れるのではない。たとえば、道徳的振る舞いの内容に関わる原理の一つとしての正義に忠実であることと、争いを解決するために差別のない手続きをとることである公平性に忠実であることの間には、大きな違いがある。もしケアが、正義を実行するために必要な手段や道具として存在していないのなら、私たちは正義が実行されないことに確信を持つだろう。また、私たちが子どもに対して、道徳的振る舞いに関わる手続きに対してどのような注意を払えばよいかを示したことがなければ、子どもの責任を追及することは公平ではない。

しかし、もし手続きへのケアと関心が子どものための哲学の目的の一つであるなら、子どもの哲学というプログラムの目的は、純粋に認知上のものに限らないことは明らかである。ケアと関心は何よりも感情的なものであり、性格に依存するものである。その上、それらが持続的な実践と習慣形成のたまものであることも実にはっきりしている。あらゆる教育には、発見と教示、自由と規律、秩序と革新、実践と創造のバランスが存在しているのだし、そこに手続きと内容のバランスを加えなければならない。教師が中立的である領域とそうでない領域、生徒の自由に任せるべき分野と定まった仕方で学習する分野があり、それらの文脈の違いや、それらを区別する基準が混乱したままでいるよりは、それらの区別を明らかにさせておいた方がはるかによい。

子どものための哲学が最も優れてなしうることは、道徳判断をするときに必要なテクニックを発達させ、同時にそうしたテクニックへの愛とケアを発達させることを通して、子どもの道徳判断を向上させることである。一般の人が道徳的な問題について一貫して思慮分別を働かせる能力は、非常に不安定である。私たちの批判的な傾向性は自己利益によって簡単にゆがめられ、自分の行動の好ましくない結果に関する予測は、希望的観測によって容易に曇ってしまう。実際に驚くべきは、いつもは道徳的探求の正しい手続きを良心的に堅守している人格者が、自分の昇進がかかっているとなると、ほかの関係者にかかる重大な迷惑も何気なく無視することである。そうした道徳的に思慮分別のある人の特徴とは、無情なのではなく弱々しいのである。手続きを無視するほど他人に不親切なわけではない。私たちはこうした人たちを、人間どうしの敬意に欠けていると言ってどこまでも罵ることはできるだろう。しかし、そうした説教は、私たちの厳格な先祖たちを改心させようとするのと同じくらいに現状では適切ではないように思われる。

実際、子どもの性格の一部となったなら、手続きへの注意はこれまで書かれてきたどんな啓発書よりも子どもの道徳判断を発達させるのに役立つだろう。しかし同時に、私たちが気にとめておかねばならないことは、人間どうしの交流の限りなく多様なニュアンスと機微とは、説教して伝えられるようなものではないということである。文学だけが、人間関係の多重な多様性を洞察し、それらを意思伝達するのに必要な繊細さと柔軟さを教えてきた。結局、道徳判断の改善の効果を上げるには、文学選集を組む必要があるだろう。道徳意識のあり方、道徳的誠実さの本質、道徳的探求のテクニック、倫理的理解についての別の組み立て方を具体的に表現し、見せてくれるような文学選集である。したがって、子どものための哲学が倫理教育として有効な教育課程になるには、論理的熟達、美的感性、認識上の洞察、形而上学的理解の発達を目指した哲学的手続きと共に、文学的教材を併用すべきことも強調しなければならない。そうした手続きに接した子どもは、教育を受けるなかで道徳判断の改善が最も期待できる子どもである。

註1　Jean Piaget, in collaboration with Miles E. Cartalis and others, 1928, *Judgment and Reasoning in the Child*, trans. Marjorie Warden, London: Routledge and Kegan Paul, pp. 145–146.（J・ピアジェ、一九六九年、『判断と推理の発達心理学』滝沢武久・岸田秀訳、国土社、一六六頁）ただし、翻訳は訳者があらたに訳し直した。

註2　p. 90.（邦訳一〇七頁）翻訳は訳者による。

註3　p.91.（一〇八頁）翻訳は訳者による。
註4　p.91.（一〇七頁）翻訳は訳者による。
註5　p.91.（一〇七頁）翻訳は訳者による。
註6　心理学の諸理論は生み出されたのち、もっと優れた理論によって交代させられてなくなることがある。しかし、同じことは、哲学一般、とくに倫理学に関しては当てはまらない。心理学の理論には栄枯盛衰があるが、哲学は永遠に可能な解釈枠として残る。たとえば、カントやベンサムの倫理学は、アリストテレスの倫理学よりも二千年ほどあとに生まれたが、前者が後者よりも優れているとは言えない。他方で、科学の理論は前の理論を受け継いだり、新しい理論が旧い理論よりも優れていることを証明できたときにはいつでも交代させられたりする。したがって、倫理学の領域に足を踏み入れたばかりの何人かの心理学者が、倫理学は、心理学が継承的で発展的であるのと同じような仕方で、倫理学も発達するはずだと素朴に信じているのはいくらか奇妙なことである。彼らは、「道徳発達」についての緻密で自己証明型の理論を作り出しさえして、そこで心理学者は子どもたちが自然に成長して道徳概念を身につけるといったことを証明しているのだが、その道徳概念は彼ら自身が擁護している道徳概念に似ているのである。一つの理論はそうした主張を支持するために、かなりの量の証拠を積み重ねているのは明らかである。それは価値の理論としては明らかにほとんど値打ちがなく、それぞれのいわゆる「発達段階」において、より無責任なタイプの振る舞いに平行して、倫理的に成熟した振る舞いの可能性が存在しているという。しかし、それらはあたかも区別できないかのようにひとまとまりになっている。よって、段階説の提案者は、たとえば、自己中心的振る舞いと自己愛的振る舞いに帰される道徳的価値は大きく異なるにもかかわらず、それらを区別する有効な方法を私たちに与えてくれないのである。結果として、教師が生徒を道徳的に導くために自分に想定している固有の役割について言えば、段階説は実質的に、教師を啓発するどころか混乱させ、誤った指導をする教育効果しか持たない。

倫理的探求を始めるのに中学時代は早すぎも遅すぎもしない。しかし中学生は小学生よりも体系的に倫理について探求することができる。それはある面では、論理的にものを考えられるようになってきているからであり、またある面では、人と人との関係や社会といった人生の側面に強い関心を持っているからでもある。

特定の倫理的探求のカリキュラムを見ていく前に、倫理的探求を行うように背中を押すとは、どのようなことであるかを考えてみよう。道徳的な行為を理解することを試みる哲学の部門は、倫理学と呼ばれている。倫理学では道徳的な問題や状況が、客観的にそして感情的になることなく探求されている。その目的は一つの答えを教え込むことではない。むしろ与えられた状況で道徳的にどのようなことができるのかを子どもたち一人ひとりに分かってもらうことが目指されている。

倫理的探求は、「価値の明確化」や「意思決定」、あるいは道徳性発達理論に基づくモラルジレンマ授業と同一視されるべきではない。それらのプログラムは道徳的探究が関わるような活動に注意を向けているけれども、倫理的探求をそれらの活動の一つのようにしてしまうのは大変な間違いである。子どもは、自分が求め、必要とし、欲しているものが何かを理解するための手助けを受けるべきである。とはいえ、それが道徳教育のすべてではない。また実践を行わせることによって、これから起こるかもしれない道徳的問題に対処する仕方の手助けを受けるべきであるが、道徳教育はこうしたこと以上のもののはずである。さらに言えば道徳教育を意思決定にすぎないものとすることは、農業を収穫と同一視するようなものである。実際には、農家の関心は、鋤で畑を耕すこと、土壌を豊かにすること、水を撒くことなど、収穫前に行われるそれらをやらなければ収穫できないたくさんの営みの方にあるにもかかわらずにである。

第二の道徳教育は、少なくとも、次に挙げるような事柄についての子どもの理解の手助けとなるものである。道徳基準の本質とそれがどのように機能するか、根本的な前提を見つけ出すこと、推論の過程、行為に妥当な理由を与えること、状況の道徳的特徴を見抜くこと、部分と全体を比較したときの重要性とその割合、自分自身が属しているコミュニティの利益を正確につかむこと、関係するすべてのことを考慮に入れる必要性、結果を比較検討する必要性。道徳的状況のなかでの自分の役割を過大評価も過小評価もしないことの重要性、自分や他人がどのような意図を持っているかをしっかりとつかむことの重要性、ある人の行為の結果として他の人々や自分自身のうえにふりかかる危害を予想すること、そして道徳的危機が起こる前に、そうならないようにすることの重要性。これらのことが健全な道徳教育を形作る。一人の子どもにこれらすべての特性を発達させる近道はないことは明らかである。それはちょうど農家に穀物を育てる近道がないのと同じである。それに向けてのプロセスには時間がかかる。このプロセスは何年もの継続を必要とし、そして前の年に学んだことを毎年しっかりと定着させていくことが必要である。そしてなによりも対話と開かれた探求を行える優秀な教師が必要となる。

哲学はいろいろなことに関係するが、そのなかで次の三つのことが最も強く必要とされる。私たちは哲学をするためにはできるだけ明瞭にそして論理的に考えることを学ばなければならない。またそのように考えることと目の前の問題の関係を示さなければならない。そして斬新な別の可能性を探し出して新たな選択肢を切り開くように考えなければならない。これらの哲学についての格言を子どもたちの道徳教育に当てはめると次のようになる。子どもたちはできるだけ明瞭で論理的にそして効果的に考える（そして考えることについて考える）にはどうすればよいかを学ばなければならないのは明らかである。その後で道徳的問題を見つけ出し、考えることを学ばなければならない。これは倫理的探求に固有のものである。倫理的探求が目指すのは子どもたちにある一つの価値を教えることではない。倫理的探求とは、むしろ、私たちが実際にそれに頼って生きている価値や基準や実際の行為についてのあらかじめ結論が決められていない継続的な考察であり、そこではあらゆる観点や事実がすべて考慮に入れられるように、開かれた公共の場で議論される。倫理的探求が仮定していることは、単に子どもたちに「規則」になじませて「自分の義務を果たせ」と強要するどんな体制よりも、相互に信頼し合い、腹をわった公平な雰囲気のなかで話し合わせたり、深く考えたりすることのほうが、道徳的責任や道徳的知性を育むことに役に立つということである。

第9章では道徳教育は哲学的探求から切り離すことはできないという立場をとった。中学生のためだけに作られた倫理的探求の教育課程を考察することを適切な例として示すつもりはない。その代わりに『リサ』とそれを補完する副読本である『倫理的探求』から具体例を引き出すことにしよう。

『リサ』は、学級における探求の共同体のなかで、子どもたちが自分の信じている道徳的価値を証明し擁護できる推論の技術を手に入れようとして悪戦苦闘する小説である。そこで子どもたちはかなりの進歩を見せるが、苦労して手に入れた演繹という方法は前提が真かどうかに左右されてしまうことを発見して打ちのめされてしまう。すでに一貫性（整合性）の大切さに目覚めている子どもたちは、このことによって真理の問題へと目を向けることになる。よって、この本は哲学の主要な関心事二つをめぐる葛藤が扱われている。二つの関心事とは、すなわち、整合性への欲求と、倫理的推論に応用するための真なる前提への欲求である。

『リサ』で使われている論理を理解するためには、五年生から六年生の教育課程でふれられた一連の論理的概念になじんでいなければならない。しかし『リサ』では、論理はより具体的かつ明瞭な形で、登場人物の子どもたちが巻き込まれている道徳的状況に当てはめられている。

　子どもたちに倫理的探求を行うように促すときには、可能な限り、子どもたち自身が使っている言葉で、彼らが使い慣れている文脈で援助することが大切である。こうしたやり方を強調しておかねばならないのは、倫理的探求のすべての用語（たとえば、正しい、公平、正義）が「価値負荷的」だからである。「価値負荷的」であるとは、用語にはそれを使う人のアプローチに由来する価値がしみ込んでいるということである。だから大人が道徳的な用語を使うときには、そこには大人たちの価値がともなっている。同じように子どもたちの倫理的探求を誠実に描こうとすれば、そこで使われる子どもたちが使う言葉は子どもたちの価値に染まっていなければならない。そのように描くためには子どもたちが公平さ、正しさ、善さといったことをどのように考えているかを私たちは自分自身に問いかけなくてはならない。またそれらの言葉を子どもたちがどのようにどんな文脈で使うのかに特に注意しなければならない。子どもたちはめったに自分の使っている言葉をちゃんと定義したりはしない。しかしそうしなくても自分たちの言葉の意味をそれとなく示すことがある。子どもたちの考えの哲学的な土台を理解しようとする過程で、細心の注意をはらって子どもたちの言葉に耳を傾けている人は子どもたちの価値のパースペクティブをつなぎ合わせることができる。だからたとえば『リサ』での子どもたちの「正しい」という言葉の使い方は、ふつうの大人の使い方や哲学的な使い方に合わせようとされることはなく、その代わりに、この小説では、子どもたちが使う言葉によって示された意味に合わせられて言葉が用いられていると理解した方がよいだろう。

『リサ』全体を通して変わらずに扱われているいくつかの主要な哲学的テーマがある。それらが必ずしもあらゆる倫理的探求の根底にある基本的な哲学的テーマとは限らない。倫理的探求を扱う別の小説は、多くの異なった哲学的なテーマを取り上げるかもしれない。しかし、『リサ』というこの小説では、次の十二個のテーマが飛びぬけて重要である。論理の論理との関係、整合性（一貫性）、正しさと公平さ、完全さと正しさ、自由と決定論、自然さ、変化と成長、真理、ケアすること、基準と規則、質問と答え、そして倫理的探求における考えることと自分で考えること、である。

論理の倫理との関係

道徳教育は非常に危険な冒険である。そこでは極端な立場をとることによって、ふつう生じる危険が何倍にも拡大される。道徳性は人によって異なって捉えられている。道徳的行為は、思慮深さや反省とはまったく関係がないと言う人たちがいる。その人たちは、道徳的行為とは良心や義務や愛の問題であると考える。その一方で論理を極端に適用し、道徳的決断すべてを前提から結論の演繹の問題にしようとする人たちもいる。最初の立場をとる教師は、道徳教育とは良心、義務、愛の問題であるというのような教師は自分が教えることがほとんどないことに気がつくだろう。その教師は一つの価値を教え込み、ただ例を示し、説教をすることしかできない。これら様々なやり方のなかで、まともな教育として認められるのはモデル化すること、すなわち例を示すことだけだろう。というのも教育するとは、子どもたちに次のような手順を授けることだからである。それは議論になっているテーマを一番有効な方法で子どもたち自身が検討し、理解できるようにさせ、その結果としてそのテーマが前提とする問題を自分たちで考えられるようにする手順である。一つの答えを教え込もうとする人は開かれた公共の場での議論や子どもたちが自分の答えを見つけるように手助けすることにはほんとうの興味を持たない。教え込む人たちはすでに答えを知っており、自分と同じように子どもたちにも信じてほしいと思っている。

倫理的問題を論理的証明で解決しようとする教師には少しは説得力があるかもしれない。なぜなら、あらゆる道徳的問題には論理的分析によって理解できる部分もあることが見いだされるだろうからである。残念なことにそのように理解できる側面はほとんどの道徳的問題のほんの一部分に過ぎない。結果として論理的証明は道徳的問題のある側面を有効に扱うことができる反面で、残りの側面にふれずにすますことになる。もちろん倫理的探求にとって論理学に価値があることを否定したいのではない。けれども『リサ』を注意深く読む人は、道徳的探求をするには論理だけでは足りないことを実感することで、本を通して子どもが感じている落胆に必ず気が付くだろう。

そうだとするとなぜこの本でこんなに論理が使われているのだろうかとある教師は尋ねるかもしれない。私と生徒たちは結局、役に立たないことを知るためだけに、論理学を学ばなければならないのだろうか。倫理学での議論は、他の分野のどんな議論とも同じように、注意深く、周到で、厳密で、規律がなければならない。何かを主張しようとする人は、議論を効果的で、整合した形でまとめなければならない。また前提から結論までどのように論理的につながっているかについてはっきりした理解を示さなければならない。このようなことをどうすれば有効にできるかを人々に教えることができる学問は論理学以外にはない。論理学が自分の探している倫理についての解決を与えてくれないことは、論理学をまったく捨て去ってしまってよいということを意味しない。論理学は理性が人類に広く浸透し、合理的な社会の確立を願う人々にとって、最も強力な道具の一つであり続ける。もし論理学がなければ、そうした目標は意味のあるものにはならないだろう。

整合性（一貫性）

『ハリー・ストットルマイヤーの発見』と『リサ』ではその全編を通して、とくに『リサ』の最初の方の章では、あらゆる推理の基本的な基準として整合性が強調されている。一般的に整合性はあらゆる言説やコミュニケーションすべての根本的な特徴であると考えられている。整合性を非難する何かを書こうとしても、私たちはその非難さえ整合性を前提としなければならないことを発見する。

『リサ』では登場人物の子どもたちはすぐに、整合性それ自体と同じくらい重要である、その複雑さを感じ取る。たとえばマークは、お姉さんがどこに行ったかについて本当のことを話す少し前に非常に誤解を招く答え方をしていて、このマークの行動を子どもたちは本当のことを聞いた後には許している。子どもたちは、ある状況では正直な答えが求められるけれども、他の状況では、正直な答えはお姉さんを傷つけてしまうかもしれないので、正直な答えは適切ではないかもしれないということを理解している。そこで、実際にマークは不整合の罪を犯しているかどうかという問題が持ち上がる。ある場面では手術を勧め、別の場面では勧めないという判断をする医者と同じく、マークは不整合だったわけではないという答えを私たちは提案するだろう。問題となるのは、その医者が異なった判断をする際に、何を考慮に入れるのかである。両方の場面で医者は正しい医療的な手順の考えを厳正に守っている。ある場面で手術が選択され、他の場面では選択されなかったとしても、その医者は不安に感じる必要もないと思っている。そしてこれら二つの反対の勧告に至ったとしても適切な医療的実践から決してはずれていないと思っている。同じように、マークとマリアのエピソードで、マリアがどこに行ったかを知りたい人々の動機、正直な答えと正直でない答えがもたらす結果、マークのように行為した結果といったことをふくむすべてを考慮に入れたときに子どもたちは動揺させられなかった。子どもたちは自分たちの手順に自信を持っていた。その手順とは倫理的探求の手順である。

この倫理的探求の手順は、ある人たちが絶対的であるとしている道徳原理と混同してはいけない。道徳原理とは、たとえば人は常に同じような状況ですべての人々にとって適切であることをすべきであるとか、人は常に最大多数の最大幸福を求める行為をすべきであるといったことである。これらの「原理」は便利な過去の経験の一般化として働く。そのような一般化であると考えればそれは未来の行為の指針となるので役に立つ。しかし常に信頼できるわけではない。『ハリー』や『リサ』の子どもたちは倫理を理解しようとしている態度のよい見本となる。子どもたちは義務や愛や正義といった概念に自覚的に固執しているようには見えないけれども、義務を守り、愛に満ち、正義にかなった行動をとる。子どもたちの探求を導いているのは理想的な価値ではなく倫理的探求の手順を守ろうとする態度である。

現場の教師はこの態度と倫理的探求がどんなことをともなっているかを生徒が明瞭に理解する手助けをする役割がある。生徒が日常生活でこのような探求を行うまでいけばプログラムの主な目的を果たしたことになる。

子どもたちは特別なケースには特別な解決策が必要であることをすでに分かっている。教師は生徒全員を同じように扱うべきだと子どもたちは強く言う。しかし障がいを持つ子どもがクラスにいて違った扱いを受けてもそれを理解し受け入れることができる。なぜならこの違った扱いは状況の違いによって正当化されるからである。これを受け入れるためには子どもたちは類似点と相違点を知る能力を持っている必要がある。障がいに気がつくことができなければ教師の行動は不公平に見えるだろう。それゆえこの教科課程は状況を正確に読み解き、自分に関連する類似点や相違点に気が付けるように助けることを目的とする。道徳教育プログラムの目標の一つは子どもたちが状況を正確に理解して、健全な道徳的判断を下せるように手助けをすることである。たとえば教師が自分のクラスに残酷さは正しくないかどうかと発問したとしよう。おそらくクラスの全員の生徒が同意するだろう。だがこのような同意はそれほど重要ではない。ある生徒が懲らしめられて、彼は残酷に扱われたと主張する状況を目の前に出されたとしよう。そこで問題になるのはその子どもに起こったことが実際に残酷な出来事に当てはまる事例であるかどうかである。論理学は次のことを知る助けになる。

すべての残酷さは正しくない。
これは残酷さの一事例である。

それゆえにこの事例は正しくない。

すべての愛は善い、すべての正義は善い等々といった前提と同じように全員が最初の前提を受け入れるだろう。だが倫理学のほんとうの核心は事実についての第二の前提を確認することにある。これは実際に残酷な出来事に当てはまる事例であるか。もしそうであればそれは正しくない。だが実際にそうなのか。この局面では判断の繊細さすなわちそれが持つすべての複雑さもあわせて状況を理解して読み解く能力だけが助けになる。ある判断から結論に至るためには三段論法が必要となる。とはいえ三段論法は単なる道具である。状況を読み解く能力なしにはそこから何も得ることができない。問題の核心は第二の前提の認知にある。そしてこのような認知の発達には時間がかかる。『リサ』や『ハリー』は子どもたちの発達の助けになることを目指している。クラスメイトとの対話もその助けになる。倫理的探求の手順を習得することを促す教師という役割も助けになる。そして子どもたちの学校という状況での日常の実践に注目することも助けとなる。

正しさと公平さ

少し前に正義や公平さといった概念の扱いは、子どもたちが日常的に使う言葉がそれとなく示していることに基づいていると述べておいた。公平さという言葉では子どもたちの使い方は大人の使い方とそれほど違っているとは思われない。リサと友達が公平さとは何かについて話し合った。そのときにリサたちは同じ状況の人々は同じように扱われるべきであり、状況がどれくらい違っているかに応じて人々の扱いは違っているべきだということを意味しているように思われる。だからこそ「仮にすべての人がそのように行為したらどうだろうか」と問うことがとても適切なときがある。このような問いは人々とその取り巻かれている状況が基本的に似ていることを前提としている。この前提が維持できるのであれば公平さについての鍵となる問いを投げかけることができる。その問いは「仮にすべての人がそのように行為したらどうだろうか」と「仮にすべての人がそのように扱われたらどうだろうか」である。

　しかしリサがとても早い段階で指摘したように、すべての状況で類似性を前提にすることはできない。私生活やライフスタイルのように、自分の個性をすきなだけ発揮してよい問題もある。これらの問題では私たちのすることは他人に危害を加えることはなく、義務を課すこともない。また他人がすることも私たちに危害を加えることはなく、義務を課すこともない。ライフスタイルの問題としては体制に従順な人物になるか、協調しない人物になるかは自分の判断で決まる。そのような判断を下すときにどのような基準が私たちを導くだろうか。その基準が公平さでないとしたら何であるだろうか。リサと友達が使うのは、「正しい」という言葉である。リサたちは「正しい」という言葉をとても広い意味で使う。その範囲には道徳的用法だけでなく道徳的でない用法も含まれる。リサにとってあるドレスは「正しくない」。またマーティは自分にとって「正しい」女の子を自分だけが決めることができると言う。ここで「正しい」という言葉はそれぞれのライフスタイルに合っているという意味で使われている。何かが正しいというのはそれがある人の存在の全体とうまく調和して適合しているということである。リサは単に「正しいとは何か」ではなく「私にとって何が正しいのか」という問いを立てる。それは小説のなかで子どもたちが「考えることと自分たちのために考えることの違いは何か」という問いを立てるのとまったく同じである。『リサ』の子どもたちは自分たちのために考えることと考えることが同じであることを当然だと思わない。同様に正しいことと公平であることが同じであることを当然だと思わない。[1]

完全さと正しさ

リサと彼女の友人は「正しい」という言葉の使い方を前提として、「完全」という言葉を使っている。個人の行為はその人物のライフスタイルに調和しているときに正しい。ライフスタイルとはすなわち他人に対して公平かどうかに関係なく自由に決断を下すことができる領域である。すべてのものが正しい状況は完全だろう。子どもたちは、全体性、ゲシュタルト、完璧性、満足、全体量といった大人が使うフレーズを使わない。これらのそしてそれに似たフレーズは、経験の要素を継ぎ目のない全体として一体化することが望ましいということを含意している。子どもたちが大人の様々なボキャブラリーを使っていないという事実は、経験が調和したり完璧になったりしていない様々な様子に敏感でないということではない。

子どもたちはピクニックやお誕生会がちゃんとしていなかったことに鋭く気がつくことができる。そしておそらくは「正しくない」とか何かの点で完璧さが欠けていることを意味する表現を言うだろう。たくさんの子どもたちは自分の人生が調和を乱されてバラバラにされることに困惑している。だからこそ子どもたちのための哲学プログラムは人生の様々な部分の間のつながりを知り、それらの要素を調和させる方法の発見の手助けを目的の一つとしている。リサのお父さんはこのことを指摘して「正しいつながりを見つけられないときにはそれを作り出さなければならない」と言う。

自由と決定論

自由意志と決定論の対決というテーマは、小学校の子どもたちのふつうの経験ではめったに出ることはないだろう。けれども青年期を迎えて自分たちの個性の発達にますます関心を持つようになるにつれて、子どもたちは何が自分たちの力の範疇にあり何がないのかということへの関心を持つようになる。そうなるにつれていったい自分たちがどれくらい自由であるのか、またいったい自分たちのことがどれくらいあらかじめ決められているのかといった問いがはっきりと現れてくる。この区別は子どもたちの倫理的見解に広い範囲で影響をもたらす。自分の力の範疇にないものは変えることができない。そして私にはそれについて何の責任もない。とくに何かが完全にあらかじめ決められているのであれば、それに影響を与えることは自分の力を超えている。その一方で自分の力の範疇にあるものは、私に責任がある。私はそれを修正し、変更し、変えることができる。しかし、そうであれば私は自分がしたことの結果として生じるどのような信頼や非難も受け入れなければならない。過去を変えることは、子どもたちの力の範疇にないという意味で私たちは「覆水盆にかえらず」と子どもたちによく言う。してしまったことはしてしまったことであり、それを受け入れそこから進んでいかなくてはならない。子どもたちはだんだんと自分のまわりに自分から独立に進んでいく世界があり、その世界には自分のそして誰の力でも変化させられないことがあることを知っていく。その一方で、また自分たちの力の範疇にあって、自分たちが影響を与えられることがあることも知り始める。そしてここで「正しい」という概念は、重要な役割を果たす。どんなことをすることが自分たちにとって正しいだろうかという問題に子どもたちは関心を持つようになる。いくつかの行為が正しいと気が付くと、すぐに自分たちのいくつかの行為は自発的なもので、自分たちの人生には少なくとも外部の強制から自由である面があることに気が付き始める。これはまだ青年期としてはとても荒削りな自由の考え方であり、まだそれが発展すべき長い道のりがある。この時期の自由とは「外部の強制から私は自由である」ということである。ただゆっくりと子どもたちはより洗練された自由の概念を発達させる。その自由の概念では自分たちの自由が他人の手の届かない領域だけにあるとはされない。自由はすべての人々にとって創造的で開放的な方法で他人の人生に影響を与える力の使い方にあるとされる。

このプログラムで教えることは次のことを目標の一つとするだろう。それは青年期の早期に分かり始めるこのとても荒削りな自由の考えから自律するだけではなく、他人との討議もともなっているさらに啓蒙された概念へと子どもたちが移行する手助けである。それについて話を聞かせるだけではこの移行を達成することはできない。むしろその本質がまさに一つの自由の概念から他の自由の概念へと移行させることであるプロセスに巻き込むようにしなくてはならない。

哲学をすることの方法論はそのようなプロセスである。教室での対話の成長を単に見るだけでもこの移行を観察できる。最初は教室での対話に生徒は個人として参加する。それぞれが自分の考えを話したがり他の生徒の話を少ししか聞かないだろうということは簡単に予想がつく。生徒自身も分かっているように、考えたことを言うという権利を行使して自分たちの自由を発揮している。ほとんど自分の言うことだけにしか関心を持たない。授業が進むにつれて、生徒は自分自身と自分の考えから、教室の他のメンバーと協力して考えを形成するように関心を移していくだろう。

これは計測することさえできる目に見える変化である。しかしもっと重要な変化は目に見えないだろう。より大きな寛容さの発達、思考の明瞭さ、敏感な注意と鋭い認識の発達、価値と概念をもっとうまくまとめること、個人的な経験と周りの世界の意味への感受性の高まり、他の人々を尊重する感覚、社会制度やその機能に対する理解。これらの深まりはときに、ほとんど計測できない指標とともに起こる。唯一の指標はしばしば対話の質の高さ、それ自身が姿を現しつつある習熟した質の高さである。

自然さ

『リサ』で一貫して取り上げられているテーマは「自然さとは何か」という問いで表現される。青年期の初めの子どもたちは、一方では、何らかの形で慣習や礼儀や社会的規律に従わせようとするプレッシャーにとても敏感に気がついている。他方では、ときには慣習と衝突することもある自分の生物学的な衝動や要求に気がつき始める。自己の成長はロマン主義的な雰囲気と結びついている。そこでは自分に正直であるには自然でなければならないとされている。それに反して慣習や習慣あるいは伝統に同意することはずるさやごまかしに屈することであると自分に思い込ませる。それゆえに「自然さ」はこのとても混乱した時期の試金石となる。人生で精確にどんな役割を担いたいかについて、まだ確信をしていない子どもたちは、たくさんの役割を荷うことでたくさんの異なった可能な形式の振る舞いを試みながら実験を行っている。様々な職業そして様々な人生を自分自身が何者であるかわからなくなるところまで夢見る。結果として青年期の主要な心配事の一つは自分自身の誠実さへの問いかけとなる。本当の私とは誰か。私は自分に正直だろうか。何をすることが私にとって自然だろうか。といった問いが人生にとって重要な問いになる。

一方で健康であることや健全であることは自然さの基準となっている（たとえばミリーは彼女の祖母が一五歳年下の男性と結婚することは自然でないということにこだわっている）。他方で何が自然であるかは青年にとって疑いのたねでもある。自然な衝動や欲求は恐怖の対象になっていく。そしてコントロールや抑圧する方法さえ必要であると考え始める。この意味で自分のなかの自然さは何か恐ろしいものと同一視される。どちらの場合にも自然さは青年の関心の中心となる。こういった理由で自然さは『リサ』の一貫したテーマになっている。このプログラムは子どもたちが十分な距離を保って自然さについて考えられるようにすることを目指している。十分な距離をとることでこの問題は客観的で理性的な方法で議論して調べることができるようになる。

変化と成長

『ハリー』と『リサ』両方の登場人物たちが成長のしるしを見せているかどうかについて生徒たちは敏感にならなければならない。登場人物は確かに変化した。しかし単なる変化は成長ではない。天気は毎日あるいは毎週変化するがなんらかの進歩や向上を示しているとは言えない。季節は変化するが成長しない。成長は累積的である。成長には継続的な拡大がある。丘を下る雪球さえも成長する。だが雪球は質的にではなく、量的にしか成長しない。雪球は有機体的にではなく機械的にしか成長しない。人間における成長は成熟、円熟、理解の深まり、世界を経験する様式がより豊かになることを含んでいるだろう。ミリー、ハリー、リサの場合には成長はとても顕著である。ところで他の登場人物たちはどうだろうか。フランとマークはどうだろうか。ストットルマイヤー先生やテリー先生はどうだろうか。パートリッジ先生はどうだろうか。もしくはスペンス先生はどうだろうか（成長は子どもたちだけに限られているわけではないのは明らかだ）。

しかしながら生徒は、成長が必ずしも完璧に望ましい状態ではないと指摘するかもしれない。汚染の増大、犯罪の増加、そして私たちがとても悪いと考えることが成長することもあるかもしれない。これに対して教師は次のように答えることができる。子どもたち自身が成熟するにつれて判断の能力は向上する。そして子どもたちはますますはっきりと向上と単なる増加の違いを区別できるようになる。教師は発問をして単に大きくなっているものと、よりよくなっているものの間の違いがわかるようにする手助けすることもできる。給料がより多い仕事は必ずよりよい仕事だろうか。より大きい家は必ずよりよい家だろうか。より大きな国は必ずよりよい国だろうか。時速十マイルで移動するのと時速五マイルで移動するのはどちらがより幸せだろうか。一滴の毒を飲むのと一ガロンの毒を飲むのはどちらがよりよいだろうか。子どもたちが倫理的探求に何がともなうのかを明らかに知る能力が発達するにつれてこの種の問いの扱い方が向上する。そして成長は力強い概念であり、多くの目的に有用であるが、他のいかなる個別の概念と同じように、それ自体だけでは無批判で受け入れられないことがわかるようになる。

真理

哲学はその最初から探索や探求として描かれてきた。哲学者たちも知恵の探索者もしくは知恵を愛する者という自画像を描いてきた。その自画像では哲学者はいつも独断的ではなく描かれる。とくに真理の本性が問題となるときにはそうである。哲学者は真理の問題にとくに困惑させられた。なぜなら真理の理論を思いついたとしても、それが真理であるとどのような手段で言えるのかに確信が持てないからである。自分が発見した理論や規準を使うことは循環のように思われるだろう。このことは哲学者が真理を信じていないということを意味しはしない。それは単にその概念をとても混乱を招くものだと考えていて、しばしば「真理」という言葉を用いた言い回しをもっと処理しやすいと思われた「保証された主張」、「信頼できる文章」、「検証可能な記述」などに置き換えようと試みていることを意味している。北極星に決してたどりつくことはできないと知っている船乗りたちも自分たちを導くために北極星を使い続ける。それとまったく同じように、真理を決して手に入れることのできない理想であると考える哲学者でさえもそれは有効な概念であると認めている。

同じように真理の問題は『ハリー』と『リサ』の子どもたちを悩ませる。『ハリー』のそもそも最初の章で、ハリーは、「もし真である文章をひっくり返せば偽になる」と宣言したことによって、子どもたちは真理の問題という網に搦め捕られることになる。この点についてハリーにやさしく次のように論すことで間違いを直したとする。すなわち、一定の例外的な場合にはひっくり返した文は真のままなので、ほとんどの場合に「すべての」で始まる文をひっくり返せば偽になる。しかしこのように議論できるのは、真理と虚偽のようなものがあると推定することだけによってなのである。

この章以降『ハリー』では問題は差し迫ったものではなくなる。ところが『リサ』の後半で問題はまた現れてくる。しかも問題ははるかに過激になり差し迫ったものになっている。子どもたちは自分たちのやろうとしていること全体が、もはや不安定で見通しが立っていないことを知る。推論という手順は真の文だけでなく偽の文にも使えてしまう（確かに偽の文を前提とすれば真の文も偽の文も妥当な結論として導き出せるので明らかに何でも推論される）。それだから論理そのものは空虚である。論理は真理を虚偽から区別する規準で補強される必要がある。したがって『リサ』の最後の五章では子どもたちは真理の問題に注意を向けるようになる。

もちろん真理の問題はいま取り上げた『ハリー』の最後の五章では解決されてはいない。しかし子どもたちは真理の問題へのたくさんのアプローチを思いつく。そしてこの思いつきはもっと明確ないくつかの真理の理論へと徐々に練り上げられていった。本の最後でもそれらの理論のどれが正しい真理の理論だと言えるか、あるいはすべてが正しい真理の理論であると言えるのか、はたまたひょっとしたらどれも正しい真理の理論と言えないのかは、はっきりしないままであった。子どもたちはそれらを説得力のある理論としてお互いに提案し合っている。そして生徒は一番説得力があるのはどれかを決めるために自分たちで理論について考えることができる。

ケアすること

『ハリー』と『リサ』でははっきりとは述べられていないが隠されたテーマとしてケアが扱われている。子どもたちはケアについて話し合うというよりもそれを行動で示している。両方の小説でケアは様々な次元で見つけ出すことができる。ある次元としてお互いの重要性の問題について議論するときには子どもたちのケアははっきり表れている。子どもたちはお互いの視点を尊重する。これはケアがない人にはなかなか見られない特徴である。子どもたちはお互いのパースペクティブの違いを発見していき、お互いの経験を分かち合うようになっていく。そうするにつれてお互いの価値をケアするようにもなる。そしてお互い独自の良さを知るようになっていく。このようにして子どもたちは対話を通して小さなコミュニティを作り上げる。そこではメンバーはお互いをケアし、全員で探求することがその目的とされている。

その次の次元として、『ハリー』と『リサ』の子どもたちは哲学的探求に真剣に取り組むという意味で哲学的探求をケアしている。子どもたちは結果に関心を抱いている。それは単なるゲームではない。それは何か意味があり、重要なことである。子どもたちは自分の真剣さを探求の仕方で表している。教室の生徒が哲学の授業を同じ程度の真剣さで始めることはまれである。生徒のなかにはシニカルになったり、表面的になったり、ふざけたりする者もいる。そして哲学の授業を自分が目立ったり、ゲームしたりするチャンスだと思う者もいる。しかし授業が生産的であれば、これらの成熟していない行為は消えていくことが多い。これらの議論の意味が生徒にとって大きければ大きいだけ、生徒は探求自体により真剣な態度を見せる。

このような変化が起こるまでは、生徒は哲学をしていることにならない。そのような変化は二つの道筋で起こる。教師が哲学を生徒の人生に関わりがあるようにさせるのに十分なほど生徒をケアしたとする。そうすれば生徒は哲学をケアするようになる。だからこそ授業の最初では教師は生徒の興味に敏感になるべきである。そして生徒にとって意味深い問題を扱うようにしなくてはならない。

他の次元では、ケアというテーマは生徒が哲学的探求の手順自体とその厳格さに注目しているときに表れる。生徒は精神的ないいかげんさに満足しなくなる。そしてだんだんと雑に推論することを嫌う感覚を身につけていく。一つにはこれは子どもたちがよい職人であるからである。大工が自分ののこぎりやハンマーを愛するように子どもたちは自分が使う道具を愛する。その一方でこれは探求の方法論を知るようになるからでもある。同じような方法論への関心は様々な社会の弁護士にもみられる。弁護士はあれやこれやの判決よりもむしろ正当な法的な手順やその向上に関心を持っている。弁護士は制度としての法、違う言葉で言えば問題を扱う公共的な方法論を示す法的な手順のあつまりとしての法をケアしている。『リサ』のなかの子どもたちは弁護士にくらべればささやかな自分のやり方で同じことをしようとしている。オープンで公共的に合理的な倫理的問題を扱う方法論を工夫しようとする。子どもたちを道徳的に責任ある個人として本質的に他から区別するのは手順へのケアであり、またそれを実践しようとする純粋な関心である。

基準と規則

それが野球の試合であろうと、あるいは自分たちで考えた文章を作るゲームであろうと、夕食の食卓での哲学的な議論であろうと関係なく『リサ』の子どもたちは規則を扱ったりそれについて話し合ったりする。多くの人々は規則を問題視しない。その人々にとって規則は永遠に変わらない普遍的なものであり破られるべきでないものである。けれども小説のなかで子どもたちは規則が永遠に変わらず破ってはいけないものであることに確信を持てずにいる。私たちは自分たちに与えられている規則が目の前の問題を扱うのに最もよい規則であるといつも確信することはできるだろうか。規則についての質問をするときに、『リサ』の子どもたちは権威を尊敬していないわけではない。それは単純に理解できない規則よりも理解できる規則と共にやっていきたいと感じるようになってきているということである。そして説明を求めることは悪いことではないと子どもたちは思っている。

『リサ』での規則の本質を理解しようとする努力は部分的にしか成功していない。子どもたちは他の分野での探求ほどには、規則についての探求では前進しなかった。ある場面では野球の試合や「イットフィギャーズゲーム」でそうであるように規則は単なる慣習に過ぎないという可能性を子どもたちは垣間見る。この場合に規則は公共善のために社会的に同意された規約であるとされる。他の場面ではいくつかの規則は経験の一般化であると理解される（やけどを負った子どもは火を避ける。この行動は経験に由来する実践的な規則に基礎を置いている）。また他の場面では子どもたちは規則を伝統的な行動のレシピであると理解する。このレシピは与えられた状況ではうまくいったりいかなかったりする（たとえば、エチケットの規則のように）。

最もはっきりと規則についての議論が行われたのはジャホルスキ一家が十章で規則と基準を対比したときである。そこで家族の一人は「規則はどのように行為するかを教えてくれる。……〔中略〕……基準は判断するときの尺度である」と述べる。言い換えれば人は規則に服従するが基準には服従しない。基準はそれを使うことによってある種類のものを他の種類から区別できる。またより悪いものからよりよいものも区別することができる。子どもたちは規則を基準から区別するように練習していく。そうするにつれて規則自体もそのよしあしが判断されなくてはならないことを実感する。そして私たちは規則をある基準によって判断する。今度はその基準がまた他の尺度で査定されなければならない。必ずしも究極的な基準や尺度はないが、判断のプロセスを理解することは『リサ』の子どもたちが探し求めていたことである。というのも子どもたちはそのプロセスを理解しているほうがしていないよりも楽に生きていくことができると考えているからである。

『リサ』では「原理」という言葉について何も述べられていない。これは子どもたちが道徳的原理に関わっていないことを意味するわけではない。むしろこのことは、子どもたちがたくさんの言葉のなかに道徳的原理を突き止めなかったことを意味する。子どもたちは公平とは何か、正しいとは何か、真理とは何かといった問題にとても興味を持っていた。しかしその興味の持ち方はとても具体的なものであった。それらの問題をある特定の状況という文脈で議論され探求されるものとして扱った。日常の経験から分離された究極的な価値、抽象的な価値としては扱わなかった。だからこそ子どもたちは、正義、善、美といった抽象的な原理に注目しない。その代わりに作ったり、言ったり、行ったりといった形式の直接的経験により関わるように思われる。このことは原理という概念が子どもたちの思考に入り込んでいなかったということではない。原理は子どもたちの毎日の振る舞いを導く理念として入り込んでいたのだ。

質問と答え

質問することは、教室でよく見られる行動である。ときには教師だけがそれに関わり、ときには生徒だけが関わり、ときにはその両方が関わる。質問するということを、詳しく調べてみれば、私たちはそのうちのほんの少ししか区別していないが、多くの区別される種類を含んだきわめて大きなまとまりをなしていることが分かるだろう。

質問はときには単に修辞上のものでしかない（たとえば、「なぜナポレオンは皇帝になろうとしたのか。これからナポレオンがなぜ皇帝になろうとしたのかをお教えしましょう」）。このような問いを発する人は、あなたの答えを待つ意図はない。というのもその人はすでにあなたに言う答えを心のなかで準備しているからである。それは探求において聞き手の好奇心を呼び起こさせる工夫である。

よく知られた他の質問の形式としては、いわゆる「誘導的質問」がある。これらの質問ではよく否定形が使われる。たとえば「一度落ち着いて、それから練習をするのはいい考えじゃないだろうか」あるいは「休憩の時間じゃないかな。そうだろう」といった具合に。誘導的質問は議論を始めるのに必要な情報を聞き手に与えることで議論の場を準備する。教師は「みなさんはリサとお母さんが目と目を本のなかで一度も合わせなかったということに同意するのではないでしょうか」と子どもたちに発問することで授業を開始するかもしれない。ここでは誘導的質問はそこから議論を始められる同意の基盤を明るみに出す有効な方法として働いている。誘導的質問は探求をさえぎってしまう場合には有害である。しかしそれが議論を始めるところで使われれば便利である。

誘導的質問は探求を促す質問とはっきりと区別される。修辞上の質問や誘導的質問の場合には質問をする人がその質問の答えをもうすでに知っている。もしくは少なくとも質問をする人は答えを知っていると思っている。探求を促す質問の場合には質問をする人自身がその質問の答えを知らない。どうにかして議論を起こしたり、起こした議論の推移を知ったりするために質問する。質問する人はもしかしたら伝統的なあるいはよく知られたその質問の答えがあることに気が付いてはいるかもしれない。気が付いてはいるがこの答えを疑っているのかもしれない。そしてそれが基盤を置いている隠された前提を明るみに出したいのかもしれない。それゆえに質問した人は探求を促すことを目的としている。

探求を促す質問は伝統的な答えが結局のところ正しかったと発見するかもしれない。または問題全体の再構成を必要とすることの発見に至るかもしれない。この後者の場合には考察されていたまさにその言葉の再定義を行わなければならなくなる。あるいは最終的に探求的な質問は広範囲に影響を与える問題含みの状況を明らかにするかもしれない。その状況はその質問がなければまったくふれられず、長い間すべての人に当たり前だと思われていて隠されていた。

用語の再定義にまで至る探求を促す思考の実例は『ハリー』の十四章で見ることができる。この箇所でフランは人々が慣習的に「野蛮人」という言葉をどのように使うのかをよく分かっている。フランはこのことを示すために世界の色々な地域での経済化（製品を生産し流通させること）の行われ方の違いを比較する。そしてフランは、この比較を、「野蛮人」という言葉の慣習的理解が何も明らかにしないことの証拠として示す。これと同じように九章で、パートリッジ先生が「彼の人種にとって名誉になる」とスペンス先生に言ったときに、フランはこの表現に含まれているさげすみに注意を向けさせる。これらの事例でフランが行っていることは、私たちが使っている言葉を定義する仕方に新鮮な見方を求めることである。

ハリーと父親の議論のなかには、質問することの本質についてのより深い探求が見いだせる。二人は、質問することは氷山の頂上のようだという結論をだす。質問することは氷山の頂上の発見と同じで、発見した頂上の下にたくさんの何かがあることに気がつくことである。『リサ』の九章でなぜテリー先生が死んだのかについて質問することは、その下に埋もれていた病気と失業の関係の議論へと導く。そしてこの議論は次に近代産業社会において失業とはどのようなものであるかについての議論につながっていく。つまり最初のテリー先生の死について質問することは自分の人生の日常的な出来事の下に横たわっている社会経済的な問題についての探求の引き金になっている。

これで、倫理的探求における強調点が、答えよりも質問にあることを分かっていただけたと思う。これは答えることが重要ではないということではない。そうではなくて教師が引き出そうとしている答えは、話や探求を進めると同時に、さらなる対話を生み出す種類のものなのである。哲学では教師は最終的な答えを探しているわけではない。もしそのようなものがあるとされるならば教師は用心深くなる。末期の病がそうであるように最終的な答えは選択肢を与えない。あなたが「すべてを知っている」と言っていると考えてみよう。私はついつい肩をすぼめてしまうだろう。そして「何かを自分の力で見つけ出す必要がない。ただ私に教えてくれ。そうしたらそのとおりに記憶するから」と言うだろう。方法論的に考えれば、あなたの「すべてを知っている」という答えはさらなる探求を閉ざしてしまう。代わりによい質問は闇のなかのろうそくのようなものである。それは理解としての光とさらなる探求につながる残された謎の両方をもたらす。理解の光はまだ分かっていないことの輪郭を照らし出す。そうすることによって質問される人はもっと調査されるべきこと、そして学ばれるべきことがもっとあることを察することができる。

倫理的探求における考えることと自分で考えること

自分が学生であると想像してみよう。あなたは科学の授業に行く。そしてどのようにして光の振動が色彩として機能するのか、また異なった光の振動の頻度が異なった視覚経験を生み出すのかといったように色彩について教えられる。科学のほかの授業では音と空気の振動の関係を学ぶ。このような科学の授業がもたらす理解には価値がある。しかしそれは芸術の授業とはまったく違っている。芸術の授業では色彩を使って絵を描くことを学ぶ。また音楽の授業では音をアレンジすることによって音楽を演奏することを学ぶ。芸術家は視覚的な判断を下し、作曲家は聴覚的な判断を下す。それらの人々は創造的な努力を進めていけば、絵画やソナタのような複雑な芸術作品を生み出せる。物理学者が色彩の科学と関わるときと芸術家が色彩にあふれた作品を作るために色彩という観点から考えるときには明らかに大きな違いがある。それと同じように音の客観的な理解と音楽作品を作曲しようと個人的に音の選択を続けることの間には重要な違いがある。同じようなやり方で、考えることと自分で考えることを比べることもできる。冷静で誰の立場にも立たない、客観的なやり方で私たちは考えることのプロセスを学ぶことができる。私たちはこのやり方で、(論理学によって確立されているような)よい考え方の尺度を考察できる。この尺度はどんな形式の議論にも当てはめることができる。しかし、自分の個人的な視点を発言に反映させたり、持ち込んだりすることは、このやり方とはまったく異なったことである。この意味で、自分で考えることは自分の経験と自分の世界における位置づけについて深く考えることに関わっている。それは自分の価値の査定を必要とする。結果として自分のアイデンティティの評価も必要となる。

さらにはもっと信頼できる規準の探求が促される。そんな規準を見つけ出すことによって人は自分の人生における決断をもっと強固な基盤に置くことができる。

考えることと自分で考えることの両方は必ずどんな倫理的探求の教育プログラムにも含まれている。うまく考えることができるように子どもたちの背中を押すためには、子どもたちがうまい考え方の次のような特徴に気がついてなければならない。推論の論理的なパターンに気がつくようになること、状況を読み取る能力を発達させること、判断を下す前にすべての事実を考慮に入れることを学ぶこと、分類し区別することを学ぶこと、適切なときに一般化をしたり、仮説を立てたりすること。他方で、これらは道徳的判断を下すために必要なすべてではない。道徳的判断を下すためには、自分自身と自分の意識の内容を明晰に捉えなければならない。なぜならば、そうすることで人格同一性の感覚すなわち自分が自分であり倫理の主体であることの感覚は道徳的判断に不可欠であるからである。自分の調和の感覚を発達させなければならない。自分のバランス感覚も養わなければならない。つまり自分にとって重要なものとそうでないものを区別する意識を発達させなくてはならない。同じように自分の力で可能なことと自分の力を越えていることを区別することができるために、自分の力と能力についての感覚を持たなくてはならない。最後に自分で考えることもしくは道徳的判断を下すことは、それが自分にとってどんなにかすかであったとしても、予見したゴールに自分を向けるという感覚の発達を含んでいる。このように道徳を捉えることは、道徳的に生きること、こりかたまったアイデンティティを持つ個人が変更されることのないゴールに向かう旅であるということを意味しない。むしろそれは人生のいかなる時点でも、私たちに望ましいとされる目的は暫定的であることを意味している。また自分自身は人生のいかなる時点でも移行の途中であり目的は探し求められたゴールを達成するために、私たちがその時点で手に入れることができる手段に依存しているということを意味している。だからこそ手段を手に入れられる可能性は、理想や目的を条件づけたり、変更させたりする。逆に言えば、視野に入っている目的が用いる手段やどのようにそうなるかというプロセスをコントロールするということである。
自分で考えることは導きや規則性や方向性を与える。そういったものを与えられなければ自我は統合された感覚もなく変化をし続け一定の形もさだまらない。私たち一人ひとりは世界を断片化し私たちのエネルギーを数限りない方向に分散させようとする莫大な圧力の支配下にある。子どもたちを考えさせようとはするが、自分で考えさせようとは結果としてしない指導プロセスにおくことはよい道徳教育ではないし教育でもない。子どもたちのための哲学プログラムが何かを警告するとすれば、それはしばしばまったく見逃されてしまうこの自分で考えるという要素を教育に導入することである。

註1　哲学的思考に関してリサと友達の使用法が（同じ用語法を用いているわけではないが）何に対応するかに興味があれば、読者にジョン・スチュワート・ミルの『自由論』を調べてみることを提案する。『自由論』では社会に対して私たちが持っている義務と自分の人生で私たちにとって何がよいかを判断する際に、私たちが持つ自由が鋭く区別されている。もっと難しいが、関連があり役に立つ本としては、C・I・ルイスの『権利の基盤と本性』が挙げられる。また倫理的探求のより一般的なアプローチとしてはジョン・デューイの『道徳的人生の理論』を挙げる（権利と害に結びついた公平さについては『リサ』第四章を、マニュアルの leading idea 12 を参照）。

補遺A　教員養成の刷新

子どものための哲学プログラムは、本書のなかで以上のように描かれてきた。そのプログラムを軌道に乗せるためには、哲学を教えられる教師が小学校の教室に現れていくことが求められる。ただし、教師の質を向上させるには、教育により多くの資金を投入し、いま現在は専門職に就いているような若者たちが学校現場に魅力を感じるようにさせなければならない。それに、教員養成プログラムがそうした若い人たちの知的欲求や創造への欲求を満たせなければ、結果は何も変わらない。若者たちが教師の教育プログラムから遠ざかっている一因は、その多くに、頭を使う必要のある挑戦が欠けていることにある。

しかし、まず教育の大まかな目的を考えておかなければ、教員養成プログラムは計画することすらできない。少なくとも、私たちが子どもたちに与えたいと思っている教育を広い意味で理解したならば、そのような教育を行える教師を育てるための望ましい方法をしっかりと把握することができる。たしかに教育というものは、ひとたび子どもの側の教育にのぞむ準備が整ったら、彼らにこれからの人生を善く生きる備えをさせるものであったほうがいい。しかし、そうした教育は、それ自体として満足感を与え、意義ぶかいものでもあったほうがいい。そのため教育には、手段としての価値だけでなく、それ自体としての価値もあったほうがいいのだ。教育の主な目的は、広い意味で子どもたちの人生経験の質を高めることであり、資質や才能をまったくもしくはろくに活用しないような経験を甘んじて受け入れるようにさせることではないと言えるだろう。

教育というものが、既知の事柄を学ぶこと、つまり、世代から世代へと伝えられてきた知識を獲得することだと考えられているかぎり、人生経験の質を高めるという意味で重要な役割を果たす見込みはない。よくても、いま現在の教育水準を維持する程度にしかならない。子どもたちが新しいことを発見したと言われる場合でさえ、その知識は子どもたちが作り上げたものと受け取られるのではなく、すでに存在していたものと受け取られる。知識は、大人の世界の所有物なのである。教育プロセスの焦点が学ぶことから考えることにシフトしたときに初めて、教育は教師と生徒の相互協力のもとで行われるプロセスだと理解されるようになる。このようなプロセスのなかで子どもたちは積極的に授業に関わるようになるが、その場合、記憶力だけでなく創造力も求められることになる。

最終的に望まれる子ども像が、じっくりと考え、探究心があり、想像力にあふれ、合理的な思考ができる子どもであるならば、思考のスキルは事実上、初等教育のほとんどすべてのプロセスに組み込まれていなければならない。そうすると必要になってくるのは、思考のスキルが組み込まれたそれぞれの教科を教えられるよう教育を受けた教師である。

これまでの教育は、ある特定の内容を子どもたちに教えることを目指していた。そうした目標を前提する場合、教師を育てるプロセスは並行する二つの流れに沿って組み立てられるのが好ましいということになる。つまり、内容に関わる流れと、教授法に関わる流れとが切り離されている形である。だからこそ「内容コース」と「方法論コース」とが存在した。内容は子どもたちのためのものだったし、方法は教師のためのものだった。もし教師の目指す目標が引き上げられ、ただ教科内容を知っているだけでなく、その内容について進んで能率的に考えられる子どもたちを生み出すことになれば、この教育プロセスは改められなければならない。思考のスキルをそれぞれの教科に組み込むアプローチが求められるなら、教師を育てる際には、思考のスキルが組み込まれた教科を盛り込んだ教育プロセスを用いるしかない。そうすると内容コースと方法論コースの二分化は終焉を迎えるだろうが、それが教科内容の骨抜きにつながるということは少しもない。

考えるということは様々な事柄を含んだ営みで、それはきわめて多様な知性の営みを含んでいる。そこにはもちろん「知ること」も含まれている。教育に課された目標は、特定の領域の知識を学ぶことだけでなく、幅広い知性の営みのスキルを向上させることである。このことは具体的に言えば、子どもたちが単に歴史的な事実を学ぶだけでなく、歴史の考え方を学ぶことも必要になる。つまり教育の目的とは、単に科学的な事実を知るというよりは科学的な思考を促すことにあり、単にある芸術作品を知ることではなく、芸術的に考えるよう促すことにある。すでに特定の教育領域では、目標範囲が広げられている。たとえば、外国語の授業では、単語や熟語、語形変化や活用なども学ぶかもしれないが、語学教師たちはそうした知識だけでは不十分だと考えている。ある言語を使って考えられるようになったときに初めて、その言語を学んだと言えるのである。

このように教育で重要視されることが移り変わっても、それを単なる教育スタイルの変化と捉えてはならない。そうした移り変わりがあるからこそ、教育プロセス全体の枠を広げ、思考のスキルの習得をあらゆる教科に組み込むことが必要になる。こうした改訂が行われることで、目下の教育的な問題に真っ向から取り組む教育者たちは、切実で深刻と感じられる社会のニーズにいつでも対応できるようになるだろう。全国テストの得点という資料は、あることを浮き彫りにする可能性を持つ。子どもたちが教育は無意味だと感じたために教育への協力を拒んでいるということだ。では、こうした傾向に対処するために何ができるだろうか。大人が子どもたちに物事の意味を与えてあげられる方法などまずありえない。意味とは、与えられうるものではない。教育者にできるのは、思考のスキルを子どもたちに身につけさせてあげることだけである。思考のスキルを身につければ、子どもたちは教科内容の意味を探し出し摑めるようになる。そうしてゆくゆくは、自分たちにはずっと縁がないであろう様々な事柄について知識が豊富になるのではなく、むしろ、これらの事柄を出発点として考えられるようになる。

しかしながら、自分自身で考えるスキルは、様々な要素から構成されていて、方向が一つに定まっていないものである。適切な教職課程は、有望な教師に思考のスキルを習得させるものでなければならないし、それと同時に、生徒たちに機会を提供して、目的が明確で今日的な意義を持つ探求の共同体に参加することが一体どういうことであるのかを経験させるものでなければならないだろう。そのため、教員養成プログラムは必ず自分のことを見つめ直させるものでなければならないし、一つ一つの教室を問いの場とし、一つ一つのクラスを、問うことを重要視する共同体として確立させるものでなければならない。教員養成プログラムが成功しているかどうかを評価する方法として、教師が教室にいるときにどのくらい自分の生徒たちに問うことを促しているかを見るというやり方がある――それと対照的なのは、特定の教科のこれまでの研究成果をただ暗記するよう勧めているかを見るというやり方である。

自分が専門とする科目の知識がすでに完成していると確信を持った教師は、問うことの必要性をほとんど感じない。そして、問うことの必要があると感じていなければ、問いが進むことはない。そのため、教員養成プログラムは、人間の知識は断片的で不完全なもので危険性をはらんだものであるという感覚を、終始伝えていかなければならない。そうでなければ、有望な教師であっても不思議なことに驚きを持つようにはならないし、粘り強くどんなときでも疑問を持ち続けていられるようにもならない。そうした驚きや疑問があるからこそ、人はもっと調べようという気になるし、探求の共同体の一員であろうとする。そして、教師にそうした驚きと疑問がなければ、おそらくそれらが生徒に伝わる見込みもほとんどない。

教員養成プログラムの教育課程のなかにおいてこうした目標を達成するためには、いくつかのやり方が考えられる。その一つは、生徒たちがよりいっそうオープンになり、探求心を持ち、知的好奇心を持つようになることを促す授業を見合った数だけ設置することである。哲学と芸術はそうした目的のために役立つと考えられる。これらの教科には、様々な見方を歓迎する心があるだけでなく、物事を考える際のオリジナリティと個性とを深く重んじる傾向がある。それは、多くの学生が大学一年になる頃までに自分の学びに持ち込んでしまう受け身な態度を改めるために最も有効な手段になりえる。哲学とは、いついかなるときも疑問に思うことである。つまり、それは絶えず驚きを感じ、繰り返し何度も考えてみることにほかならない。芸術は、形式化された知識からはほど遠く、調べることや発見すること、類似性と相違点を重んじることの典型と言える。しかもそうした営みを知識の体系に当てはめるようなことは一切しない。そこで言うまでもなく、理解しておかなければならないことがある。有望な教師たちに哲学や芸術の手ほどきをする際には、過去の知識を学ばせる前に、まずそうした分野の営みを実践させることに重点を置かなければならない。これは、いま教師たちの研修として行われていることとまさに正反対のことである。通常、教師は、哲学史や文学史、芸術史や音楽史といったそれぞれの科目の歴史に触れた後で、哲学、文学、芸術、音楽といった教科を子どもたちに学ばせるのに適したやり方で実践するよう促される。このことが妨げとなって、自分を活発な探求者と見なせなくなってしまうことが多い。学習者は教科のなかで伝統的に教えられてきた内容の重みにたやすく押しつぶされてしまうことがある。残念ながら、そのようなことはしばしば連鎖して、学習者の生徒たちにもまったく同じようなことが起こる。

教員養成プログラムの一連の流れのなかで、一つの大まかなガイドラインは以下のようになるだろう。つまり、「理論よりも前に実践すること」である。挑戦することに意義を見いだす教師を育てることに興味をいだく人であれば、有望な教師たちがそれぞれの科目の実践に取り組むなかで伝統的な教科内容と出合うようにしたほうがいい。そうすれば、有望な教師たちはその教科内容をある程度のバランス感覚を持って見られるようになる。他方、教科内容に触れてから実践に取り組もうとすれば、自分の努力が素人臭く、無益で将来性のないもののようにみえてしまい、結局何ももたらさないという結果に終わることが多い。

しかし、ここで私たちは、一つの問いに行き着く。現在の学校教育課程に哲学を組み込めるようになるだけでなく、哲学的に考えるよう子どもたちに促せるようになるために、教師にどのような研修を行えばよいのか。哲学の場合は、たしかに、大人に教える方法と、子どもの教育に用いられる方法はなんら異なるところがない。教師の資格を得ようとしている人全員が、哲学を教える潜在能力に恵まれているとはかぎらない。あまりにも単純化してしまう危険性もあるが、小学校で哲学を教えるにあたり見込みのある教師とは、子どもたちとの時間もアイディアも、両方楽しめる人でなければならないと言えるかもしれない。つまり、子どもたち自身のことを想って、彼らの関心やニーズに強い共感を抱くべきだし、アイディアに対して愛着を持つべきだろう。そういう教師なら、子どもたちが哲学的議論の可能性を見つけたときに見せる感動や、子どもたちが哲学的アイディアに出合うときに感じる喜びを、とりわけうれしく思うと考えられる。

そうした有望な教師が見つかるとして——私たちの印象からすれば、それに適した人はかなり多いと判明するだろう——、では誰がその教師たちに教えるのか？　教師に教える人は、子どもや様々なアイディアに愛着を感じ、それを教師たちと共有しようとしなければならないだろう。そして、哲学と自分の専門教科の関係を理解して、対話による教え方——つまり哲学そのもの——を習得していなければならないだろう。さらに、思考のスキルを自分の専門分野に組み込むために、その分野の教育課程を修正することに習熟していなければならないだろう。

このプログラムの到達目標

以下に示される教員養成課程の到達目標は、次の六点である。

1　実際に教室で教えるすぐれた教員を生み出す。すぐれた教員とは、子どもたちに大いに共感し、探求のプロセスに真剣に取り組むことをはっきり口にして、生徒の前向きな取り組みを引き出せるような考えの持ち主だと分かる先生である。

2　将来教員となる者に対して教えるときには、できるだけ、実際にその教員が将来自分の生徒に教えるのと同じ方法、同じやり方で教える。

3　教員に思考スキルを身につけさせる。そうして、その教員が教えるときに生徒に対して思考スキルを伸ばすよう後押しする。

4　将来教員となる者に対して、人文科学のおもな分野で挙げられた成果の基礎知識を教え込み、様々な観点から考えるよう教員を後押しする。そうして、その教員が教えるときに、生徒に対して様々な観点から考えるよう後押しできる。

5　将来教員となる者に対して、子どもたちが実際にとる振る舞いと、とると想定される振る舞いとについて十分な理解を与える。

6　将来教員となる者に対して、実際に教室のなかで子どもたちと一緒になって取り組む機会をたっぷりと与える。

方法と手順

思考スキルを育てるのは複雑でデリケートな作業である。思考スキルは、「真空状態」では身につかない。つまり、それが身につくのは何か具体的な問題と結びつくことによって、ということである。だが、特定の問題に密着しすぎて、かえってその問題に適した思考スキルがうまく育たないこともある。したがって、基本的にはベースとなる根本的な考えに基づいていて、未来の教員と子どもがともに自分の認知スキルを磨き上げ、育てていける科目が必要なのである。できれば、大昔から大変重要視されてきた根本的な考えによって構成されているとよい。哲学や、一般に文明の知的次元が、こうした科目の内容となる。哲学的探求において器用に何でもこなせるように促すことで、教員には、具体的などんなテーマにも対応できる知的柔軟性と発想の良さとが身につく。したがって、哲学コースといういちばん核になる部分は必ず必要となる。そこに、さらに子どもと向き合った際に必要となる特定の思考スキルについて学ぶコースがつけ加わる。この二つが核の部分になる。学科の履修モデルで哲学に二十四単位が要求され、思考スキルにも二十四単位が要求されるのは、実にこのためなのである。

　この教員養成プログラムがひそかに前提としていることの一つに、「思考とは対話による探求を内面化したものだ」という考えがある。この考えに基づけば、子どもたちが参加して、彼らにとっていちばん重要な問題について教室でディスカッションすることが、子どもを考えることへと促すいちばんの方法だ、となる。よく考える力を活性化できるのは、仲間と会話を交わすという知的なコミュニケーションだけである。会話がそれ自体、うまく練られて内容豊かであれば、子どもは、その会話を批判的・論理的によく考えることの具体例として、自分のなかに取り込むだろう。将来、教員は教室で教えるときに、生徒に対して会話による探求を進めていくよう促すことになる。だから、教員養成のプロセスでは、その予行演習となるよう、実際に会話による探求を行い、そのなかに未来の教員を巻き込んでいくのがよい。探求に真剣に取り組むことが、結局のところ、実際に思考を働かせるためには不可欠なのである。探求の場を実際に用意することは、そうした思考の働きを育成すべき教育学にとって欠かせない。

　将来教員となる者は、この課程で大学の伝統的な科目を六十二単位履修することになる。この六十二単位には、広い範囲にわたる人文科学、自然科学、社会科学、舞台芸術ならびに造形芸術の科目が含まれる。一般に、こうした科目では、理論的説明を聞くよりも実習に参加する方に重きがおかれる。理論的な説明が意味を持つのは、あくまで実践のコンテクストにおいてでしかないからである。

　特定の具体的な個々の分野について教える際には、習得されるべき内容とともに、その具体的な分野に適した思考スキルもあわせて教えられる。どんな科目でも、学生は、暗黙の裡に前提とされていること、ある行為をした理由、ありうる帰結、別の評価基準を探り出すよう促される。未来の教員と彼らが受け持つことになる生徒は、どちらも、そこで行われている会話を、現にいま進行している一つの探求と捉え、自分たちもそれに参加できると思うよう促される。未来の教員と子どもはともに、自分たちが

		教科教育系列（62単位）		教育学列（31単位）	哲学系列（24単位）	選択科目（24単位）
1年目	秋学期	歴史1（3単位）	散文と韻文の書き方	反省的教育学入門	子どものための 哲学的思考法1	哲学史1
	春学期	歴史2（3単位）	数学	子どもと文学	子どものための 哲学的思考法2	哲学史2
	夏学期	地球科学（3単位）	小学校の音楽			
2年目	秋学期	小学校体育	コミュニケーション法	児童心理	子どものための 科学的思考法	形而上学
	春学期	アメリカ史		青年心理／演習	子どものための 価値の思考法1：倫理	科学と数学の 哲学入門
	夏学期	小学校の美術	環境学			
3年目	秋学期	文学史1	人類学と民俗学／社会学	教育心理 （言語習得と心理発達）	子どものための 価値の思考法2：美学	知識論
	春学期	文学史2	経済学／政治学	特別支援教育の 心理学	子どものための 言語思考法	倫理思想史
	夏学期	小学校生物	反省的行動／小学校舞踏			
4年目	秋学期	美術史	音楽史	セミナー：教育哲学	子どものための 社会科学的思考法	芸術の哲学
	春学期			教育実習	子どものための 数学的思考法	社会・政治哲学
	夏学期	天文学	セミナー： 哲学と心理学・教育学の 関係			

必要総単位数165（講義系科目3単位、ゼミ系科目4単位、教育実習6単位） 子どもの哲学教育教職免許状

表……子どもの哲学教職課程（Master of Art of Teaching）のモデル

すでにできあがった探求のプロセスを学習しているのではなく、そのプロセスのなかで実際に探求を行っていると思えなければならない。

教育学列（三十一単位）の履修によって、将来教員となる者は、教室で行う知的共同作業、たとえば会話による探求の利点に気づくようになる。彼らには、教員となったあとで実際に対話による教育を促すためにやることがある。そうした具体的な作業の持つ意味を理解するための基礎準備として、教育哲学コース、心理学コース、それに心理学と教育に対する哲学の関係について学ぶコースが役立つだろう。

学生はまた、選択科目を二十四単位履修して、個々に自分がいちばん関心を持つ分野について理解を深める機会も持つことになる。

特徴ある教育成果

このプログラムを無事に終えた教員候補は、以下のことができるようになるだろう。

1　小学校の学級で探求の共同体を作り上げることができる。
2　子どもの推論スキルを高めるような仕方で、学級の対話を指導できる。
3　子どもたちの哲学的な視点を聞き出し、学級の仲間とその視点を掘り下げるように促せる。
4　人文科学、自然科学、社会科学における適切な基礎知識を示すことができ、パフォーミング・アートでも創造的でありうる。そして、それらを小学校児童の探究に関係づけることができる。
5　学級での反省的探究の手本を示せる。
6　子どもの推論スキルを伸ばすのに欠かせない熟達した論理能力を示せる。
7　哲学史を理解しており、それが子どもの探求にどう関係しているのかを示せる。
8　子どもたちがどう考え、どう感じ、互いがどういう関係にあって、大人ともどういう関係にあるのかを理解している。

9　思慮深く理性的な子どもを育てるための教育課程、その歴史、その基礎、その可能性について理解している。

受講選抜

このプログラムは、将来教員になる者が、子どものニーズと関心への強い共感と結びつけながら、概念の世界についての認識を持つことをきわめて重視しているため、選抜過程は厳格でなければならない。国中のガイダンス・カウンセラーは、このプログラムに適切な動機と能力を持った高校最終学年の生徒に機会を与えられるように待機しておく必要がある。そこで、最も優秀な候補者を選べるように受験生にスクリーニングを行う。このスクリーニングには、論文試験と、成績証明書と修業可能性を示すそのほかの証拠を精査することが含まれる。

学位必要条件

教職課程の受講者は、教育学、思考スキル、哲学といった様々な科目の一六五単位を履修しなければならない。各学生は、他の分野を研究したり、自分の選択で他の科目を集中的に取得したりするために二十四の選択科目を取ることが許される。各学生は、通常の学年度プラス毎年、夏期在宅期間一ヶ月、受講することが求められる。

補遺B　子どものための哲学についての実験的研究

子どものための哲学プログラムは教育的に意義があると証明できるだろうか。この疑問に実験的に答えようとした初めての試みは一九七〇年に行われた。そのときに立てられた仮説は次のようなものであった。子どもたちは推論の能力を向上させる手助けを必要としている。推論の能力が向上した後には他の学問的スキルが伸びる。また次のような仮説も立てられた。子どもたちの推論能力を向上させることは自分のすることに意味を与える能力を向上させることになる。一九七〇年の実験は九週間のプログラムが推論能力だけでなく読解力も大幅に向上させることを証明した。読解力は二年半後にも高いままで維持された。以下が一九七〇年の実験の概要である。

子どものための哲学プログラムについての初めての実験は、実験室実験ではなく厳格なフィールド実験として一九七〇年にリップマンとビアマンによって、ニュージャージー州のモントクレアで行われた。研究の目的は五年生に推論を教えられるかを確認することであった。実験は貧富や人種も混在している学校で行われた。二十人ずつのグループが二つランダムに作られた。対照群には社会科実験が課せられた。実験群には九週間にわたって四十分授業が十八コマ行われた。

両方のグループはあらかじめCTMM（一九六三年改訂版ロング形式）によるテストを受けた。[1] このプレテストでは有意な差は現れなかった。九週間の最後に両方のグループはショート形式でのテストを受けた。実験群は対照群に対して論理と論理的推理の分野で有意な増加があった（p<01.）（論理的推論と関係する）。算出された精神年齢は、実験群が十三歳十一ヶ月であり、対照群では十一歳八ヶ月であった（二十七ヶ月の増加）。

実験的なプログラムに持続的な学習の転移があるか否かを確認するために、実験以前に児童が受けたアイオア・テストの結果と二年後に受けたアイオア・テストの結果を調査した[2]。二つのグループの間の違いは、二年後においても有意なものであった（p<01.）（研究設計は二年半たっても妥当であったと確認された）。ビアマンは「行われた実験は二年半後にも読む能力の点数にプラスの影響を与えた」と結論づけた[3]。

一九七〇年の実験は推理と読解力に大きな進歩があることを示した。しかし実験で行われた授業が現場の教師によってではなく哲学の教授によって行われたことは考慮に入れなければならない。それゆえに次のステップは、現場の教師を訓練して、通常の授業で子どもたちを哲学的思考へと背中を押すという実験をすることであった。この実験は一九七五年に行われ、ラトガーズ大学認知科学研究所のホープ・ハースによって設計され評価された。以下がその実験の結果の概要である。

ニューアーク実験では二つの対照群と二つの実験群を基本的な単位とするソロモン四群法を用いた[4]。伝統的な実験管理の仕方から離れてこの計画ではプレテストの結果を管理した。ニューアークの八つの実験群は二つの学校（ミラー・ストリートとモートン・ストリート）の二〇〇人の児童から構成されている。対照群も他の学校の二〇〇人の児童から構成されている。

ニューアークの六年生では多面的な向上があった。六年生は読解力でかなりの向上を見せた。聞く力を含めた批判的思考力においても有意な向上があった。また対人関係に関しても非常に有意な増加があった。五年生は知的自由に対する態度で有意な向上があった。五年生と六年生を合わせると読解力での有意な向上があった（pは02より少なかった）。実験群のクラスの子どもたちは対照群の子どもたちの平均である五ヶ月に対して、平均して八ヶ月の増加を読解力において示した。いくつかの実験群のクラスではもっと劇的な増加があった。あるクラスでは二年半に増加は跳ね上がり他のクラスでは一年四ヶ月の増加が見られた。

ラトガーズ大学のハースによって運営された、いくつかのテストと異なり、読解力のテストの点数はニューアークの学校制度において毎年実施されているメトロポリタン・アチーブメント・テストをもとにしている。[5] 使用された点数は、一九七四年から一九七五年に実施されたMATの中間的なレベルすなわち5・0から6・9をカバーし、FとGという形式で行われたテストのものである。児童は一九七四年にはG形式で、一九七五年にはF形式でのテストを受けた。テストは読むプロセスにおける決定的要素とされたいくつかの特定のスキルを調べる。

1　読んでいる文章の主要なテーマを理解する能力
2　与えられた材料から正しい推論を行う能力
3　こまかな部分を知り理解する能力
4　文章の文脈に沿って正しい言葉の意味を認知する能力

テストの他のカテゴリーの結果は決定的ではなかった。他のカテゴリーには好奇心、論理的思考、そして分析的あるいは創造的な質問の使用が含まれる。大学の論理学教官が教鞭をとった一九七〇年の先行する計画では論理的推理において有意な向上を示したので子どものための哲学コースは教えるのが誰かということに強く依存しているように思われるかもしれない。読むことを強調する教師はそうすることによって読む能力を有意に向上させることができる。その一方で推理を強調する教師はこの教材を使って推理において有意な向上を生み出すことができる。[6]

私たちの教材を実験的環境で使用して注意をひいた他の実験をここで要約することにしたい。実験を行ったのはアリゾナ州スコットデイルにある学習障害と情緒障害の児童のための学習施設デペロー・デイ校の口語言語の臨床医チャーラン・サイモンである。

一九七七年の秋に五人の男児が子どもたちのための哲学セミナーに参加するために選ばれた。男児の年齢は十一歳から十六歳である。三つの実験参加者に対するコントロールが選択された。実験群の平均知能指数は九三であり、対照群の平均知能指数は一〇二であった。実験群と対照群に編入される前に男児たちは次のテストを受けた。CTMM推論サブテストのレベル2とレベル3。ITPA聴覚連合サブテスト。[7] そしてITPA視覚連合サブテスト。五人の実験群の被験者は約五十回の三十分のセッションを一九七七年十月から一九七八年の三月まで受けた。使用されたプログラムはストルマイヤープログラムであった。

事前のテストは、二つのグループは最初の一連のテストでは、有意な差がなかったことを示している。事前と事後のテストの有意性は以下の通りであった。

	事前	事後
レベル2（推論）	.55	.06
レベル3（推論）	.63	.10
聴覚連合	.83	.20
視覚連合	.82	.10

両方のグループ共に向上した。しかし実験群の向上が有意に多かった。対照群の方が知能指数と

年齢で優位であったが、実験群の方が批判的思考のスキルでの増加が大きかった。たとえば、対照群はCTMM-II推論テストで十三％増加したが、実験群は三十五％増加した。

テストを用いることで、それぞれの群に参加することは絶対的なパフォーマンスに影響をあたえただけではなく、事前と事後のテストの差異も以下のような有意なレベルで異なることが確認された。

レベル２（推論）	.033
レベル３（推論）	.068
聴覚連合	.042
視覚連合	.223

この研究はリップマンとシャープによるプログラム（一九七四年）の妥当性を測るために、またプログラムを導くために、臨床医の参加する時間を割り当てることを続けるべきか否かを評価するために開発された。データはプログラムが妥当であること、批判的思考のスキルの向上の程度は子どものための哲学プログラムが継続に値することを示している。

一九七五年のニューアーク実験に続いて、エデュケイショナル・テスティング・サービス、プリンストン大学、ニュージャージー州が推理のどの側面がこのプログラムによって向上するかを確認するためのポンプトン・レイクとニューアークでの二年間の実験を計画し観察し評価することに携わった。

子どものための哲学のなかのＩＰＡＣプログラムについて、一九七六年九月から一九七八年六月までの期間に大規模な実験が行われた。この研究はエデュケイショナル・テスティング・サービスによって実施され評価された。そして基金の形でニュージャージー州の教育省の援助をうけた。実験の一年目はまだ発展の段階にある推論の新しい判断基準となる測定要素を構成することに費やされた。実験の二年目は都会と田舎の環境での子どものための哲学プログラムの影響を扱った。

ニュージャージー州の二つのコミュニティ、ニューアークとポンプトン・レイクで約二〇〇人ずつが実験群と対照群としてこの実験に関わった。子どもたちは五年生から八年生であった。教師はそれぞれの場所で、一週間に一度のトレーニングと二時間ずつ大学教授と面談を一年間行った。子どもたちの授業は教師のトレーニングワークショップの活動と同一歩調をとって行われた。子どもたちは一週間に約二時間十五分の授業に参加をした。

実験の目的はそのような子どもたちが以下のことを獲得することができるかを確認することであった。

1　子どものための哲学プログラムで扱われている推論の三つの領域のどれかもしくはすべてでの有意な向上

a　形式的な推論を作り誤謬を認識すること

b　選択肢と可能性の発見

c　理由と説明の提供

2　考えの流暢さと生産性の有意な向上

3　教師の査定による学習への取組の有意な向上

4　基本的なスキル（読解力と数学）の遂行の有意な向上

ニューアークで基本的なスキルを計測するために利用されたのは、学校が運営するメトロポリタン・

アチーブメント・テストであった。ポンプトン・レイクでは学校が運営するＣＴＢＳが用いられた。

全体としての目標のサブカテゴリーは測定のために、以下のように一連のテストの測定要素に割り当てられた。

目標のサブカテゴリー	測定要素
１　推理 ａ形式的な推論の形成 ｂ選択肢の発見 可能性の認知 ｃ理由の提供	（「Ｑ３」としても知られている）ＥＴＣによって開発された判断基準となる形式的推論テスト及びＣＴＭＭ「それは何だろうか」テストと「それは何に使えるだろうか」テストの適切な側面
２　考えの流暢さ	「いくつの理由があるだろうか」テストの適切な側面 「それは何だろうか」テスト、「それは何に使えるだろうか」テスト、そして「いくつの理由があるだろうか」テストへの総合的な反応
３　学問的取組	生徒評価書チェックリスト
４　基本的スキル（読解力と数学）	ニューアーク：メトロポリタン ポンプトン・レイク：ＣＴＢＳ

以下がこのプログラムの有効性を示唆する結果である（図2と3を参照）。

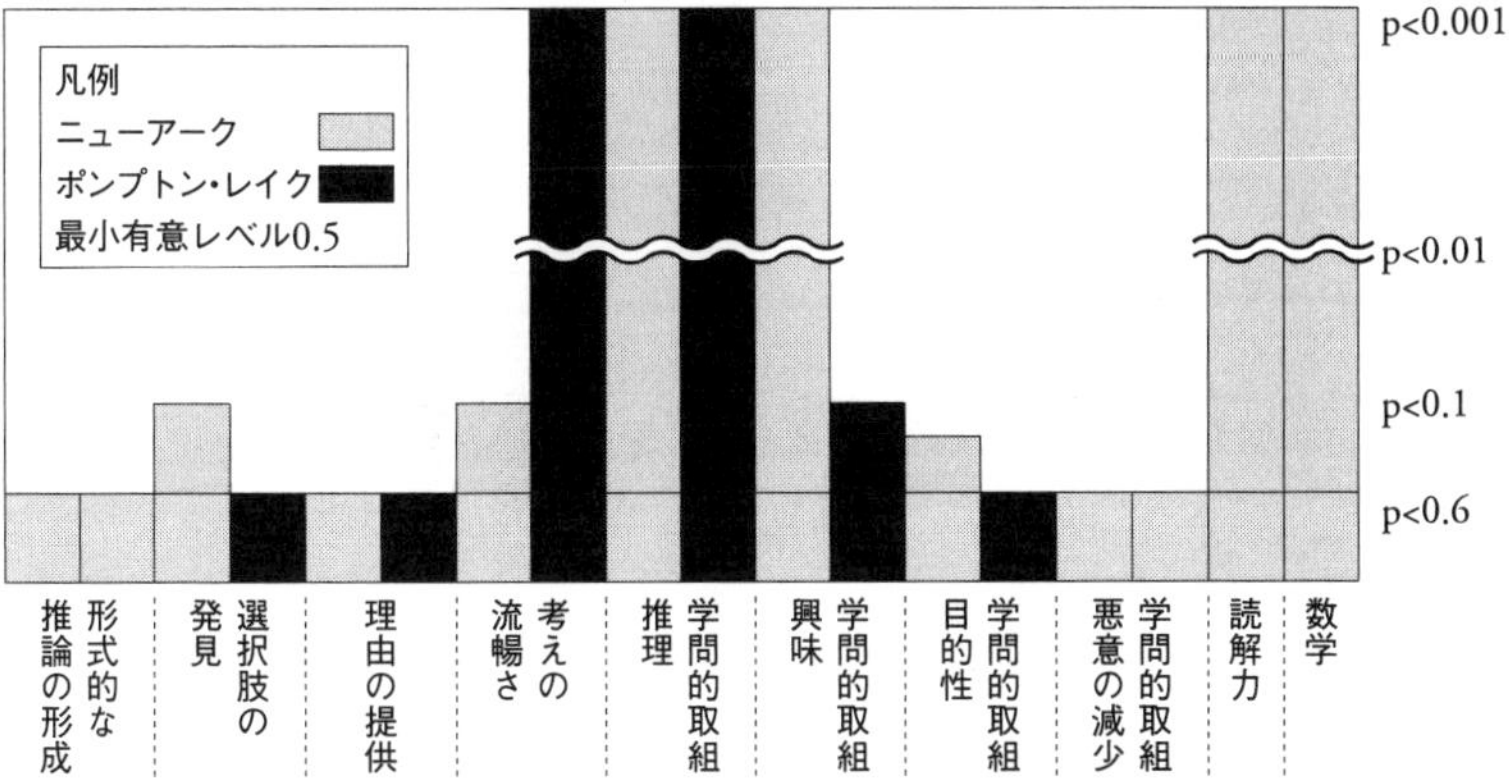

図2……実験群と対照群の有意性、子どものための哲学実験、1977～1978年、エデュケイショナル・テスティング・サービス（プリンストン大学、ニュージャージー州）

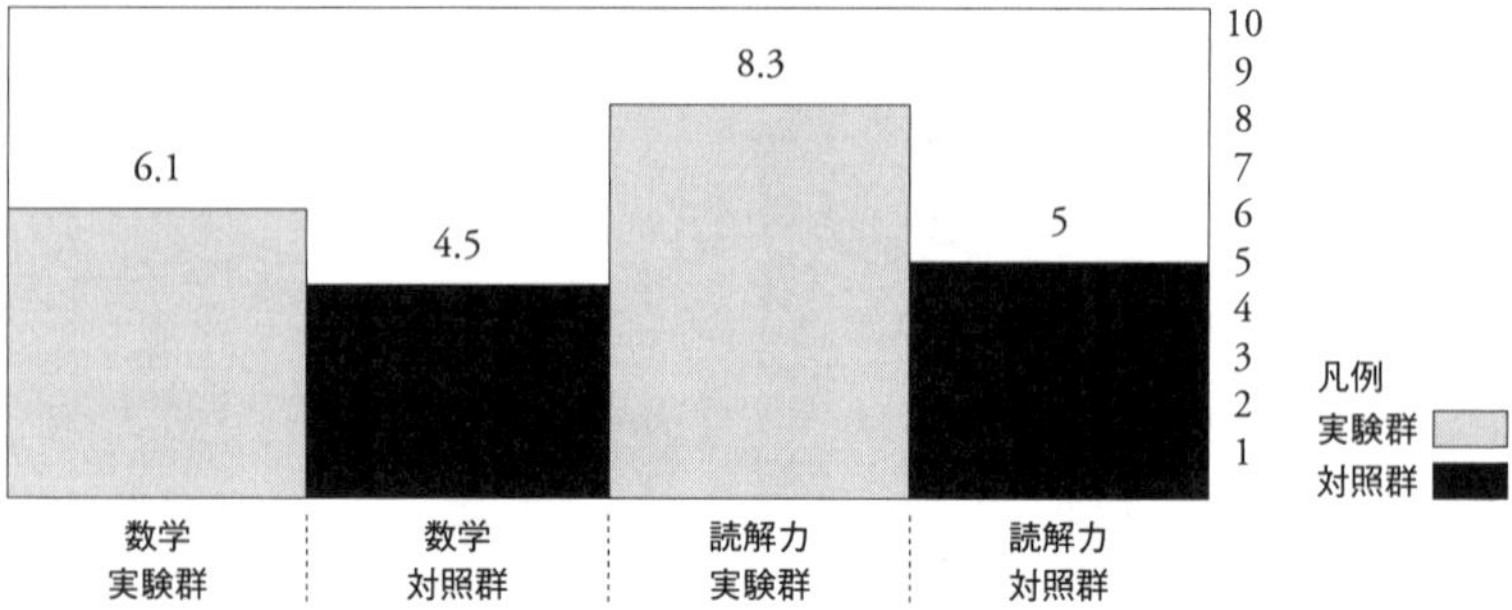

図3……アベレージスタンダードスコアの観点からの読解力と数学の増加の比較、
子どものための哲学実験、1977〜1978年、エデュケイショナル・テスティング・サービス
（プリンストン大学、ニュージャージー州）

期間：1977年5月〜1978年5月　判定基準：MAT

数学			読解力		
実験群		対照群	実験群		対照群
1978	89.409	85.037	1978	79.450	70.685
1977	83.295	80.535	1977	71.119	65.687
増加	6.114	4.502	増加	8.331	4.998
結論：実験群が対照群よりも36%増加した。			結論：実験群は対照群よりも66%増加した。		

判定基準	プログラムの効果		学年とプログラムをかけあわせた効果	
	ニューアーク	ポンプトンレイク	ニューアーク	ポンプトンレイク
CTMM		.02 for girls	.00	
Q-3			.04	
「それは何だろうか」	.01			.00
使用（appr.）	.00			
推理（appr.）	.06		.00	.11
非重視カテゴリー		.10		.05
（柔軟性）	.10	.05	.01	.00
「それは何だろうか」（計）	.01	.00		
推理（計）	?	.00		
CDC推理	.01	.00		
興味	.00	.01	.01	
課題方向性	.02			
悪意の減少	.05			
読解力	.00			
数学	.00			.03 for girls

指摘するに値する結果は以下の通り。

1　レベルをまたがったデータを合算するために単位を合わせた点数を使うと、ニューアークでのこのプログラムの読解力と数学での総計での影響は .0001 の有意なレベルであった。

2　形式的な推論の形成に関して、ポンプトン・レイクの八年生を除いたすべての学年の女子についてこのプログラムは有意性を達成した（.02）。

3　二つのコミュニティの学問的取組へのこのプログラムの影響の査定は、教師の観点から言えばこのプログラムは子どもたちのやる気と対人関係での態度にとても好ましい影響を与えていることを示している。より肯定的な予想を立てている教師のもとでは、子どもたちがそのような予想をより高頻度に達成すると想定できるかもしれない。この向上がしばしば下がりがちな真ん中の学年の子どもたちに起こったという事実は特に興味深い。

4　考えの流暢さの反応についての質的観察は子どもたちのコミュニケーションスキルの顕著な向上を明らかにした。読むのが遅いとされている子どもたちに、このプログラムはとても有効であることが示された。

5　プログラムに参加する長さは決定的に重要であった。より長く参加すればするほど、生徒の成績はよりよくなった。たとえばニューアークでは子どもたちが長くこのプログラムに携われば携わるほど、推理テストでの点数は高かった（.01 有意）。

6　実験結果は論理的推理と知的創造力が相互に抑制的ではないことを示唆している。そして両者が同じプログラムで強く刺激されうることが示唆されている。この連携した向上は重要である。なぜなら知的な生産性の豊かさの拡張なしのクリティカルスキルだけの拡張は表面的で空虚となるかもしれないからである。

7　ニューアークと比べた場合に、ポンプトン・レイクで有意性が現れる頻度が低いのは、ＥＴＳの意見によれば、プログラムの影響が制御群に浸透することが実験群にともなって対照群のパフォーマンスを上げることになったからである。

結果を短く言えば、

1　読解力と数学。子どものための哲学プログラムの読解力と数学の遂行へのニューアークでの影響は、有意性の可能な限り高いレベルであった（.0001）。

2　推理。創造的な推理（新たな考えを生み出し、説得的な他の選択肢を発見し、理由を提供する能力）の有意な向上はニューアークでは多くの領域でほとんどの学年に、そしてポンプトン・レイクではある一定の学年で示された。またニューアークの四学年のうち、三学年で形式的推論について有意な向上があった。

3　学問的取組。ニューアークとポンプトン・レイクの両方で、教師の自分が受け持つ児童に対するプログラムの影響への評価は非常に好意的であった。教師の目には生徒が、とても好奇心に満ち、自分たちの課題に関心があり、他人にとても思いやりを持ち、推理をうまくするようになったと映った。[8]

註1　ＣＴＭＭは The California Test of Mental Maturity の略称。一九三六年に考案された集団学力検査である。詳しくは Anderson, H. E. Jr. and Leton, D. A.: *Factor Analyses of The California Test of Mental Maturity. in Educational And Psychological Measurement.* Vol. XXIV, No. 3, pp. 513–523, 1964. を参照。

註2　学習の転移とはある分野の学習が異なる分野の学習にも影響を与えることである。最近の研究動向はたとえば Frensch, P. A. and Haider, H.: *Transfer and expertise / The search for identical element In Learning and Memory: A Comprehensive*

Reference Vol.2 / Cognitive Psychology of Memory, Roediger III, H. L. (Ed.), Oxford and San Diego: Academic Press, pp. 579–596 (Chap.31), 2008. を参照。

註３　Philosophy for Children, in *Metaphilosophy 1,* no.1 1976.

註４　ソロモン四群法ではプレテストとポストテストを比較する古典的実験計画法と、ポストテスト統制群法を組み合わせて行うことによってテスト効果を可能な限り排除することを目指す。

註５　メトロポリタン・アチーブメント・テストとは、アメリカ合衆国の州統一テストとして多くの学校で実施されている学習到達度を測定するテスト。詳しい内容については以下を参照。
http://www.pearsonassessments.com/learningassessments/products/100000521/metropolitan-achievement-tests-eighth-edition-mat-8-mat-8.html#tab-details

註６　Haas H. J. *Philosophical Thinking in the Elementary Schools: An Evaluation of the Education Program Philosophy for Children,* unpub. mimeo., *Institute for Cognitive Studies, Rutgers University.* 1976.

註７　ＩＴＰＡはIllinois Test of Psycholinguistic Abilities の略称。言語学習能力を診断する検査であり十項目から成っている。聴覚連合サブテストと視覚連合サブテストなどが含まれる。

註８　エデュケイショナル・テスティング・サービス、プリンストン大学、ニュージャージー州、一九七七－一九七八年

監訳者あとがき

本書は、「子どものための哲学（Philosophy for Children, P4C）」の創始者であるマシュー・リップマンらによって、親・保護者、そして、初等中等教育の教師向けに書かれた著作です。子どものための哲学とは何かを丁寧に説明した入門書であると同時に、この活動に関心のある人が具体的に子どもを教育するための手引き書になっています。

本書でのリップマンらの問題意識は明確です。それは、子どもたちが学校で授業に意味を見いだせずにおり、そのために関心をもって学ぶことができていないという点にあります。これは、現代の日本の教育でもきわめて広範に当てはまる問題でしょう。リップマンによれば、学ぶことの「意味」は子どもたち自らの手で発見されねばなりません。そしてその発見のためには、子どもたちどうしで哲学対話をさせ、思考力を育成することが有効なのです。

マシュー・リップマン（1922–2010）は、コロンビア大学で教鞭をとる哲学者でしたが、名門コロンビア大学の学生でさえ自分自身で思考する力が弱いということを痛感していました。そして思考力の教育は、初等中等教育において開始されなければならないと考え、一九七二年、モンクレア州立大学に、「子どものための哲学推進研究所 Institute for the Advancement of Philosophy for Children（IAPC）」を設立し、子どものための哲学教育を実践し始めました。

リップマンは、大学の研究者であるとともに、いえ、それ以上に優れた教育者であったといいます。みずから教室に入り、子どもに対話と思考を促す優れた実践を行い、そのための教科書や指導書をたくさん書きました。シャープは、リップマンとともにＩＡＰＣの設立に貢献したＰ４Ｃを主導する研究者であり、教育者でした。彼女は、Ｐ４Ｃのための物語教科書や教師のための指導書を何冊も手がけました。残念ながら、彼女はリップマンよりも数ヶ月早く二〇一〇年六月にお亡くなりになっています。

リップマンの考えと彼に影響を受けた教育活動は、この四十年間に世界中に広まりました。北アメリカ、南アメリカやヨーロッパ、アジア、中東のいくつかの国々では、中学高校だけでなく小学校や幼稚園・保育園でもＰ４Ｃが実践されています。「子どものための哲学推進研究所」は、長年にわたって様々な教科書と教育者指導を行い、国語、理科、社会、道徳などの各教科と結びついた教材が出版されています。教師教育用のプログラムやサマーキャンプも企画されています。詳しくは、研究所のホームページをご覧ください（http://www.montclair.edu/cehs/academics/centers-and-institutes/iapc/index.html）。子どものための哲学や哲学対話に関連する学会も数を増やして活動の幅を広げており、すでに世界ではＰ４Ｃは確立した一つの研究・教育分野として成り立っているのです。

子どものための哲学は、近年、日本でも興隆しつつあります。リップマンとともに、Ｐ４Ｃの主導的な実践者であるガース・マシューズ（Gareth B. Matthews）の主著は翻訳されており（『子どもは小さな哲学者』鈴木晶訳、新思索社、一九九六年）、リップマンの別の主著も翻訳され、『探求の共同体——考えるための教室』（河野哲也・土屋陽介・村瀬智之監訳、玉川大学出版部、二〇一四年）、河野哲也『「こども哲学」で対話力と思考力を育てる』（河出書房新社、二〇一四年）では日本での実践例や具体的な方法論が説明されています。

リップマンの哲学教育は、以下のように三つの特徴を持っています。

ひとつは、「探求の共同体（community of inquiry）」という教育法を開発したことです。思考力は、他者との対話を通してはじめて育まれます。思考とは、異なった考え方や新しい物事に接することによっておのずと自分のなかに到来するものです。探求の共同体は、一つのテーマをみんなで話し合い、考えをお互いに吟味し合いながら（ここがただの「話し合い」の授業と異なる点です）、探求していきます。この対話の過程のなかで、子どもたちの好奇心と探求心は昂進し、思考力が高まっていきます。

本書では、そのために教師の採るべき指導方法が明確に示されています。教師のすべきことは、知識の伝授ではなく、子どもたちにとって考えるということをしやすい雰囲気を作ることです。そのために教師は何をすべきか。哲学対話の具体的な進め方について、教室での具体的状況の描写とともに詳しく論じられています。たとえば、子どもたちの表情をどう観察するかについてさえも述べられています。子どもたちに意見を言わせたり、意見の理由を考えさせたり、意見をより明確にさせたりといった進め方が説明され、教師がそのまま使えるような問いかけのフレーズも、数多くリストアップされています。

もう一つは、思考力と対話する力の発達には、哲学教育が最も適していることを示した点です。なぜ哲学対話は思考力を育成するのでしょうか。それは、哲学が論理的で緻密な思考を要する活動だという理由だけからではありません。哲学の問いは様々な分野を横断する、素朴であると同時に根源的な人間の好奇心に根ざしているからです。子どもたちは日頃から哲学の問いを感じています。こうした問いから授業を起こすことにより、子どもたちは学校で個々の科目を学ぶ意味に目覚め、子どもたちが自らの関心から考えるようになります。本書では、子どもたちの哲学対話のためのカリキュラムが提案されています。指導目的として「推論能力の向上」「倫理的な理解力の向上」「経験の意味を発見する力の向上」などがあげられ、その具体的内容や意義を明らかにされています。

第三に、道徳教育が最も有効に行われるには、小学校の時から、探求の共同体による哲学教育に基づく必要があることを証明した点です。思考力を育てることによって、子どもたちは道徳について明晰で論理的に思考して判断できるようになります。また道徳教育には、実際の共同体に参加し、そこでの責任を担うこと、そして他者と対話することが欠かせない要件です。本書が論じているように、何年にもわたって探求の共同体に参加することによって、子どもたちは自分の振る舞いを自己省察し、修正することができるようになります。そして、様々な人と協同して、理性的に話し合うことのできる共同体を形成できるようになるのです。

探求の共同体による哲学対話は、社会と自己について反省的に考える人間を育成し、高度な道徳的共感能力を育むことに寄与します。これは、徳育としてすぐれた訓話を聞かせるよりもはるかに有効な方法であることが、著者たちによって証明されています。本文では、哲学対話のための倫理的テーマ（「正しさと公平さ」「変化と成長」「思いやり」など）も解説とともに紹介されています。哲学は、他者との対話を通じて、自分が知らず知らずのうちに信じ込んでいた信念や「常識」、思い込みを、自分自身で検討にかけ、よりよい生き方を求めて自分の生き方を吟味する点において、つねに道徳的・倫理的な活動なのです。

本書は、子どもにどのように考えることを促していけばよいのか、哲学的な対話や話し合いをどのように指導すればよいのか、哲学対話を通して論理的な思考を発達させるにはどうすればよいのか、そして道徳教育のなかに哲学対話をどのように導入すればよいのか、その方法と意義とが詳しく書かれています。本書での記述は理論的であるだけではなく、教室で教育経験から得られた具体的な方法や手引きに満ちています。ぜひ、子どものための哲学に関心のある親・保護者の方、小中高等学校の先生方、幼稚園・保育園の先生方、そして教育に関心のあるすべての方々に読んでいただきたいと思います。

本書の翻訳は監訳者の清水将吾が発案し、共訳者を集めました。河野哲也が訳校の修正を手伝いました。共訳者は、東京大学大学院総合文化研究科・教養学部付属「共生のための国際哲学研究センター（略称ＵＴＣＰ）」と上智大学文学研究科に在籍する哲学教育に関心を持つ優れた研究者の方たちにお願いしました。共訳者が翻訳した原稿を監訳者の清水と河野が見直し、共訳者に差し戻すという過程を繰り返しました。誤訳はなかなか完全になくならないものですが、読者の皆様からもご指摘・ご指導いただければ幸いです。

訳者一同、子どものための哲学が日本全国に普及し、学校教育に導入されることを強く望んでいます。子どものための哲学や哲学対話に関心のある方は、ぜひ、以下のウェブをご覧になり、私たちにご連絡くださり、関連するワークショップやイベント、講演会にご参加ください。

東京大学「共生のための国際哲学研究センター」http://utcp.c.u-tokyo.ac.jp/
特定非営利活動法人「こども哲学おとな哲学アーダコーダ」http://ardacoda.sakura.ne.jp/
立教大学　河野哲也研究室　tetsuyakono@rikkyo.ac.jp

本書を出版するに当たって、東京大学大学院総合文化研究科の梶谷真司さん、上智大学文学部の寺田俊郎さん、そして、出版する機会を与えていただき、草稿を丁寧に見ていただいた河出書房新社の朝田明子さんに心から感謝いたします。ありがとうございます。

二〇一五年一月末

監訳者　河野哲也・清水将吾

は

ま

や、ら、わ

索引

監訳者

河野哲也（こうの・てつや）

慶応義塾大学博士号（哲学）取得。現在、立教大学文学部教育学科教授。
著書に、『「子ども哲学」で対話力と思考力を育てる』（河出ブックス）ほか。訳書に、リップマン『探求の共同体――考えるための教室』（玉川大学出版部）ほか。

清水将吾（しみず・しょうご）　はじめに、第5章、第7章、第9章、補遺Aを担当。

ウォーリック大学大学院哲学科博士課程卒業。日本大学文理学部人文科学研究所研究員。東邦大学理学部非常勤講師。共訳書に、ストラウド『君はいま夢を見ていないとどうして言えるのか――哲学的懐疑論の意義』（春秋社）。

翻訳担当者

神戸和佳子（ごうど・わかこ）　東京大学大学院教育学研究科博士課程。第1章、第2章前半を担当。

小村優太（こむら・ゆうた）　東京大学大学院多文化共生・統合人間学プログラム特任研究員。第2章後半、第3章、第4章を担当。

榊原健太郎（さかきばら・けんたろう）　帝京科学大学総合教育センター専任講師。第5章を担当。

佐良土茂樹（さろど・しげき）　上智大学哲学研究科特別研究員。第6章、補遺A前半を担当。

高山花子（たかやま・はなこ）　東京大学総合文化研究科博士課程。第7章を担当。

瀧将之（たき・まさゆき）　第8章、補遺A後半を担当。

中村信隆（なかむら・のぶたか）　上智大学大学院哲学研究科博士後期課程。第9章を担当。

野村智清（のむら・ともきよ）　東京大学哲学研究室。第10章、補遺Bを担当。

マシュー・リップマン

一九二三年生まれ。コロンビア大学で博士号を取得したのち、同大学およびモンクレア州立大学にて、哲学教員として子どもたちの思考力や対話力を育成する「子どものための哲学」と呼ばれる教育を行う。初等中等教育向けの教材や教員用の指導書、理論書を数多く執筆した。二〇一〇年没。邦訳されている著書に『探求の共同体――考えるための教室』（玉川大学出版部）がある。

アン・マーガレット・シャープ

モンクレア大学でリップマンとともに「子どものための哲学」の普及・研究を主導し、いくつもの指導書を執筆。二〇一〇年没。

フレデリック・オスカニアン

リップマン、シャープとともに「子どものための哲学」の研究に携わる。

子《こ》どものための哲学授業《てつがくじゅぎょう》 「学《まな》びの場《ば》」のつくりかた

二〇一五年四月二〇日　初版印刷
二〇一五年四月三〇日　初版発行

著　者　マシュー・リップマン
アン・マーガレット・シャープ
フレデリック・オスカニアン

監訳者　河野哲也
清水将吾

発行者　小野寺優
発行所　株式会社河出書房新社
〒151-0051　東京都渋谷区千駄ヶ谷2-32-2
電話03-3404-8611（編集）／03-3404-1201（営業）
http://www.kawade.co.jp/

装　丁　矢萩多聞
印　刷　株式会社亨有堂印刷所
製　本　小高製本工業株式会社

Printed in Japan ISBN978-4-309-24701-4